读客®图书

华杉讲透

孙子兵法

华杉 著

江苏凤凰文艺出版社
JIANGSU PHOENIX LITERATURE AND
ART PUBLISHING, LTD

图书在版编目（CIP）数据

华杉讲透《孙子兵法》/ 华杉著 . -- 南京：江苏
凤凰文艺出版社 , 2015
  ISBN 978-7-5399-8714-9

  Ⅰ . ①华… Ⅱ . ①华… Ⅲ . ①兵法—中国—春秋时代
②《孙子兵法》—研究 Ⅳ . ① E892.25

  中国版本图书馆 CIP 数据核字 (2015) 第 216088 号

书　　　名	华杉讲透《孙子兵法》
出 品 人	华　楠
著　　者	华杉
责任编辑	丁小卉　姚　丽
特约编辑	盛　亮　潘　炜
责任监制	刘　巍　江伟明
策　　划	读客图书
版　　权	读客图书
封面设计	读客图书　021-33608311
出版发行	凤凰出版传媒股份有限公司
	江苏凤凰文艺出版社
出版社地址	南京市中央路 165 号，邮编：210009
出版社网址	http://www.jswenyi.com
经　　销	凤凰出版传媒股份有限公司
印　　刷	北京正合鼎业印刷技术有限公司
开　　本	710mm x 1000mm 1/16
印　　张	26.25
字　　数	410 千
版　　次	2016 年 4 月第 1 版　2016 年 4 月第 1 次印刷
标准书号	ISBN 978-7-5399-8714-9
定　　价	59.90 元

目录

第二章　作战第二 /45

第三章　谋攻第三 /63

第八章 九变第八 /211

自　序

这是一本让你轻松读懂《孙子兵法》每一句话、每一个字的书。

本书每一条兵法后面，都有战例。其中一些战例，在兵法的不同篇章反复出现，也就帮助读者从不同的角度，反复去看同一场战役，真正把仗是怎么打的看懂了，也就把兵法的思想理念、战略战术看懂了。就好像我们坐着直升飞机，飞到古代战场上空，而孙子坐在旁边给你做解说员，讲这战斗双方，一步一步是怎么打的。

在其中一些篇章，由于作者的工作背景，也夹杂一些关于企业管理和商业竞争的感悟议论，但那只是随想而至的议论而已，本书并不是一本"从孙子兵法看企业管理或商战"的书，而是一本真正讲透《孙子兵法》原意的书。

历代为孙子继绝学，注解孙子，被后世承认的，有十一人，就是宋本《十一家注孙子》，本书在《十一家注孙子》基础上，首先继承这十一位注家的研究成果，再做深入的讲解。

哪十一位呢？曹操、孟氏、李筌、贾林、杜佑、杜牧、陈皞（hào）、王皙、梅尧臣、何氏、张预。

曹操是第一个注孙子的，他说："吾观兵书战策多矣，孙武所著深矣……但世人未之深亮训说，况文烦富，行于世者失其旨要，故撰为略解焉。"

"我看了那么多兵书战策，孙子是最深刻的，但世人并不掌握他的思想本质，所以我写了注解。"

曹操一生征战，文治武功都是千古英杰，所以他的注解是最准确、最受重视的，本书也大量遵从他的注解。可惜的是，他注得太简略了。因为他是专业人士嘛，不是为普通人写的注解，他还说孙子太烦富呢。我们希望他多写点，但他写得比孙子还少。

孟氏名字及籍贯身世均不详，甚至朝代也不确定，可能是南朝梁人。他的注解传下来不多，但毕竟传下来了，也有可取之处。

李筌是唐朝人，大概在唐玄宗时期，曾经在少林寺旁边那个少室山隐居修道，后来由"少室布衣"升任荆南节度判官，最后官至刺史。他口气很大，说曹操注的错误太多，所以他重注一遍。曹操注的，我真没发现有什么错的地方，不过李筌注得也挺好。

贾林，唐德宗时昭义军节度使李抱真的幕僚，曾为李抱真游说王武俊而破朱泚（cǐ），封武威郡王，拜神策统军。所以他本身也是一个军事家。他的注，也很简略，看来是忙着打仗，抽空注几笔。

杜佑，这是个了不起的大人物，唐朝中叶的宰相，他经历了安史之乱，痛定思痛，以"富国安人之术为己任"，以三十六年的功力博览古今典籍和历代名贤论议，考溯各种典章制度的源流，以"往昔是非"，"为来今龟镜"，撰成二百卷的巨著《通典》，为典章制度专史的先河，史称《杜佑通典》。《通典》收录了《孙子兵法》，也对之有"训解"。十一家注中的杜佑注，就从《通典》中来。

杜佑的注，当然是高屋建瓴，相当权威了。

杜牧，杜牧是杜佑的孙子，是曹操之后成就最大，影响也最大的注家。他的注最丰富，而且引用了很多的战史战例，本书选译最多的，也是他的注。

杜牧是唐代大诗人，咱们从小就会背诵他的诗：

> 清明时节雨纷纷，路上行人欲断魂。
> 借问酒家何处有，牧童遥指杏花村。

还有：

> 远上寒山石径斜，白云深处有人家。
> 停车坐爱枫林晚，霜叶红于二月花。

还有一首，一般人不太熟悉，写他自己家世的：

> 旧第开朱门，长安城中央。
> 第中无一物，万卷书满堂。
> 家集二百编，上下驰皇王。

这"家集二百编"，就是指他祖父杜佑编撰的《通典》二百卷。

他家世豪富，又才华横溢，再好谈兵，难免恃才狂傲。他的注，往往上来就是四个字："曹说非也！"曹操说得不对！然后他上来说一通。

咱们两相比较，当然都愿意信曹操，而不是信杜牧，毕竟人家曹操才是带兵的。不过大多数情况下，杜牧说曹操不对，他又写一通的，也不是杜牧写的不对。他跟人家曹操说的不是一个事儿。杜牧诗比曹操写得好，打仗他没打过，才情有余，学力不足，又无实战经验，所以他理解不了曹操说的话。

孔子说："恭则不侮"，你态度恭敬，就没有人来侮辱你。你态度不恭敬，就要被人侮辱了。《大学》说："言悖而出者亦悖而入"，你说别人难听，就有人拿难听话说你。杜牧老说曹操不对，后面就有人专门说他不对。

这个人就是陈皞，杜牧到处说曹操不对，陈皞就觉得他流毒甚广，有必要正本清源，他的注解里，就大量出现"杜说非也，曹说是"，要"拨乱反正"了。

陈皞是晚唐人，史书说，"陈皞以曹公注隐微，杜牧注疏阔，更为之注。"他也是要为往圣继绝学，孙子留下这么了不起一本书，曹操注了，但曹注比较简略，而且太专业，普通人看不懂，看不懂孙子的，也看不懂曹注。杜牧注得倒是详细，也丰富也通俗，但有的地方又不准确，不严谨。所以他在前面两人基础上，再注解一遍。

曹操、杜牧、陈皞，这三个人的注合起来，史称《三家注》，三家注结合起来学习，收获就比较可观了。

以上李筌、贾林、杜佑、杜牧、陈皞五人，都是唐朝人。十一家注孙子里，唐朝的就占了五家。因为安史之乱之后，天下大乱，年年征战，所以大家都研究兵法。杜牧出生在宰相之家，又是大诗人，他也要谈兵，这就是时代特色了。

第二个重视兵法的朝代，是宋朝，开国后是休养生息，天下承平日久之后，从面临西夏李元昊叛乱开始，之后又面临北方少数民族的军事压力，朝中却已经没有能征之将，国内无惯战之兵。

怎么办，找书看。

于是大家都研究兵法，最后政府编辑成《武经七书》，作为军事教科书。《孙子兵法》成为武经之首，也是在宋朝由政府确立的。

王皙注孙子兵法，就是在这个时代背景下。不过王皙的具体籍贯生平，已不可考据了。

再一个是梅尧臣，这也是个大诗人，跟欧阳修是好朋友。他的注简切严整，质量很高，本书也选译了不少。

何氏，具体名字，什么时代人，都不清楚，留下的注文也不多，但至少有资格留下来。

最后一位是张预，南宋时人，他不仅注了孙子兵法，还写了一本《百将传》，他的功夫下得深，注解质量很高，本书也选用不少。

以上是《十一家注孙子》的十一位往圣先贤。但毕竟都是古人古文，有个别的地方，反复研究各家注解，还是不能准确辨析，我就找现代人的注本。

各种注解研究孙子兵法的专家著作很多，但大多是当"学术研究"，不是真正的"军事研究"，就是说他研究是为了做学问，为了讲说，不是为了打仗。这出发点不同，看到的东西就不一样，有时候甚至南辕北辙。

后来终于找到一本，就是上海古籍出版社出版的郭化若《孙子兵法译注》。

郭化若，中国人民解放军中将，黄埔军校毕业，参加过北伐战争，做过南京军区副司令员，中国军事科学院副院长，他的孙子兵法译注，非常精确，所以若古人说法不一，我也拿不准的地方，就参照他的解读。

中国读书人的最高追求，宋儒张载说的："为天地立心，为生民立命，为往圣继绝学，为万世开太平。"这本小书，希望能帮助读者，继孙子之绝学。

是为序。

华杉

2014年12月28日于上海

华与华书房

第一章

计篇第一

《孙子兵法》的价值观

我们读《孙子兵法》，往往第一个字就读偏了，偏得很深刻，是价值观的偏差。这第一个字，就是第一篇的篇名，《计篇》的"计"字。

人们常常把《孙子兵法》和三十六计并列，甚至并为一本书，叫《＜孙子兵法＞与三十六计》。不过，《孙子兵法》和三十六计不是一回事，三十六计的"计"，是奇谋巧计，阴谋诡计；《孙子兵法》的计，不是用计，不是奇谋巧计，而是计算的计，是讲计算，不是讲计谋。

为什么说把"计"理解为奇谋巧计，是价值观问题？因为那是人性的弱点，贪巧求速，总想设个奇谋巧计就搞定了。这恰恰是孙子反对的。《孙子兵法》不是讲奇计得胜的书，是讲实力决胜的书。

孙子的"计"，是基本面，不是操作面。是最拙的，不是最巧的，"计"，是计算实力对比，对比计算的科目有五项，叫"五事七计"。

五事，是道、天、地、将、法。七计，是主孰有道、将孰有能、天地孰得、法令孰行、兵众孰强、士卒孰练、赏罚孰明。就是比较敌我双方的政治、天时、地利、人才和法治。

所以孙子的计，相当于咱们现代管理学讲的SWOT分析，比较敌我双方的优势（Strength）、劣势（Weakness）、机会（Opportunity）和威胁（Threat）。

计的目的是什么呢？是为了知胜。比较这五个方面，七个科目，在战前就能判断胜负。计算比较后，就知道有没有"胜算"。

杜牧注解说：

> 计，算也。曰：计算何事？曰：下之五事，所谓道、天、地、将、法也。于庙堂之上，先以彼我之五事计算优劣，然后定胜负。胜负既定，然后兴师动众。用兵之道，莫先此五事，故为篇首耳。

杜牧此注，高屋建瓴，精准明白。

通过计算定胜负，胜了才打，这就叫胜算。没有胜算，那就不要兴师动众。这就是孙子的核心思想：先胜后战。我称之为"赢了再打"。

中国历史上谁最会用计呢？一说计，就想到诸葛亮。不过诸葛亮的计，恰恰是奇谋巧计的计，不是"五事七计"的计。用孙子的"五事七计"去衡量，诸葛亮就不及格了。道、天、地、将、法，他哪一条SWOT分析能胜过魏国？但他为了一个梦想，一个情结，兴师动众，六出祁山，九伐中原，劳民伤财，尸横遍野。他要做的事，是唯有冒险，以侥幸才能成功的事，偏他又是天下第一谨慎之人，不打无把握之仗，一看不行就撤兵。那当初又何必发兵呢？

所以诸葛亮之计，计得糊涂。

那为什么在民间诸葛亮那么有名，人人喜爱呢？因为有故事。奇谋巧计，就有精彩的故事，人民群众喜闻乐见、津津乐道。

而真正的战略，真正的胜战，看上去往往平淡无奇，是没有故事的。

《孙子兵法》也专文强调了这一点，所谓"善战者，无智名，无勇功"，诸葛亮是上下五千年智名第一，不过在他出生之前七百年，孙子就说了，"善战者无智名"，有智名的都不是善战者。善战者打的仗，都是看似平淡无奇，没故事，这也是我们学习《孙子兵法》，重点要学的。于外行看上去，一点热闹也没有的地方，看到内行的大门道，学到内行的真本事。

孙子的敬畏心

孙子兵法不是战法，是不战之法；不是战胜之法，是不战而胜之法；不是战而后胜之法，是先胜而后战之法。

原文

计篇

孙子曰：兵者，国之大事。死生之地，存亡之道，不可不察也。①

华杉详解

孙子说，军事是国家的大事，生死存亡系于此，不可轻举，一定要仔细省察呀！

孙子和孔子，都把敬畏心提到了首要的高度。儒家中庸之道，讲究"戒慎恐惧"：戒慎不睹，恐惧不闻，随时警醒省察自己，还有自己不知道的地方，没注意的地方。孙子则把军事关系国家生死存亡的本质提到兵法之首。

《孙子兵法》讲究的是"不战"，而不是战。把孙子说的都做到了，就没有战了，就"不战而屈人之兵"了。

所以，与其说《孙子兵法》研究的是战法，不如说他研究的是不战之法。孙子与伍子胥同朝为将，伍子胥留下很多精彩的故事，而孙子的经历却很模糊。

《孙子兵法》有言："善战者，无智名，无勇功，胜于易胜也。"孙子之胜，都是先胜于庙堂，而不是夺胜于战场，从出发点上，就轻视可歌可泣的战斗故事，而追求兵不血刃，未战先胜，不战而胜。

"死生之地，存亡之道"的敬畏心，仅对手握重兵的军事家有警示意义吗？非也，对我们每个人都有意义。

比如企业的经营活动，可以说一举一动都是"笔下有财产万千，笔下有人命关天，笔下有是非曲直，笔下有毁誉忠奸"。一个举措下去的时候，短期可能看不出什么影响，但只要你错了，它总会反映出来惩罚你。

如果我们每个人，都能有这一份敬畏心、责任心，认识到自己的一举一动，都可能是对自己，对家庭，对公司，对客户，对他人，对社会的"死生之地，存亡之道"，那可挽救多少财产和生命！

我的岗位，就是死生之地。我的举措，关系存亡之道。希望每个人都有这个敬畏心和责任心。

---

① 本书中引用的《孙子兵法》原文和十一家注解文，本于《十一家注孙子兵法校理》，中华书局2012年版。

孙子的优劣势分析法："五事七计"之五事

原文

故经之以五事，校之以计，而索其情。一曰道，二曰天，三曰地，四曰将，五曰法。

华杉详解

前面说到《孙子兵法》的"计"，是计算敌我双方，进行优劣势比较，就像我们企业战略用的SWOT分析（优劣势分析）模型，分析优势、劣势、机会、威胁。

比较哪些科目呢？就这五个科目：道、天、地、将、法。

"道"，是恩信使民，你的人民听不听你的。你的君主是有道明君，还是无道昏君。所以道是比较双方的政治，比较双方君主的领导力。

"天"，是上顺天时，"地"是下知地利。同样一件事，有时机才干得成，时机不对就不能干。

"将"，是委任贤能。比较了政治、君主、天时、地利，再比较双方的军队统帅，看谁的将帅厉害。所以战争中，常常需要间谍去贿赂敌国宠臣，使离间计，让他去国君那儿说坏话，把能打仗的那位将军召回，换一个笨蛋来，我们才动手。

最后是"法"，这个"法"，不是国内的法治，是军法。国内法治属于道，在最前面。

王晳注解说，这就是"经之以五事"。"用兵之道，人和为本，天时地利助之"，人和、天时、地利三者都齐备了，然后才能举兵。决定举兵了，再选将，选谁做主帅。主帅定了，然后修法，他有领导力，能法令严明，令行禁止。所以是道、天、地、将、法，这个次序。

张预的注，也特意强调了这个次序：将与法放在五事之末，是因为但凡举兵伐罪，庙堂之上，要先省察双方君主恩信之厚薄，他的人会不会为他死心塌地。然后度天时之逆顺，审地形之险易。这三条都省察成熟了，然后拜将出征。兵一出境，法令就是大将的事了，所以是这个次序。

"经之以五事，校之以计，而索其情"。用五事校计彼我之优劣，探索胜负之情状。

上下同欲者胜

原文

道者，令民与上同意也。故可以与之死，可以与之生，而不畏危。

华杉详解

孙子的道，定义非常明确，"令民与上同意也"，让人民与君上，士兵与大将，意见一致，就是我们常说的"上下同欲者胜"。

上下同心同德同欲，是战争的国内政治基础，在于人民支不支持战争。全国人民支持你，你才打；不支持，就不要轻举妄动。

所以这里甚至不是战争的正义性，就是人民支不支持。比如日本发动侵华战争，如果道是战争的正义性，那当然是日本无道。但是，如果从"民与上同意"这个标准来说，日本军国主义的宣传，已经让日本全国人民都狂热地支持战争，"故可以与之死，可以与之生，而不畏危"，生死都置之度外，所以最后登峰造极弄出神风特攻队来。

反观中国，自己还没统一，军阀混战，国共争锋，人民盼望和平安宁，哪有战心？也没有共同效忠的天皇。所以这第一条——"令民与上同意也"——中国就输了八年。

兵家的道，不是宇宙的真理，就是问人民支不支持战争，效不效忠君主，能不能为国捐躯。所以道甚至也不是战争的正义性，到底谁正义？都说自己正义。"正义"，是要过几年、十几年才看得出来，过几十年、一百年才能有一致结论的。要在道上胜出，关键是抓政策、抓宣传、抓军队的思想工作，大家都愿意跟你作战。

把道列在第一条，也就能明白，在战争中，宣传机器和战争机器一样重要，甚至更重要。林彪说，枪杆子、笔杆子，夺取政权靠这两杆子，巩固政权也靠这两杆子，就是这道理。

有的传播学史家，把孙子列为第一个提出战争宣传的人，而战争宣传，也是传播学的重要起点。一战后，拉斯韦尔所著的《世界大战中的宣传技巧》，成为传播学经典巨著，其中很多思想，也与孙子兵法相同。

天时，就是军事气象学

原文

天者，阴阳、寒暑，时制也。

华杉详解

曹操注："顺天行诛，因阴阳四时之制。故司马法曰，'冬夏不兴师，所以兼爱民也。'"

那曹操本人有没有遵守他自己说的顺天之"阴阳寒暑时制"，冬夏不兴师呢？

没有。

而且他还输了著名的一仗在这上面，就是赤壁之战。正如周瑜与孙权计于庙堂时做的SWOT分析，分析曹操的劣势："今盛寒，马无藁（gǎo）草，驱中国士众，远涉江湖，不习水土，必生疾病，此用兵之忌也。"寒冬天气，马都没有草料吃，曹操带着北方士兵远涉江湖，水土不服，容易患流感，正是用兵之忌。

"阴阳""寒暑""时制"，是递进关系。天有阴阳二气，互为消长，形成寒暑。寒暑四分，形成春夏秋冬，就是时制。

兵家讲天，应说有三层含义。

一，是天下大势，顺天应人；二，是所谓夜观星相，望云望气，龟灼占卜；三，是寒暑四时，天气预报，利用气象条件作战。

第一层是大形势、大战略，举兵前已经定了。

第三层如吴起兵法讲的疾风、大寒、盛夏、炎热之类，因其利害而制宜，利用气象为武器作战。比如火攻要靠风，这就要靠天。

第二层说得最多，但都是宣传给别人听，"以惑下愚"，自己从来不信，如姜太公所言："智者不法，愚者拘之。"

周武王伐纣，布阵于泛水共头山，当天狂风暴雨惊雷，军旗战鼓都吹断吹毁了，武王战车上的卫士都吓得要死。姜太公说："夫用兵者，顺天道未必吉，逆之未必凶，若失人事，则三军败亡。且天道鬼神，视之不见，听之不闻，故智者不法，愚者拘之。今好贤任能，举事而得时，此则不看时日而事利，不假卜筮而事吉，不待祷祠而福从。"遂下令驱兵前进。

周公反对，说："今时逆太岁，龟灼言凶，卜筮不吉，星凶为灾，请还师。"

姜太公大怒，说："今纣剖比干，囚箕子，以飞廉为政，伐之有何不可？枯草朽骨，安可知乎？"

姜太公把算卦的签骂为枯草，占卜吉凶的龟背骂为朽骨，喝令都拿来烧了，自己率队先行，武王从之，灭了纣。

刘裕围慕容超于广固，将攻城，诸将一翻黄历，当天是"往亡"之日，不吉，纷纷固谏："去不得！"刘裕说："往亡往亡，我往他亡，大吉，去得。"于是攻下广固。

所以中国人说天时地利人和，天时里面主要也是人和。人和是自己人的和。天时是天下大之和。

兵家的天，是军事气象学。至于观星、望云、望气、占卜、烧乌龟背，那是宣传工作，为政主事者从未迷信过。

行军必是无人之境，交火必是有利地形

原文

> 地者，远近、险易、广狭、死生也。

华杉详解

曹操注解说："言以九地形势不同，因时制利也。论在《九地篇》中。"

《孙子兵法》后面有个《九地篇》，详细分析九种地形的特点和运用，所以此处说得简略。

张预注解说："凡用兵，贵先知地形。知远近，则能为迂直之计"，是直走还是迂回。知险易，则能审步骑之利，哪用步兵，哪用骑兵。"知广狭，则能度众寡之用"，哪里可以展开兵力，哪里可以一夫当关扼住咽喉。"知死生，则能识战散之势"，**置之死地则兵士必战，置之生地则容易逃散。**

解放军将领，最能打仗的是粟裕。林彪也佩服他，说他打的是神仙仗，总是从天而降。他靠什么打呢？一靠地图，二靠行军。地图就是对地形滚瓜烂熟。打仗前战区的地图，几乎都要被他嚼烂了。

行军呢，打仗关键靠行军，行军是战斗的一部分，甚至是比交火战斗更重要的部分。很多人认为交火了，开炮了，才是"打起来了"，实际上，开炮的时候，胜负已定了。**行军，在正确的时间、正确的地点，出现正确的兵力，这才是决定胜负的关键。**

这就是运动战。说粟裕最能打仗，其实就是他最能行军，说他最能行军，是他在地形上下的工夫比谁都深都透。一个淮海战役，他的部队在战区穿来插去，**行军必是无人之境，交火必是有利地形、优势兵力。**靠地形和行军，他能把一支部队用成十支部队。他的战刀总是如庖丁解牛，游刃有余，神出鬼没，从天而降。

不仅强调行军是战斗的一部分，宿营也是战斗的一部分，要按战斗的规划来选择宿营地。宿营既是战斗地形问题，也是士气问题，战斗力问题。拿破仑说，战场上流再多血，也没有宿营地不卫生对军队的打击更大。

可见对于战斗而言，交火开打只是最后见分晓的那一步，主要功夫全在诗外。我们的工作不也是一样吗？

心里装着对方的利益，并让对方知道

原文

将者，智、信、仁、勇、严也。

华杉详解

这是孙子对"将"的人格排序，他把"智"排在了第一位，而"勇"则屈居第四。孙子是强调智将而非勇将。因为孙子的价值观，是先胜后战，是不战而屈人之兵，首先是强调用智。人们常说智勇双全，孙子则在智勇之间，又加上了信和仁。怎么解呢？

什么是"智"？

杜牧注解说："先王之道，以仁为首。兵家之流，用智为先。"智能识权变，识变通。

申包胥说："不智，则不能知民之极，无以诠度天下之众寡。"了解自己的力量极限，衡量天下大势，谋计于庙堂，变通于战场，都要靠智。

但智信仁勇严不是简单的排序，更不是独立的存在，必须五德俱备。

贾林注解说："专任智则贼，遍施仁则懦，固守信则愚，恃勇力则暴，令过严则残。五者兼备，各适其用，方可为将帅。"

梅尧臣说："智能发谋，信能赏罚，仁能附众，勇能果断，严能立威。"

王皙说："智者，先见而不惑，能谋虑，通权变也；信者，号令一也；仁者，专抚恻隐，得人心也；勇者，循义不惧，能果毅也；严者，以威严肃众心也。五者相须，缺一不可。"

这是各家对"智信仁勇严"的注解。

什么是"信"呢？

杜牧注得准确："信者，使人不惑于刑赏也。"信，就是赏罚分明，每个人都非常清楚，犯什么错受什么刑，立什么功受什么赏。

秦灭六国，就靠一个"信"字。这个信，不是对六国之信，而是对秦人、秦军之信，就是完全以军功封爵。什么叫取敌人"首级"，就是取敌一首，升爵一级！从词语上把赏罚标准植入了，一颗人头不叫一颗人头，叫一级爵位。秦国人谁不奋勇争先呢？

商鞅变法，就是从立信开始，所谓立木取信，在都城南门竖一根木头，贴一张告示，谁把这根木头背到北门，赏十两金子。没人信。提到五十两！有人试一试，真得了五十两黄金。从此政府说啥，人民都信。

信，则民心民力可用。不信，则民心民力皆不可用。

信，有赏罚分明之信，也有默契之信。因为很多时候你不是最高统帅，不是国君，不掌握赏罚的全部权力。但是你也是一级领导，也要带兵打仗。这种情况，西点军校有一条对领导力的要求——

心里装着对方的利益，并有能力让对方清楚这一点。

所以信不仅是一种机制，更是一种人格力量。首先你心里要装着对方，这点很本质。心里没装着，就没法真信。其次你要有能力让对方知道。别你装着他，他却不知道，他跑了。

第三讲"仁"。

杜牧注解说："仁者，爱人悯物，知勤劳也。"

"爱人悯物"，四个字很本质，要爱人，还要悯物。**爱惜公物也是仁，用什么东西不爱惜，随意浪费，也是不仁。**你加班最后一个离开办公室，不关电脑，不关空调，甚至忘了关灯，这也是不悯物，不仁。

仁，还要勤劳。申包胥说："不仁，则不能与三军共饥劳之殃。"领导者不能跟大家同吃同住同劳动，也是不仁。

仁，就是爱兵如子。吴起那个著名的故事：一个士兵脚上长疮化脓了，吴起埋下头就去用嘴给他吸。士兵的母亲听说后大哭。有人问："将军对你儿子那么好，你哭什么呀？"母亲回答说："当初我丈夫就是脚上长疮，吴将军用嘴给他吸，他就感动战死了。现在我儿子肯定也不要命了呀！"

"勇"，杜牧注解说："勇者，决胜乘势，不逡巡也。"

勇，就是决谋合战，当机立断，勇往直前。逡（qūn）巡，是迟疑，退让。兵家说某人"好谋无断"，老是在谋划，就是决断不了，为什么？没有勇！这个在实际工作中也常见。我们有时候说某人"定不了事儿"，他瞻前顾后，迟疑不决，跟他的人都着急，这就是没有勇。

没有勇，一是决断不了；二是好不容易决定了，执行又不坚决，老想缩回来，最后真把自己缩没了。无论做什么事，要有牺牲精神，向死而生。虽然我们的立意是先胜而后战，但世上从来没有百分百必胜之事，没有勇，就做不成事。

"严"，杜牧注解说："严者，以威刑肃三军也。"

这就是为什么古来名将一出兵就老是找碴儿杀人立威，最好是杀皇上的亲信，杀那些自以为"有靠山"的人。孙子杀吴王宠妃，司马穰苴（ráng jū）杀皇上亲信庄贾，都是这个套路。而每次出兵总有人要被杀，就是因为这些人不读书啊！

认为自己有靠山的人，在变革整顿，或打仗出师的时候，最容易被拉出来祭旗，因为整肃这种万众瞩目、地位显赫，对国家又没有实际价值的人，既能立威，又对国家没损失。所以做人，靠什么不要靠靠山。你的靠山跟别的山稍微磕碰一下，你就粉身碎骨。你以为你是山的一部分，但一阵风就会把你刮下山崖。如果靠山倒了，那更可怕，靠在那山上的人全被活埋。所以君子行中道，靠自己的独立人格、独立价值安身立命，遵纪、守法、知止。**找靠山，是小人之心，也就只能是小人的命。**

"智信仁勇严"，说来容易做来难。怎么办呢？

曾国藩书生带兵，每天翻《孙子兵法》，"智信仁勇严"，对照自己，从来没打过仗，哪有什么智！信、仁，能凑合。勇，自己倒也不贪生怕死，但文弱书生，手无缚鸡之力，再勇也猛不起来。严，他做到了，他认为天下大乱，是积了"几十年该杀未杀之人"，"杀人如麻，仁义行天下"，杀他们就是对人民最大的仁义，最后得了个"曾剃头"的绰号。

那智和勇怎么补呢？怎么看自己都差得远，手下的农民将领，更是不行，他后来总结出两个字：廉、明。

孙子的将道是"智信仁勇严"，曾国藩加了"廉明"二字。他说，士兵对将领是否足智多谋、能征善战没法要求。但是人人都盯着自己的利益，对将官在银钱上是否干净，对下属保举提拔是否公平，就十分在意。你不贪钱，他就服你。所以"廉"就是账目公开透明。清廉服众，腐败的军队打不了仗。自己清正廉明，但对下属的小款小赏，又常常放宽，让大家时常得点好处，这就人人都服你，愿意跟你。

"明"，就是要把下属的表现一一看明。临阵之际，是谁冲锋陷阵，是谁随后助势，是谁拼死阻击，又是谁见危先避，全部看明记清。在平时，每个人办事的勤惰虚实也逐细考核。这样奖惩就能及时准确恰当。

作为将领，是否身先士卒倒在其次。因为你往往是在后面指挥，不是在前面冲杀。最重要的甚至也不是计谋高超，指挥若定，而是分配公平，谁有什么功劳你都清楚，都能准确衡量赏罚，则个个放心，人人奋勇，都给你卖命。

所以做领导的，不要只关注事，要关注人。不要事情办好了就万事大吉了，要对在办这事的过程中，你手下每个人发挥了什么作用都非常清楚，并能作出奖惩，你的事才能越办越好。

有一个说法，说共军将领是喊："跟我上！"，国军将领喊："给我上！"这是传说，是误区。你冲最前面，死掉了，谁指挥呀？大家找谁论功行赏呀？下一步跟谁呀？这都是讲故事。

项羽是冲锋陷阵、身先士卒，刘邦就是只管论功行赏、论过处罚。作为领导者来说，站在后面把每个人的功劳过错看得分明，并赏罚准确，比身先士卒，要重要得多得多。

曾国藩说，以"廉明"二字为基础，"智信仁勇严"可以积累而得。没有"廉明"的基础，自己不能服众，赏罚又不准确，"智信仁勇严"也是空的。

为将者的大半工作，是制定军法

原文

法者，曲制、官道、主用也。

凡此五者，将莫不闻，知之者胜，不知者不胜。

"道、天、地、将、法"五事,"法"在末位,一般人不太重视,简单以军法严明视之。事实上,这一条技术含量太高了,为将者大半工作都在这儿,交战倒是就那一下子。

曹操注解说:"曲制者,部曲、幡帜、金鼓之制也;官者,百官之分也;道者,粮路也;主者,主军费用也。"

"曲制"是组织架构、部队编制、指挥系统。"官道"是人事制度。"主用"是物资管理和财务制度。

"法",是管理,是管理办法。管理在现代社会成为一个专业词汇,而现代管理学,就脱胎于军队的管理。

一个组织架构,技术含量就太高了,就像搞企业,一个公司大了,管理跟不上,就一定会崩溃。业务发展速度快了,组织架构就经常整不明白,到处都是些莫名其妙的编制。每隔一段时间,就要搞一次组织变革,搞成功了,活力迸发,搞不成功,就又趴下了。

今天中国改革成立这么多小组,就是"曲制、官道、主用"都有变化,用跨部门的组织协调机制,来推进变革。

我们常说一个英雄是"雄才大略"。张学良评价他爸爸和蒋介石,他说:"我爸爸是有雄才无大略,蒋公是有大略无雄才。"

此言准确!张作霖一代雄才,但没有政治高度。蒋介石有纲领,但才干又弱一些。

"道、天、地",是大略;"将"和"法",则是雄才,能组织、动员、驾御、推动。

我们看成功的企业家,都是雄才大略兼备。而雄才又比大略重要。因为大略可以问别人,可以请顾问,而雄才只能在自己身上。只有雄才,没有大略,也可成为大企业家。只有大略,没有雄才,在古代就做谋士幕僚,在今天就开咨询公司吧。

历代开国者,都是雄才君主和大略谋士的黄金搭档,如刘备与诸葛亮,朱元璋与刘伯温,刘邦与萧何。

所谓"道"，就是软实力

原文

故校之以计，而索其情，曰：主孰有道……

华杉详解

对以上五事，"道、天、地、将、法"，进行比较，比较七个方面，第一是"主孰有道"，哪一方的君主有道。

"主孰有道"，前面说的是"令民与上同意也"。要上下一心同欲，就要共享胜利果实，对民众政策得当，对部下舍得封赏。

历代注家都拿韩信在刘邦和项羽之间作的选择作这一条的注解。

刘邦问韩信，你怎么不跟项羽跟我呢？韩信说，项羽对人民残酷，对部下不舍得封赏，大印刻好了，在手里摸来搓去，边角都磨圆了，还不舍得拿出去，恨不得再收起来。主公您就不一样了，对民众约法三章，对手下封赏放权。

刘邦舍得花钱是没说的。这闹革命，天下本是别人的，怎么开支票，都是别人出钱。不过刘邦对已经到自己手的钱也不含糊。陈平帮他干脏活收买敌方将领，刘邦向来是随便花钱没预算的，取得最后胜利时也一样。宣布政策时说得项羽首级者封万户侯。项羽乌江自刎的时候，看见包围他的人里有一个改投刘邦的老部下吕马童，说："吕马童，老朋友哈！我的人头送给你了！"说罢抹了脖子。吕马童旁边的人可不听他的，上去就抢尸。最后有五个人一人割了一块，到刘邦那儿争功。刘邦根本不问到底是谁，五个人都封万户，结了。

刘邦的"道"，是对手下，激励机制上有道；对民众，政治上有道。在政治上，他更是甩开项羽几条街。刘邦最先攻下秦国，他财宝无所取，妇女无所幸，没有住秦国宫殿，而是封存府库，还军霸上，给秦地人民约法三章，法令就三条："杀人者死，伤人者刑，及盗抵罪。"其他秦国严刑峻法，一概废除。所以秦地人民爱戴他，爱得不得了。在以后楚汉相争的岁月中，他始终得到关中大后方的全力支持。

项羽呢，他赶走刘邦后，引兵屠戮咸阳，之前投降的秦王子婴，刘邦没有杀，项羽把他杀了，财宝美女装车运走，还一把火烧了秦国公室，大火烧了三个月才熄灭。那地方已经平定了，还杀人干什么呢？就是为了抢人家的子女金帛。所以项羽一开始，就不懂得要天下，他就是要财宝，要美女。

项羽抢了秦国的财宝美女，把秦国一封为三，封了三个人在秦国称王，这就是今天还说陕西是"三秦大地"的由来。他封了哪三个人呢？就是三位投降他的秦将：章邯、司马欣、董翳。这三个人有什么事迹呢？他们带了二十万秦军投降项羽，项羽把二十万秦兵全部活埋，只留了他们三个。所以秦国人对这三个出卖了二十万家乡子弟，自己取得荣华富贵的家伙，是恨之入骨。项羽封在秦国的人，应该承担带领秦国军民，把刘邦挡在汉中的战略重任，他们怎么能胜任呢？

所以在"主孰有道"这一条上，项羽一开始就远远地输给刘邦了。

历史再往上，第一个有道的是商汤。他盖房子挖到一具无名尸骨，庄重地礼葬了。天下人都知道了，纷纷传说：商汤对死人都那么尊重，何况活人？他看见农民捕鸟，四面围网，就下令只能围一面，不要赶尽杀绝，留三面生路。天下人又传说：商汤对动物都那么好，何况对人！

这样当他开始征伐，伐东边之国，西边的人民就有意见了：怎么不打我们啊？！伐西边之国，东边的人民又有意见了，人人盼着他来统治。

所以有道，是软实力。刘邦有软实力，项羽全是硬实力。有道就是儒家的王道，是巨大的号召力。孟子讲王道和霸道的区别，说霸道需要大国，需要地盘实力，地方千里，带甲十万，有多大实力，就霸多大地盘；王道则不需要，小国也可行王道，得天下。汤以七十里，文王以百里，都是诸侯小国，行王道而天下归心。

孟子之言，对我们事业小的人很有启示。王道不是王者之道，是如何成为王者之道。

"主孰有道"，你有没有道？你的老板有没有道？

"五事七计"，而后知胜负。知胜负，而后举兵决战

原文

日：主孰有道？将孰有能？天地孰得？法令孰行？兵众孰强？士卒孰练？赏罚孰明？吾以此知胜负矣。

将听吾计，用之必胜，留之；将不听吾计，用之必败，去之。

华杉详解

"将孰有能"，就是比较双方将领本事。所以打仗经常有这种情况，知道对方大将厉害，就坚决不出战，派间谍去买通对方宠臣，离间他君臣关系，把这大将调走，换个笨蛋来，然后一战而胜。

"天地孰得"，看谁得天时地利。就像俄罗斯吞并克里米亚，俄罗斯占尽天时地利，美国、欧盟只能干瞪眼。

"法令孰行"，曹操注解说："设而不犯，犯而必诛。"设了法令，就不会有人犯，犯了就一定诛杀。所以他留下了一个"麦田割须"的故事。行军路上正是麦熟之时，他下令：踩坏麦田者斩。结果他自己的马受惊冲到麦田里去了。怎么办，不能把自己斩了吧？他拔剑把自己胡子割了，以须代头。

"法令"，法是法律条款，令是行政命令。梅尧臣注："齐众以法，一众以令。"

"兵众孰强"，杜牧注："上下和同，勇于战为强，卒众车多为强。"张预注："车坚、马良、士勇、兵利，闻鼓而喜，闻金而怒。"听到擂鼓冲杀就高兴，听到鸣金收兵就气愤。

"士卒孰练"。这一条和"兵众孰强"分开讲，很有意义。人的可塑性很强，正常人经过训练，都能从事专业工作，如果一辈子只练一件事，就能成为世界级专家。所以只要训练好，每个人都能成为世界顶级专家，要有这个意识。

平时多流汗，战时少流血。所谓特种部队，不是超人，而是训练，投入

巨大的资源给他们训练，要去哪儿执行任务，能找个地方把任务执行地模拟出来，提前几个月反复演练各种情况。

熟练熟练，干什么事都靠练，练成熟手。

"赏罚孰明"。赏罚是个大学问。可以说赏罚决定战斗力。**赏罚的关键，主要是两条，一是及时，二是恰当。**

《司马法》说："赏不逾时，欲民速得为善之利也。罚不迁列，欲民速睹为不善之害也。"这是讲赏罚要及时，做好事的利益，让他马上得到；做坏事的惩罚，让大家马上看到。如果不能及时，效果就要大打折扣。

王子（《孙子兵法》早期注家）注说："赏无度，则费而无恩；罚无度，则戮而无威。"这是讲赏罚要适度，滥赏无度，大家拿了还不感激你；滥罚无度呢，人人愤恨，你也没有威信。

正道与诡道

原文

计利以听，乃为之势，以佐其外。势者，因利而制权也。兵者，诡道也。

华杉详解

曹操注："常法之外也。"

李筌注："计利既定，乃乘形势之变也，佐其外者，常法之外也。"

杜牧注："计算利害，是军事根本。利害已见听用，然后于常法之外，更求兵势，以助佐其事也。"

前面说了孙子的"计"，不是阴谋诡计、奇谋巧计，而是计算比较的计。不过孙子也不是不讲阴谋诡计。"兵者，诡道也"，他下面就要开始讲诡计了。

庙算的SWOT分析是根本，是基本面，"计利以听"，就是算下来有胜算了，可以战了。

"乃为之势，以佐其外"，在基本面之外，常法之外，造势以相佐。

势是什么呢？"因利而制权也。"

杜牧注："夫势者，不可先见，或因敌之害见我之利，或因敌之利见我之害，然后始可制权而取胜也。"

王晳注："势者，乘其变也。"

所以"势"，是形势的势，到了战场上，根据形势的变化，如何趋利避害，如何化不利为有利、相机行事，如何借势，如何造势。《孙子兵法》十三篇里专门有《形篇》和《势篇》，详细讲这个问题，是孙子思想的精华。

不能等待，是巨大的性格缺陷

原文

兵者，诡道也。故能而示之不能。用而示之不用。近而示之远，远而示之近。利而诱之，乱而取之，实而备之，强而避之，怒而挠之，卑而骄之，佚而劳之，亲而离之。攻其不备，出其不意。此兵家之胜，不可先传也。

华杉详解

孙子在这里一口气讲了十二条诡道，大多数诡道的出发点是造成对方的错误判断，引诱对方失误。

对方不上当，不失误，怎么办呢？等待，跟他熬，派间谍，各种布置安排。总之，一定要等到平衡打破，胜算已见，才能出战。

孙子的观念是先胜后战，不胜不战。没有胜算就等。

不能等待，是巨大的性格缺陷。总觉得要战斗才是英雄男子汉，不懂得**等待是战斗的一部分，而且是非常重要的组成部分。**

《唐太宗李卫公问对》中记载，李世民说："我读古今兵书，发现关键就四个字，'多方以误'，就是想尽各种办法引对方误判，做出错误举动，把破绽露出来。"

李靖说："对，打仗就像下棋，一着失误，满盘皆输，捞都捞不回来。"

到了唐玄宗李隆基，就没了他爷爷的智慧。安史之乱，哥舒翰镇守潼关，死守不战。李隆基急于平叛，下令哥舒翰出战。由于之前玄宗已斩杀了他认为作战不力的名将封常清、高仙芝。哥舒翰知道出战必败，但不出战必死不说，还得换一个大将来出战，没办法，被逼率军出关，结果二十万大军全军覆没，潼关失守，眼见长安不保，玄宗仓皇弃城逃往四川。

十二条诡道，十一家注解战例颇多，我们逐条来学习。

一战而定是真名将

原文

　　能而示之不能。

华杉详解

张预曰："实强而示之弱，实勇而示之怯，李牧败匈奴，孙膑斩庞涓之是也。"

李牧是战国四大名将之一，赵国将领。另外三位是白起、廉颇、王翦。

李牧驻守于代郡、雁门郡，以防匈奴。李牧优待兵士，严格训练，频繁侦察，但军令就一条：不许出战！胆敢出战者一律斩首。

这免战牌一挂就是好几年。由于李牧把全部人缩入营垒，坚壁清野，匈奴来袭扰也都无功而返。

李牧几年不战，不光匈奴受不了，他自己的士兵都受不了，赵王也受不了了，认为李牧胆怯，把他撤换。

新将一改李牧坚壁清野的策略，频频出击，结果败多胜少，损失极大。赵王不得已请李牧官复原职，但李牧称病不出。赵王无奈，答应不再干涉他的军事策略。

李牧回去后，又是几年不出战。但他可没闲着，练兵抓得很紧，比打仗还忙。经过数年的经营，李牧的边防军兵精马壮，军队士气高涨，士兵憋足了劲，宁可不要赏赐也情愿与匈奴决一死战。而匈奴则松懈了。

李牧决定决战。精选战车一千三百辆、战马一万三千匹、勇于冲锋陷阵的步兵五万人、善射的弓兵十万人，出兵。采用诱敌深入的战术，先派大批牧民驱赶牲畜放牧。匈奴遭小股人马进行劫掠，李牧佯装战败，故意将几千人丢弃给匈奴。获得小胜后的匈奴开始轻敌，单于率领大批军队入侵。李牧广布奇兵，从左右两翼包抄匈奴，一举击破匈奴十万骑兵。李牧乘胜攻灭襜（chān）褴，击破东胡，降服林胡，匈奴单于落荒而逃。此后十余年，匈奴再也不敢靠近赵国边境。

兵家的思想，讲究一战而定。战争不是打过来打过去，而是积蓄力量，等待时机，一战而定。十年戍边，换一个大将，可能百战百胜、战功赫赫，但一将功成万骨枯，他退休了，什么问题也没解决，换一个大将来接着打。李牧十年不战，憋到时候打一仗，就解决了问题。

所以一战而定是真名将。百战百胜，那是打了一百次胜仗了，还没解决问题，还要接着打！那要胜仗来干什么呢？所以百战百胜，是兵法没入门，不会打仗。再说世间哪有百战百胜这回事，那是把败仗藏起来不说。

做任何事都是这个道理，不该动作时什么也不做，做一次就解决问题。多少事，都误在频频动作。为什么频频动作，无非是一种焦虑情绪。李牧不出战，损失了什么呢？什么损失也没有，但兵士们焦虑了，匈奴焦虑了，赵王焦虑了，他动作了，把李牧撤换了。其实他给李牧的任务就是边防。这边防根本没出问题，他有什么意见呢？他就是要干点什么，才能缓解自己的焦虑。

小心你的"焦虑性动作"，那是最能毁你的。

真正最重要的工作有两项：一是准备，二是等待。

准备是自己的事，积蓄实力，操练兵马，鼓舞士气。等待，是等待敌人犯错，等待时机出现。敌人如果不犯错，我们就很难赢。兵法的诡道，如李世民言，多方以误，就是想方设法引诱对方失误。"能而示之不能"，是其中一个方法，也是最主要的，使用最频繁，而且屡试不爽的方法。

李牧的案例比较极端，熬了十年。不过他不是最极端的。勾践卧薪尝胆灭夫差，前后共用十八年。

计策都很简单，就那几个，关键是戏怎么演

原文

用而示之不用。

华杉详解

"用而示之不用"和"能而示之不能"是一个意思。

白登之围是典型战例。

刘邦征匈奴，开始时一路节节胜利，大家都有些志得意满。刘邦便想发起总攻，把匈奴老巢端了。派了十几拨使臣去刺探虚实，回来都说匈奴人马都没了，可以攻击。又派了娄敬去。娄敬回来说不能打。问他为什么。他说两国交战，都是相互耀武扬威。我到匈奴所见，全是羸马弱兵、老弱病残，显然是刻意演戏给我看，引诱我们去。

刘邦本来战意已决，听娄敬之言，大怒，把娄敬下狱，说乱我军心！我得胜回来再收拾你。

刘邦倾巢出动，结果在白登中了单于埋伏。匈奴哪里没人！四十万大军把刘邦围个严严实实。匈奴哪里没马！东南西北的部队，马的颜色全部统一，东边全是白马，西边全是黑马，北边全是红马。要知道刘邦登基的时候，仪仗队都找不齐一样颜色的白马来拉车！

汉军被困了七天七夜，数次激战突围也突不出来，冻饿交加，士卒手指被冻掉的十之二三。

刘邦知道中计，找他专负责阴谋诡计间谍策反的陈平商量。陈平设了个计策，去行贿单于的阏氏（yān zhī，匈奴皇后），说："汉王斩白蛇起义，不是凡人，有神助。这样打下去，对匈奴未必是福是祸，但对您肯定是祸。"阏氏问："我有何祸？"答："匈奴人不习惯南方生活，夺了汉地也没用，跟汉人作战，所图无非是女子金帛。汉人美女极多，男人有钱就变坏，单于得了金帛，

又得了美女，他就不亲热您了。金帛我们直接给您，您别让单于得了美女。"

阏氏一听，这才是本质啊！老公的事业再大，于我何用？关键老公要为我所用啊！便在枕边向单于鼓吹"汉王神助论"，不能把事做绝了。

刘邦的光环本来就强大，光环就是权力，单于也颇为不踏实，不知道明天会发生什么，再加上约好的两路盟军没按时到，担心他们是不是被刘邦策反了。要说这可能性很大，毕竟他老婆都被策反了。于是单于决定见好就收，议和收钱，让开一条路，放刘邦回去了。

可见这计策都很简单，根本用不了三十六计，有三计六计就够套用了。但执行就很重要，演戏的人要能挠到对方痒处。看戏的人呢，就像足球比赛罚点球，守门员看那射门的，不管他什么假动作，反正不是射左边就是射右边，这就是你能作出的判断。至于这回是左是右，你永远不知道。所以这回中计，不等于下回不中同样的计。匈奴的羸马弱兵，可能是真的，也可能是装的，就像射门的左右，刘邦综合判断认为是真的，这不能说他中计。如果使臣看到的是强兵壮马，他反而可能认为是装的，还是要打。

至于阏氏和单于的决策，则更是理性选择。你也不能说单于上了刘邦的当。

刘邦有个好处，他回军后把娄敬放出来，封侯。这是勇于承认错误。但是他把前面说匈奴可击的十几个使臣全斩了，没有自己承担决策责任。

关于自己承担决策责任，曾国藩有过总结，他说我是决策者，决策责任在我，不在幕僚，万事结果不一定，不能简单地以结果去看，不能怪幕僚。他在日记中检讨自己说："我虽然明白这个道理，但是如果听了谁的把事情办糟了，下次跟他见面时，脸上难免有点难看。这是我的问题，我要注意。"

刘邦如果有曾国藩这份心的一半，又可挽救十几个幸福的家庭。

成败无定，领导者要自己负决策责任

刘邦从白登回军，把之前劝谏他不能打的娄敬从监狱里放出来，封了侯。

这一点他比袁绍强。

官渡之战前，田丰劝谏说宜守不宜战。袁绍说："乱我军心，把你下狱，得胜回来再处置你！"袁绍战败。消息传来，狱吏向田丰说："这回您没事了。"田丰说："你不了解主公，他若得胜，一高兴，就不跟我计较了。他若战败，必羞于见我，杀我便是不再面对我的办法。"袁绍果然诬田丰"幸灾乐祸"，杀了他。

刘邦自然非袁绍可比。但是，刘邦斩杀了十几个告诉他匈奴可击的使者，也没有承担决策责任，把责任推给了那十几个幕僚。

曾国藩专门说过领导者要独立承担决策责任的问题。因为成败无定，不光是定计的问题。

他举了五个案例，前三个都是一个课题：削藩。

汉朝晁错建议削藩，结果六国叛乱，要"诛晁错，清君侧"。景帝慌忙把晁错杀了。吴王照样反，但最后景帝胜利了，削藩成功。

明朝齐泰、黄子澄建议建文帝削藩，燕王反，也是要求诛齐、黄，建文帝也是把齐、黄二人杀了。燕王当然也不会收兵，最后燕王成功，建文帝削藩失败。

清朝米思翰建议康熙帝削藩。吴三桂反，康熙帝没有诛米思翰，最后平定了吴三桂，削藩成功。

这三件事，背景、形势，都差不多，处理各有参差，结果也不同。所以处大事，决大疑，要熟思是非，不要拘于往事成败，不可迁就一时之利害，更不可归罪于谋臣。

还有两个案例：

唐朝末年，唐昭宗愤于皇室不尊，意图讨伐军阀李茂贞，要宰相杜能主兵。杜能苦谏坚拒，说："他日我受晁错之诛，也不能弭六国之祸！"昭宗不允。

结果战事一开，朝廷打不过李茂贞，李茂贞上表请诛杜能，杜能跟昭宗说："我可是有言在先啊！"昭宗这时候没了英雄气概，只能哭鼻子，说："与卿决矣！"先下诏贬杜能为梧州刺史，接着就赐他自尽了。

所以这杜能，比晁错、齐泰、黄子澄都冤！

曾国藩骂唐昭宗强迫杜能在前，又翻脸诛之于后，其作为正是一个亡国之君。他也检讨自己。他说："我在军打仗的时候，有时听了幕僚一个定计，之后败挫。我或许并没有归咎于他。但是见面的时候，却难免露出脸色来，还是我自己不懂道理，修为不够。"

关于这"露出脸色"来的，他又讲了一个案例：

后唐末帝李从珂担心石敬瑭谋反。李崧、吕琦进言说，石敬瑭若反，必需契丹之援，您若与契丹和亲，石敬瑭就没机会了。本来计议已定，薛文遇却说天子之尊，岂能侍奉夷狄，还引用了昭君诗"社稷依明主，安危托妇人"来讽刺。李从珂改了主意，把李崧、吕琦骂了一顿，说你们要把我女儿往火坑里送！二人跪地谢罪。吕琦腿脚不好，跪拜得慢些，李从珂还骂："你给我摆架子么？"吕琦说："您晓得我腿脚不灵便啊。"李从珂不罢休，还是把他降职。

后来石敬瑭果然引契丹打破唐兵。这回李从珂晓得是不该听薛文遇的，又恨薛文遇，一见到薛文遇就骂："我见此物肉颤！"几欲抽刀刺之。李从珂后来为石敬瑭所灭。

曾国藩总结说："大抵失败而归咎于谋主者，庸人之恒情也。"

成败不一定，过去的案例不等于可以照做，也不等于不可以照做。

领导者要自己负决策责任。事情搞糟了，怪谁出的主意，那是"庸人之恒情也"，庸人都这样。

踢球每一步都有假动作，但那不是赢球的本质

原文

近而示之远，远而示之近。

华杉详解

这叫"战略欺骗"，核心就是"使敌无备也"，让他没防备。因为他若有防备，我就没胜算；他若没防备，而我把全部力量投掷过去，他就垮了。

著名案例是韩信木罂渡江。

楚汉相争，刘邦形势不太好，魏王豹就想转会。他以母亲生病为由向刘邦请假回家，然后就投了项羽。刘邦派韩信去打，在临晋与魏王豹隔河相拒。韩信只搜得一百多条船，在江边一字排开，每天作势要渡河。魏王豹严阵以待。韩信则偷偷安排人采买制作木罂（yīng），就是一种腹大口小的装水的木罐或瓦罐。带大部队转到夏阳，用木罂扎成筏，从夏阳渡河袭安邑，打了魏王豹一个侧翼，最后俘虏了魏王豹。

魏王豹听说韩信在夏阳登陆时惊问："夏阳没船啊！他哪来的船？"这是他没有以"替代品"解决问题的思维方式。没有船，不等于没有渡河工具。

韩信这是"远而示之近"，要从远处进攻，就在近处演戏。

"近而示之远"的案例也有，春秋末年吴越争霸，吴与越夹水相距，越派士卒分别于上下游，相距五里，夜里鸣鼓而进，吴只得两边分兵去救。而实际越人之所以要晚上演戏，就是因为派去的鼓多人少，是虚张声势。等吴人分兵去了，越军主力从正面渡河，直取吴中军，大败吴国。

这是虚张声势、声东击西之计，双方都明白，但是声势也不一定是虚张的，声东也不一定击西，也可能真的击东。就像罚点球，守门员知道，你肯定要用假动作晃我，而那假动作，又可能是真动作，是你假装是假动作。那么这真真假假，到底谁能赢呢？对于射门的人来说，要射得稳、准、狠，如果自己

打飞了，人家怎么守你也进不了。对于守门员来说，反应要快，还得有些运气。而且守门员也可以用假动作去骗射门的。

那前锋和守门员平时训练练什么呢？练假动作吗？当然不是，一练体能，二练技术，三练战术配合，这才是战斗的本质。

说韩信能打仗，载诸史册的都是奇谋巧计，给人很大误区，以为打仗就是打这个。而本质上，大将就像总经理，运营管理才是本质。所以韩信说刘邦只能带十万兵，多了他就不会玩儿，而韩信带兵，是多多益善，给他一百万，他也能像运用自己的手臂一样指挥自如。这才是韩信的真本事。

所以三十六计，只能当个故事听，别把那当成战争。

曾国藩甚至对韩信木罂渡江的真实性表示怀疑。他说拿瓦罐扎成筏子能让大部队渡河，基本不可能。他还怀疑韩信的另一个壮举，就是拿土袋子在上游拦一个临时水库，下游水浅了，让敌军渡河，渡一半的时候，把土袋子一下子拿开，溃坝放水下来把敌军淹死。曾国藩说这水库大坝可不是一人扔一袋土就能建起来，更不可能一下子又把它撤掉，谁去撤？怎么撤？根本不可能。

曾国藩说："我们湘军打的一些胜仗，我看到文人们写的报道，我都拍案叫绝，不知道这仗原来是这么打的！太神奇了，那肯定不是我！"

他总结说："我还在，这战报就已经面目全非到我都不敢相信了。那太史公也是文人，他去寻访韩信的故事，也难免有猎奇渲染之事。"

计策就那两下子，双方都读过兵书，每次接仗都必然要用那些计策，比如我要打哪儿，我一定想方设法骗你是别的地方。你也晓得我肯定要骗你，你也晓得我可能要让你误以为我骗你，其实我没骗你，我真的就打这里。

那又如何？

踢球每一步都有假动作，但那不是赢球的本质。

成大事者有三戒，戒贪是第一

原文

利而诱之，乱而取之。

华杉详解

李筌注解："敌贪利必乱，乱则可取之。"

战例还是前面说的李牧败匈奴的事。坚壁清野，闭门十年不战，把敌我双方都憋坏了。我方将士憋坏了，每天好吃好喝好训练，都想上战场报效国家。敌方将士也憋坏了，这坚壁清野啥也没有，已经十年没抢到东西，都穷死了。

这时候李牧觉得可以出战了。他这一战，是不战则已、一战而定的战，是倾巢出动的决战，是他选择的决战，对方根本不晓得是决战。

李牧先是大纵畜牧，放牧的人满山遍野。匈奴小股人马入侵，李牧就假装失败，故意把几千人丢弃给匈奴。匈奴抢东西抢红了眼，单于闻之大喜，率众大至。李牧布下奇阵，左右夹击，大破匈奴十余万骑。灭了襜褴，打败了东胡，收降了林胡，单于逃跑。此后十多年，匈奴不敢接近赵国边境。

贪是人性的大弱点。春秋时，秦穆公问蹇叔，我怎样才能称霸天下呢？蹇叔说：

"夫霸天下者有三戒：毋贪，毋忿，毋急。贪则多失，忿则多难，急则多蹶。夫审大小而图之，乌用贪？衡彼己而施之，乌用忿？酌缓急而布之，乌用急？君能戒此三者，于霸也近矣。"

霸天下的人有三戒：戒贪，戒忿，戒急。贪心，就会失去越多；忿怒，就容易有难；急躁，就会摔跟头。审查利害大小而图之，哪需要贪呢？将心比心，换位思考，衡量彼己，哪需要生对方的气呢？斟酌事情的缓急，从容计划安排，哪需要急躁呢？您能持这三条戒，霸业就近了。

下判断、做事业，要把握两条：趋利、避害。趋利和避害的权重，应该至少是相当的，五十对五十。但是，往往都成了七比三，甚至九比一。为什么，因为利往往在明处，在眼前，让人激动；而害在暗处，在远处，让人心生侥幸。我们经常看到人，去做一些利益极小，而隐患极大的事情。为什么呢？因为那利马上可以得到。而那害，那明明白白的害，他却不可救药地认为"不一定"。

不贪心，就不会上当。所有的骗局，都是从"贪"字入手。这骗局，可不是别人来骗你说工地上挖到宝，是你自己会骗自己。

人哪，只要一看到利，就会开足马力拼命骗自己：拿吧！没事的！

不要让你的欲望来左右你对利害的判断。

不能胜利，就要能等待

原文

实而备之，强而避之。

华杉详解

"实而备之"，如果敌人兵势既实，则我当为不可胜之计以待之，不要轻举妄动。李靖说："观其虚则进，见其实则止。"

"强而避之"，梅尧臣注："彼强，则我当避其锐。"

杜佑注："彼府库充实，士卒锐盛，则当退避以伺其虚懈，观变而应之。"

人们往往有一个误区，认为行动才有机会。却忘了事物的另一面：**行动必有代价**。就像那句常说的话：不作死，就不会死。

《孙子兵法》开篇说了："兵者，国之大事，死生之地，存亡之道。"一动作就是生死存亡，不仅是战士们的生死存亡，而且是国家的生死存亡，所以一定要慎之又慎。

第二个观念，胜可知而不可为。探查敌我，便知道有没有胜算。如果没有胜算，你想上了战场再强取其胜，那是不可为。因为敌人也是身经百战，不是我们喊几句口号就能打败了。更何况口号人家也没比我们少喊。

第三个观念，不要百战百胜，要一战而定。打过来打过去，没什么结果，还要接着打，白白流血，浪费钱粮。那是为将之罪。要看准时机，稳准狠一战而定，解决问题。

所以当敌方实而强，我们一要防备避战；二要耐心忍耐；三要外交协调；四要伺其虚懈，等他犯错，引他失误，如李世民言："多方以误"；五则看准时机，一鼓而下。

典型战例是吕蒙取关羽。

关羽在荆州，兵势强盛，百战百胜，甚至收降了魏军猛将于禁，北方多处反叛曹操的民间武装都响应他，受他遥控。关羽威震华夏，以至于曹操都想迁都以避其锋芒。司马懿献计，东吴必不愿关羽得志，于是联络东吴，共同对付关羽。

刘备的荆州本是跟孙权借的，借了赖着不还，双方谈判，各分了一半。所以东吴在此事上心里是不平衡的。偏偏此时关羽骄傲自大，无所顾忌，因新得于禁三万人马，粮草不够，竟恃强抢了东吴粮仓。新仇旧恨，孙权就下了决心。

孙刘是联盟，关羽在荆州，本来只是对魏作战，此时一心要取魏樊城。但他也并未放松对东吴的警惕，怕东吴大将吕蒙抄他后路，所以留了大量备兵留守荆州。

所以对此时如日中天的关羽，曹操是恨不得强而避之，吕蒙则是实而备之。吕蒙要取荆州，须得让他撤去荆州守备，让荆州由实变虚。

关羽有调动荆州兵马的需求，因为他要取樊城，北方前线缺人。荆州的部队是留下防吕蒙的。吕蒙于是想了一招：装病。

吕蒙装病倒是容易，因为人人都知道他本来多病，而且还真在此战之后病死了。吕蒙称病回建业，换来陆逊镇守陆口。

陆逊此时，还是一个默默无闻的年轻人。他一到，就以超级粉丝的身份，给关羽写了一封表达无限仰慕的信，向偶像报到："能和您的防区接临，这是我一生的荣幸，希望关叔叔多多关心爱护年轻人，我绝不敢，也不会与您为敌。"

关羽放了心，就把荆州兵马调到樊城前线去了。这边吕蒙即刻率大军杀回来，取了荆州，抄了关羽后路。到此战结束，关羽被俘斩首。

刘备之败，实败于关羽。荆州一失，就决定了刘备在统一天下的竞争中已经出局。因为荆州才是他逐鹿中原的门票。之后诸葛亮六出祁山，九伐中原，在蜀北汉中那"蜀道难，难于上青天"的万山丛中，他哪里杀得出来？运粮还得靠木牛流马的神话。至于关羽之死直接导致张飞、刘备的相继死去，三兄弟时代结束，也是令人扼腕。

关羽是典型的百战百胜，一败而亡。《孙子兵法》说，真正的善战者，无智名，无勇功，因为善战者不打那么多仗，只打容易的仗，不打跌宕起伏的仗，没有那么多可歌可泣的故事。故事都是讲给老百姓听的，关羽则恰恰和孙子的胜将标准相反，他威名赫赫，在民间是集道德、智慧、武功于一身的千古第一人，而在专业人士看来，关羽实误国之臣也。

忘了本谋，是每个人常犯的毛病

原文

怒而挠之。

华杉详解

杜牧注解说："大将刚戾者，可激之令怒，则逞志快意，不顾本谋也。"

对刚烈易怒的敌将，激怒他，给他施以冲动的魔法，他为解一时之恨，逞志快意，就会不顾本谋，本来要干的、最重要的事也不顾了，一定要马上解恨。结果恨没解，把自己的命搭进去了。

这种诡计，主要是针对性格刚烈的敌将。《尉缭子》说："宽不可激而怒。"那性格宽厚者，他本来就不容易冲动，你没法激怒他，引他上钩。

典型战例，是楚汉相争时汉兵击曹咎的"汜水之战"。

项羽在成皋与刘邦对峙，谁也拿不下谁。刘邦就打了项羽一个后腰，派遣卢绾、刘贾率领两万多人渡过白马津，协助建成侯彭越袭击楚军的后方梁地，攻下十多座城池，切断楚军的补给线。

项羽被迫亲自率领军队，分兵去攻彭越，委任曹咎守成皋，临行前仔细叮嘱："谨守成皋，则汉军挑战，慎勿与战，毋令得东而已，我十五日必诛彭越，定梁地，复从将军。"

项羽走后，曹咎遵照项羽的命令坚守不出，刘邦就施了"怒而挠之"之计，在成皋城边专门筑了一个高台，每日在台上骂喊羞辱楚军，一连骂了五六天，楚军受不了了，曹咎也沉不住气了，忘了他在这儿的"本谋"是干什么的，要出城教训教训这帮混蛋！曹咎率军出战，渡汜水，渡到一半时，汉军来了个标准战术，半渡而击，楚军大败，成皋失陷，战局平衡打破。

曹咎自知将命丧于此，又愧见项羽，于是在河边自刎而死。

"怒而挠之"之计，诸葛亮对司马懿也使过，不过没成功。

由于关羽丢了荆州，蜀汉只能从北线汉中的崇山峻岭出发去伐曹魏，他的问题是粮食运不上去，为什么六出祁山、九伐中原，每次都半途而废，核心原因是没粮。每次差不多一个月时间，过了一个月还没打赢，就得撤兵，否则回去路上吃的粮食都不够。所以诸葛亮必须速战，最好是野战。曹魏也知道了规律，熬你一个月，就把你饿回去了，我不战则必胜，战则不一定，所以不出战，已成为曹魏君臣上下高度一致的策略。

诸葛亮最后一次北伐，双方在五丈原对峙，司马懿照例高挂免战牌。诸葛亮百般挑战不得，也施了"怒而挠之"之计，给司马懿送去女人衣服侮辱他。司马懿根本不上当，还是不出战。结果诸葛亮心力交瘁，病逝军中，蜀汉的北伐事业就结束了。

司马懿这是很强的"本谋意识"，始终不忘自己的根本目的、基本策略。**忘了本谋，这是我们每个人常犯的毛病，不仅仅是因为愤怒，任何的干扰都会令我们越来越远离本质的目的，而自己完全意识不到，追求枝节，而忘了本质。**

所以佛经说：不忘初心，方得始终。

本谋和初心，是我们每天、每事，要对照检核的，要拒绝冲动，拒绝诱惑，排除干扰，坚持本谋，不忘初心。

示弱不是羞耻，争什么不要争气，特别是不要争一时之气

原文

> 卑而骄之。

华杉详解

假装谦卑，让对方骄傲，让对方轻视自己。轻视就不会防备，不防备就可以发动突然袭击。

典型战例是冒顿（mò dú）袭东胡。

秦末，匈奴冒顿单于初立。东胡强，派使者来说，你父亲头曼在时那匹千里马不错，给我行不？

冒顿问群臣，给不给？群臣都说东胡无礼，先君的千里马是我们的国宝，怎么无缘无故给他？

冒顿说，与邻为善，还爱惜一匹马么，给他！

过一阵子，东胡使者又来了，说你老婆那么多，送一个给我吧。

群臣皆怒，说东胡无道，竟然找我们单于要阏氏！发兵打他！

冒顿说，与邻为善，还舍不得一女子么，给他！

又过一阵子，东胡使者又来了，说你们有弃地千里，你们也没用，送给我吧。

冒顿又问群臣。大家看单于连老婆都可以送人，也不知道这回该说给还是不给。于是只能含含糊糊地说，给也行，不给也行。

冒顿大怒，说土地是国本，国本能给人吗？把说给的人全部斩首，发兵攻打东胡。东胡轻视冒顿，根本没有防备，冒顿就灭了东胡。并一口气西击月氏，南并楼烦、白羊、河南（指内蒙古河套地区），北侵燕、代，一举收复了秦朝时蒙恬侵夺的匈奴土地。后来围汉高祖刘邦于白登，之后议和约为兄弟的，就是这位冒顿单于。

刘邦死后，冒顿又开始打汉朝的主意。

刚死去阏氏的冒顿单于遣使者送来一封言辞极为不敬的国书给吕后，上面写道："孤偾之君，……愿游中国。陛下独立，孤偾独居。两主不乐，无以自虞，愿以所有，易其所无。"

他说我老婆死了，你老公没了，不如咱俩成亲如何？

吕后当然大怒，群臣激愤，樊哙说："我愿意带着十万精兵，横扫匈奴。"

中郎将季布喝道："樊哙可斩也！当初高帝将兵四十余万众，还被困于平城，今哙如何以十万众横行匈奴中，这是当面欺君！"

吕后决策，还是继续和亲政策，不与冒顿作战。给冒顿回信说："感谢单于还惦记着我们哪。不过我们这儿有什么可以招待单于您呢？想来只有雄关万山、兵马甲士可供一观吧。单于一定想来游玩，诗书雅颂都没啥意思，只有将士们陪您'游猎'。我年老气衰，发齿脱落，但是要打猎，还是乐意跟大家一起娱乐娱乐！"

冒顿本是试探一下，看刘邦死了，汉朝是否有机会攻取，故意发书刺激一下，看吕后大局在握，也就作罢，赔礼修好。

疲劳战

原文

佚而劳之。

我们要以逸待劳。敌人如果也很"逸"，就骚扰他，折腾他，让他疲于奔命。

典型战例是春秋时吴楚之战。

吴伐楚，公子光问计于伍子胥。伍子胥说："可以把军队分成三师。先以一师出击，他肯定尽众而出，我们则马上撤退。等他也撤退了，再换一师上去。

34

他出来，我再撤退。就这样反复调动他，多方以误之，让他疲于奔命，然后我们三师尽出，一举克之。"

公子光依计而行，结果楚军统帅子重"一岁而七奔命"，一年给折腾了七回。吴军最终发动总攻，攻陷了楚国都城郢。

三国时期，曹操和袁绍相争，官渡之战前，田丰给袁绍献的也是此计，但袁绍没听。田丰的战略是：

> 操善用兵，不可轻举，不如以久持之。将军据山河之固，有四州之地，外结英豪，内修农战，然后拣其精锐，分为奇兵，乘虚迭出，以扰河南，救右则击其左，救左则击其右，使敌疲于奔命，人不安业，我未劳而彼已困矣。不及三年，可坐克也。今释庙胜之策，而决成败于一战，悔无及也。

毛泽东总结红军的战术："敌进我退，敌驻我扰，敌疲我打，敌退我追。"也是这个意思。

兵法都很简单，难的是判断。比如那敌军来，你怎么知道他是来骚扰的，还是来总攻的呢？实际上我们无法知道。所以，毛泽东说："一上战场，兵法全忘了。"随时有紧急情况要你处理决策，哪顾得上兵法。

怎么办，就要胸中有全局，是你调动敌人，不是敌人调动你。

对自己，立于不败之地，保护好自己，不轻易出战。如李牧防匈奴，坚壁清野，城门一关，任你如何挑衅，我没准备好，我就不出战。一年没准备好，就一年不战。十年没准备好，就十年不战。哪天准备好了，时机到了，就一战而定。

对敌人呢，就像李世民说的，观古今兵法，就一句话："多方以误之。"想方设法引他失误。

大家读的都是同一本兵法，都会背，但差距怎么这么大呢？原因在于判断，你判断不了现在发生的是什么情况。是判断不了敌情吗？**表面上是对敌情没判断，本质上是对自己没判断。**你只要对自己判断清楚了，任他什么敌情，你自然知道该怎么办。

我们为什么会中"离间计"？

原文

亲而离之。

华杉详解

李筌注解说："破其行约，间其君臣，而后改也。"就是破坏他的外交盟友，离间他的君臣关系。

战国时秦赵长平之战，廉颇打了几次败仗，于是坚守不出。秦国派间谍到赵国散布流言，说廉颇容易对付，秦军怕的是赵括。赵王果然上当，不顾蔺相如和赵括之母的劝阻，由赵括替下廉颇，最终造成长平被坑四十万卒的悲剧。

赵王为什么会上这个当？是因为他对廉颇打败仗和之后不出战，已经非常不满，正找不到机会换他，秦国间谍的工作，实际上是帮了他的忙，还替他想好了替换人选。

楚汉相争，刘邦被项羽困在荥阳一年之久，断绝了外援和粮草通道。陈平献计说，项王的能臣，不过范增、钟离昧、龙且、周殷几人，如能施离间计，除去这几人，项王就好对付了。

刘邦给了陈平四万斤黄金，买通楚军的一些将领，散布谣言说："在项王的部下里，范亚父和钟离昧的功劳最大，但却不能裂土称王。他们已经和汉王约定好了，共同消灭项羽，分占项羽的国土。"这些话传到霸王的耳朵里，使他起了疑心，果然对钟离昧产生了怀疑，以后有重大的事情也就不再跟钟离昧商量了。他甚至怀疑范增私通汉王，对他很不客气。

陈平为彻底除去范增，还演了一场戏。有一天，项羽派使者到刘邦营中，陈平让侍者准备好十分精致的餐具，好酒好肉好招待，问："亚父范增有什么盼咐？"使者不解地问道："我是项王使者，不是亚父使者。"陈平说："我们以为你是亚父使者呢！"即刻变脸，撤去上等酒席，随后把使者领至另一间简陋客房，改用粗茶淡饭招待，陈平则拂袖而去。使者没想到会受此羞辱，大为气愤。

使者回到楚营后将情况告诉了项羽，项羽更加确信范增私通汉王了。这时，范增向项羽建议应该加紧攻城，但是项羽却一反常态，拒不听从。范增也知道了外面说他暗通汉王的谣言，知道项羽中了离间计，便告老还乡。项羽毫不挽留，让他走了。

陈平那么拙劣的表演，项羽怎么也会中计？还是因为他本来就多疑。而间谍散布的流言大部分是事实。比如范增、钟离眜功劳最大，却不能封王。项羽本来就不舍得给人封赏，韩信说他给人封王封侯，大印刻好了，还抓在手上摩来挲去，不舍得给人，恨不得再收回去。他自己心里有鬼，谣言又正好挠到他痒处，不由得他不信。

范增有没有问题呢？也有问题。鸿门宴上，项羽没听他的，把刘邦放走了。他冲着项庄大骂："竖子不足与之谋！"实际上，人人都知道他是骂项羽。范增什么智慧都有，就是没有和项羽相处的智慧，而这恰恰是他欲得志于天下最需要的基本素质。

他为什么会这样呢？还是**人性的弱点：亲人间的恩恩怨怨。**

恩恩怨怨，没有恩就没有怨，有多大恩，就有多大怨。我们和敌人的关系很简单，就是利益之争，打打谈谈。亲人之间的关系则比较复杂，成了爱恨情仇。再说和敌人是竞争关系，是社会的竞争机制。团队内部成员之间也有竞争关系，因为组织本身也是一个竞争和分配机制。离间计，就是外部竞争者，打破竞争的边界，参与到敌方的内部竞争中去，那就四两拨千斤了。

堡垒都是从内部攻破的，要想不中离间计，还是靠领导者自己的人格和胸怀。

要保持紧张，不可懈怠

原文

攻其不备，出其不意。

华杉详解

攻打他没有防备的地方，从他意想不到的地方出击。

曹操注："击其懈怠，出其空虚。"

吴起讲将道，有一句话叫"出门如见敌"，就是随时保持警觉。

儒家讲君子之道，讲"戒慎恐惧"，戒慎不睹，恐惧不闻。随时警醒，有自己没见过的地方，不知道的事情，要注意。《诗经》说："战战兢兢，如临深渊，如履薄冰"，都是这个道理。

我们上中小学的时候，教学楼上都刷着"团结、紧张、严肃、活泼"的标语。小孩子怎么知道紧张呢？只道是学习紧张。其实那标语是延安时期毛泽东给抗大的题词，是军校的校训。

领导者要随时注意，保持团队的紧张状态，看他松懈了，就要把发条给他紧一紧，因为松懈就会失败。特别是在战场上，敌人挖空心思都在研究你什么地方会松懈。你认为没问题，可以放松一下的地方，差不多就是他的研究结论。

下面是攻其无备的战例。

曹操征乌桓，郭嘉献计说："胡恃其远，必不设备。因其无备，卒然袭之，可破灭也。"军队走到易北，郭嘉又说："兵贵神速，今千里袭人，辎重多，难以趋利，不如轻兵间道以出，掩其不意。"于是曹操轻骑出卢龙塞，直指单于庭，突袭乌桓，大破之。

出其不意的战例是邓艾取成都。三国末期，魏国大将钟会、邓艾伐蜀。蜀将姜维守剑阁，久攻不下。邓艾对钟会说："我从阴平由邪径出剑阁，西入成都。奇兵冲其腹心，剑阁之军若还赴涪，您可攻下剑阁。剑阁之兵如不回，那守涪陵的兵就少，我可一鼓而下之。"

冬十月，邓艾率军自阴平行无人之地七百里，凿山通道，遇水搭桥，山高谷深，至为艰险，粮食也没了，濒于危殆。最后邓艾是自己裹着一条毯子从山上出溜下去，将士们攀木缘崖，鱼贯而下，真是神兵天降，邓艾一路突破的都是蜀军防备薄弱的大后方，进军到成都城下，姜维主力在剑阁还没动，蜀主刘禅已经降了。

事以密成，语以泄败

原文

此兵家之胜，不可先传也。

华杉详解

曹操注："传，犹泄也。"前面讲了那么多诡道。阴谋诡计要成功，最重要的是不能让人知道。人家知道了，诡计就没用了。不能让敌人知道，也不能让自己人知道。因为知道的人多了，秘密就容易泄漏。

《韩非子》说："事以密成，语以泄败。"残酷的斗争，保密工作是第一位的。

中国历史上，保密的极致案例是谁呢，还是前面说的那位向吕后求婚的冒顿单于。冒顿当初要干的秘密事是什么呢？是谋反，是弑父自立。

冒顿本来是太子，但他的父亲爱上了别的阏氏（这里指爱妃），就想立小儿子即位。于是先和月氏结盟，再把冒顿派到月氏做人质，之后又发兵攻打月氏，目的就是借月氏之手把冒顿杀掉。

但是冒顿居然偷了一匹宝马逃了回来。父亲爱他勇敢，打消了杀他的念头。他却知道了父亲的阴谋，下了弑父杀弟杀继母之决心。

谋反这样的大事，一个人是干不来的，必须有入伙的同谋，必须跟人商量。而失败的风险就在这儿。你去跟人商量，就把人逼上了绝路，他要么死心塌地跟你玩命，要么立即出卖你，绝没有置身事外的选择。戊戌变法时，谭嗣同去找袁世凯，就把袁世凯逼到了慈禧太后阵营。

冒顿是中国历史上唯一一个不跟任何人商量，一个人把谋反这大事干成的。

他的办法，是给部下"驯练"一个条件反射。您没看错，是"驯"，不是"训"，是驯兽的驯。没有道理，就是条件反射。我给条件，你做出反射。

这个条件反射的机制是什么呢，冒顿制作一种鸣镝（dí），就是响箭。给他的部下规定，他的响箭射向哪，所有人必须立刻射向哪。犹豫晚射者斩！

这么练了一阵子，有一天他突然把响箭射向自己最喜爱的一匹马。部下有人担心是不是命令搞错了，迟疑未射，他立即将没射的斩首。大家才知道这是玩真的。

又一天，他突然把响箭射向他最宠爱的阏氏。又有部下迟疑了。迟疑的又被他斩首。

第三次，他把响箭射向父亲头曼单于的马，这次没有人动脑筋思考了，全部乱箭齐发。冒顿知道条件反射"驯练"完成，可以动手了。

在一次和父亲一起打猎的时候，他突然将响箭射向父亲。他的所有部下，在没有任何知晓和犹豫的情况下，就全部参与了谋反这样灭门的大事，所有的箭全部射向头曼单于。冒顿谋反成功，成了匈奴历史上第一位最强盛的单于。汉朝对匈奴的和亲政策，都是为了避他的锋芒。

三十六计技术含量很低，但一听就让人兴奋；
"五事七计"技术含量很高，但一听就让人打瞌睡

原文

夫未战而庙算胜者，得算多也；未战而庙算不胜者，得算少也。多算胜，少算不胜，而况于无算乎？吾以此观之，胜负见矣。

华杉详解

李筌注："太一遁甲置算之法，六十算以上为多算，六十算以下为少算。"如果我方多算，敌方少算，则我方胜。如我方少算，敌方多算，则敌方胜。所以战前计算于庙堂，胜负是容易预测的。

多算胜，少算败。多算就可以打，少算就要小心，多想想，多准备准备，如果根本一点胜算都没有，就不要打了。

以上是《孙子兵法》第一篇，《计篇》。《计篇》的内容，概括说就是"五事七计，十二诡道"。"五事七计"，是基本面、实力面、战略面。"五事"，是道、天、地、将、法，计算比较敌我双方这五个方面，得到"七计"，七个计算比较的结果：主孰有道？将孰有能？天地孰得？法令孰行？兵众孰强？士卒孰练？赏罚孰明？

兵法讲庙算，算的就是这"五事七计"，算下来就知道胜负。胜了才打，没有胜算就不打，就韬光养晦，继续准备。准备什么？还是准备"五事七计"，把自己那七个方面的分数打上去。

所以这"五事七计"才是兵法的根本。赢了再打，庙算算赢了，再兴师动众，到战场上去见个分晓。

上了战场，"兵者，诡道也"，才开始阴谋诡计的发挥，"多方以误之"，想办法引对方失误，这就有"十二诡道"：能而示之不能；用而示之不用；近而示之远，远而示之近；利而诱之；乱而取之；实而备之；强而避之；怒而挠之；卑而骄之；佚而劳之；亲而离之；攻其无备，出其不意。

这"十二诡道"，就和三十六计差不多，都是奇谋巧计，都是"招"，最能让人津津乐道，引发无数四两拨千斤、花小钱办大事、贪巧求速的遐思。

但是做任何事业，奇谋巧计都不是本质。刘邦赢了项羽，每一步都有奇谋诡道，但本质还是"五事七计"的全面领先，从入关秋毫无犯，"约法三章"开始，刘邦在政治上就已经甩开项羽几条街。

中国历史上奇谋诡道第一人，诸葛亮，他的故事已成为中国文化的重要组成部分，但他怎么打也赢不了。因为他的庙算、"五事七计"根本都没有胜算。所以我非常同意司马懿骂他逆天而行。"天"是什么，就是"五事七计"。

我们经营也是一样，你踏踏实实把产品，把服务做好，别老想着有什么"招"。实际上，奇谋诡道很容易，就那几招，其实技术含量很低，主要技术要点在于演戏要演得像而已。但是"五事七计"技术含量就太高了，全是真功夫，是人格，是智慧，是汗水，是时间，是积累。所以人们爱听三十六计，不爱听"五事七计"。

附录：《计篇》全文

孙子曰：兵者，国之大事，死生之地，存亡之道，不可不察也。

故经之以五事，校之以计而索其情：一曰道，二曰天，三曰地，四曰将，五曰法。道者，令民与上同意也，故可以与之死，可以与之生，而不畏危。天者，阴阳、寒暑、时制也。地者，远近、险易、广狭、死生也。将者，智、信、仁、勇、严也。法者，曲制、官道、主用也。凡此五者，将莫不闻，知之者胜，不知者不胜。故校之以计而索其情，曰：主孰有道？将孰有能？天地孰得？法令孰行？兵众孰强？士卒孰练？赏罚孰明？吾以此知胜负矣。

将听吾计，用之必胜，留之；将不听吾计，用之必败，去之。

计利以听，乃为之势，以佐其外。势者，因利而制权也。兵者，诡道也。故能而示之不能，用而示之不用，近而示之远，远而示之近；利而诱之，乱而取之，实而备之，强而避之，怒而挠之，卑而骄之，佚而劳之，亲而离之。攻其无备，出其不意。此兵家之胜，不可先传也。

夫未战而庙算胜者，得算多也；未战而庙算不胜者，得算少也。多算胜，少算不胜，而况于无算乎！吾以此观之，胜负见矣。

第二章
作战第二

打仗不是打兵马，是打钱粮

原文

作战篇

孙子曰：凡用兵之法，驰车千驷，革车千乘，带甲十万，千里馈粮，则内外之费，宾客之用，胶漆之材，车甲之奉，日费千金，然后十万之师举矣。

华杉详解

《作战篇》，曹操注："欲战，必先算其费，务因粮于敌也。"要打仗，先算算要花多少钱，想想能不能从敌人那里搞到粮食。

张预注："计算已定，然后完车马，利器械，运粮草，约费用，以做战备，故次计。"他这里是讲《孙子兵法》的逻辑顺序，先是庙算、"五事七计"，看有没有胜算。胜算在握，决定打了，接着算，算什么呢？费用预算，算要花多少钱。

孙子开始算了，要多少兵马，多少钱。

"驰车千驷"，驰车，是轻车、战车。"驷"，一辆车四匹马拉，跑得快。孙子的时代，马蹬还没有发明，人骑马上厮杀还不稳当，所以没有骑兵，都是战车。《司马法》说，一车，车上配备甲士三人，跟着步卒七十二人，跟后来的坦克战术差不多，步兵跟在战车后面。

所以一辆战车是七十五人，我们读史常读到"千乘之国"，就是有一千辆战车，七万五千人的部队，这就是他的军事实力。

"革车千乘"。革车，是辎重车，装粮食、战具、炊具、衣服等物资的。《司马法》说，一辆革车配十个炊事员，五个保管员，五个管养马的，五个管砍柴打水的，共二十五人。所以一千辆革车是两万五千人。这加起来就是"带甲十万"，一千辆四匹马拉的战车，配备七万五千人，一千辆辎重车，配备二万五千人，加起来就是十万人的军队。

这么大的部队，还要"千里馈粮"，你得给他运粮呀！古代打仗，运粮是个大事，若远征匈奴，出发时十车粮食，运到前线部队只能给他两车。为啥？因为有四车被运粮部队在去的路上吃掉了，还要留四车给他们在回来的路上吃，因为还有好几个月返程呢。若粮不够，他们在路上饿死了。我说这个比例还是比较高的。李筌注解说，千里之外运粮，得二十人奉一人，费二十人的口粮才能运一个士兵吃的上去！

还有迎来送往的使者宾客，车甲器械的修缮，胶漆之材，都是钱！兵马未动，粮草先行，日费千金，十万之师才能运转。

所以《孙子兵法》第一篇讲实力对比，风险评估，胜算几何，第二篇就讲费用预算，资源保障，这和我们经营的道理，真是一模一样。

汉武大帝，一世英名，毁于军费

原文

其用战也胜，久则钝兵挫锐，攻城则力屈，久暴师则国用不足。

华杉详解

贾林注："战虽胜人，久则无利。兵贵全胜，钝兵挫锐，士伤马疲，则屈。"

战争是为了获利，如果打的时间太长，消耗太大，就得不偿失了。

"久暴师则国用不足"，长期征战，国家就拖垮了。所谓"汉武大帝"，就是深刻教训。

在咱们的历史教材和电影电视里，汉武帝的形象，是相当的高大上。而事实上，像他那么穷兵黩武，多大国家也得被他拖垮，他不仅把政府搞破产，而且把全国人民都逼破产了。

所以孙子的伟大，就在于不是因为他是兵家，就拼命忽悠主公打仗，好让他建功立业。恰恰相反，他拼命劝你别打。因为他是真正的智者，而且是真正的仁者，是负责任的人！

人性的弱点，就是好大喜功，不光统治者好大喜功，小老百姓做了炮灰填了万人坑，被搞得家破人亡，他还是崇拜迷恋那好大喜功的统治者。

汉武帝之世，被称为"盛世"。他继承的，是文景之治，是"治世"。中国历史上的好日子，就是治世和盛世。人们都津津乐道盛世，却不知道治世才是人间天堂，盛世你可能就会家破人亡，做了盛世赞歌中的炮灰。

治世是什么呢？就是休养生息，税收极低，达到三十税一差不多。贸易关税、过路费、过桥费全部没有。民营企业投资自由，别说负面清单管理，根本没有负面清单。煮海造盐，开矿炼铁，甚至开铜矿铸钱，全部自由。就和现在的自由经济国家一样，发钞票的银行也可以是民营。

文景之治，和唐太宗的贞观之治，就是这样的治世。简单说治世就是自由和自治社会。小政府，不干预民间文化经济和生活。法无禁止皆可为。而那法禁止的东西极少，比刘邦的"约法三章"多不了几条。

这样休养生息，民间活力空前释放，社会财富迅猛增加。

文景治世下来，到汉武帝即位的时候，国库的钱财粮食堆得装不下，史书上说拴钱的绳子都烂了，钱还没地方花。他就开始找地方花了。

"明犯强汉者，虽远必诛。"现在愤青们说起这句话，还饱含热泪和激情。可不知道，这句话的背后，是从政府到民间的全国破产。

汉武帝年年穷兵黩武，开疆拓土，国库很快空了。他就开始搞国营企业，所谓盐铁论。盐家家要吃吧，由央企垄断，民间不许经营。农业社会，家家都要镰刀锄头吧，央企垄断开矿炼铁，民间不许经营。

中国由央企垄断国计民生，形成第二税务局的制度，发端于春秋时齐国的管子，固化于汉武帝，一直到今天，吃盐还是央企垄断。

央企的钱很快也不够汉武帝花子，他开始随意加税。加税也加到头了，他开始对社会财富存量收税，要求全国中产以上人家向政府申报财产，课以财产税。

大家当然不愿意申报，或者少报。汉武帝就下令全国人民相互举报，有虚报的，邻居或朋友向政府举报，举报者可得到被举报者财产的一半！

这一下子，潘多拉的魔盒打开了，官吏乘机勒索，没虚报的也被诬成了虚报。所有中产以上人家，全部破产。

到汉武帝晚年，国家快玩不下去了。空前巨大的政治压力，让他给全国人民写了检讨：

朕即位以来，所为狂悖，使天下愁苦，不可追悔。自今事有伤害百姓，靡费天下者，悉罢之。

这就是中国历史上第一份帝王罪己诏：《轮台罪己诏》。

"拙速"，就是准备要慢、动手要快

原文

夫钝兵挫锐，屈力殚货，则诸侯乘其弊而起，虽有智者，不能善其后矣。故兵闻拙速，未睹巧之久也。

华杉详解

打仗拖得时间长了，后方和外交都会出问题。如果兵疲气挫，力尽财竭，列国诸侯就会乘你的危机而起兵进攻。到那时，再有智谋的人，也束手无策，所以用兵只听说过老老实实的速决，没见过弄巧的持久。

典型历史教训是隋炀帝杨广，他的性格和汉武帝差不多，能力也很强，也是绝顶聪明，文武双全。能者多劳，他就取个年号叫"大业"，要做一番大事业。

开挖大运河是他泽被子孙的大事业。如果只做这一件，他就名垂青史了。但人生苦短，他要集中力量把大事都干完，于是迁都洛阳，营建东都，又亲征吐谷浑，三伐高句丽，搞得民穷财尽，天下愁苦。为他造船工期之紧，弄得工匠脚一直泡水里都生蛆了。

于是杨玄感、李密等英雄乘弊而起，天下大乱，杨广就丢了脑袋。

孙子这篇兵法是写给吴王阖闾的。不过阖闾后来也成了这一条的反面案例，就是吴楚桑叶战争。

桑叶战争名字是我取的。就是吴楚接壤地，两个小姑娘争一棵树上的桑叶，吵了一架，或许还动了手。结果双方家长都比较火爆，就抄家伙打杀起来。死了人，双方边防官就动了军队，最后发展成两国大战。

大战的结果，是吴军攻陷了楚国首都郢都，楚昭王逃亡了。这是春秋战史上第一次有诸侯国国都被攻陷。

吴王兴奋啊，就待在郢都作威作福。时间长了，越国看他军队待在楚国，国内空虚，就"乘其弊而起"，发兵攻吴。楚昭王又从秦国搬来救兵。阖闾和秦军作战不利，他的弟弟夫概起了异心，也"乘其弊而起"，偷偷溜回国自立为王了。

阖闾赶忙回国平叛。好歹应付过去了，夫概率本部投降了楚国。

所以阖闾打了个空前的大胜仗，不能见好就收，反而差点覆灭，大伤元气，什么利益没捞到。这没有利益，当初为什么要开仗呢？人们做事总是会忘了目的，就是这样。

"兵闻拙速，未睹巧之久也"。巧的东西长久不了，就那一下。就像时尚服装就能穿一季，最时尚的只能穿一次，标准衬衣能穿十年。

"拙速"，曾国藩把它体会为"不疾而速"。从战略来说，从人生道路来说，老老实实做事，踏踏实实积累，每天进步一点点，二十年你就超过所有人。功夫都在平时，都在基本面。

从打仗来说，拙速，就是准备要慢，动手要快。这就是林彪著名的"四快一慢"战术。

"四快"是指：

1. 向敌军前进要快。进攻时要善于出其不意，长途奔袭，以抓住敌军。

2. 攻击准备要快。抓住敌军后，看地形、选突破口、调动兵力、布置火力、构筑工事、战斗动员等各项准备都要快。

3. 扩张战果要快。突破"一点"后，坚决扩张战果，使敌军无法恢复防御。

4. 追击要快。敌军溃退后，要猛追到底，使敌军无法逃跑和重新组织抵抗。

"一慢"是指发起总攻击要慢。要在查清敌情、地形，选好突破口，布置好兵力、火力，做好准备后再发起进攻。

林彪的"四快一慢"，就是孙子兵贵拙速的最好注解了。

利害关系：先考虑避害，再考虑趋利

原文

夫兵久而国利者，未之有也。故不能尽知用兵之害者，则不能尽知用兵之利也。

华杉详解

贾林注："兵久无功，诸侯生心。"

杜佑注："兵者凶器，久者生变。若智伯围赵，逾年不归，卒为襄子所擒，身死国分。"

他说的这个智伯，是春秋时晋国四大家族，智、韩、赵、魏的智氏。四大家族，智氏最强，智伯做了晋国执政。先后找韩、魏两家索要土地，两家都给他用了"卑而骄之"之计，痛痛快快给了。因为不给，打不过他。给了，好让他再去惹别人。

智伯志得意满，又找赵襄子要。这回要的，是赵家最好的地，关键是赵家祖先宗庙所在，无论如何不能给。于是就开仗了。

智伯裹挟韩、魏两家一起伐赵，许诺灭了赵氏，分土地给他们。这仗打了三年，赵家支持不住了。派使者找韩、魏两家，说智伯怎么回事你们都知道，哪会分土地给你们，不过是各个击破罢了。不如我们三家联手灭了智氏，分了他家土地。

韩、魏两家早等着这一天，就差一个人来捅破窗户纸。于是阵前倒戈，突袭杀了智伯。不仅分了智伯土地，而且之后灭了国君，三家分晋，把整个晋国瓜分了，在后来的战国七雄里，韩、赵、魏就占了三国。

智伯也是文武全才的人，而且作为晋国执政，他的政治、经济实力都远超另外三家。攻打赵氏，如果能等待时机，周密准备，一鼓而下，三家可能就真被他一鼓而下了，晋国可能就成了智国，没有后来三家分晋的韩、魏、赵了。

但夜长梦多，兵久弊生，反为三家所害。赵襄子对智伯是刻骨仇恨，把他的人头骨上了漆做酒器，每天端着喝酒才解恨。这就是智伯的下场。

"故不尽知用兵之害者，则不能尽知用兵之利也。"李筌注："利害相依所生，先知其害，然后知其利也。"

不完全了解用兵有害方面的人，就不能完全了解用兵的有利方面。

李嘉诚说，做任何事情先考虑失败。

经营和打仗一样，是九死一生的事情。其实比打仗的胜算还低十倍。因为打仗就是两方打，不是你胜就是我胜，经营是你不知道跟谁在打。任何事情都可能发生，我们不要一脸无辜："怎么会这样？"不能"成功了都是自己伟大，失败了那是环境变化"。环境本来没义务等我，先能避害，然后才可趋利。因为利今天没有，明天还可以再图。而害却可能让我输掉老本，彻底出局。所以避害比趋利重要得多。

为什么我们的趋利意识总是百倍于避害意识呢？主要是因为侥幸心理，赌一把。有人说，大不了重新来过！不是每个人都有史玉柱的命，出局了就没法重来了，因为那牌局里的人都不白给，你手里没牌了，拿什么入局？

把战争成本降低，就能提高胜算

原文

善用兵者，役不再籍，粮不三载。取用于国，因粮于敌，故军食可足也。国之贫于师者远输，远输则百姓贫。近于师者贵卖，贵卖则百姓财竭，财竭则急于丘役。

华杉详解

善用兵者，役不再籍，粮不三载。

"役不再籍"，就是一次征兵就解决问题，不要仗打了一半，人打没了，又回国征兵。

"粮不三载"，这要求更高了。"不三载"，就是两载。去的时候带一次粮食，回来的时候再送一次粮食给军队路上吃。中间吃什么呢？"因粮于敌"，吃敌人的，能克敌拔城，得了他的储积，就不用国内运粮了。楚汉相争，刘邦就是先占了秦朝留下来的中央粮库——敖仓。楚军饿得嗷嗷叫，他始终不愁吃不愁穿。

一次把事情做对，一定搞定，不返工，就是最高效率。看来做任何事的道理都一样。

> 国之贫于师则远输，远输则百姓贫。

杜牧注解说，粮食是重物。要运粮食，就要人去运，牛拉车，则农夫耕牛都离开了农田，没人耕地，百姓不得不贫。

管子说："粟行三百里，则国无一年之积。粟行四百里，则国无二年之积。粟行五百里，则众有饥色。"运粮行程三百里，则一年的存粮没了；行程四百里，则两年的存粮没了；五百里，则全国人民都要饿肚子。所以诸葛亮北伐，他得攒三年粮食才能伐一回，魏国也把他这粮食账算得一清二楚，知道他下回什么时候来。每次他来，坚壁高垒，不跟他打，时间一到，他粮食吃完了，自己就回去了。所以诸葛亮哪有什么计，别人把他计得一清二楚。最后一次在五丈原，他送女人衣服羞辱司马懿，司马懿也不出战，活活把诸葛亮耗死了。

> 近于师者贵卖，贵卖则百姓财竭。

部队驻扎所在，一下子来了那么多人，周围的物价"腾"地就飞涨上去了，特别是围城。太平天国，清军在金陵周围设江北、江南两个大营，一围就是好几年。那周围茶楼酒肆，烟馆妓院，繁荣得不得了。物价飞涨，周围的老百姓也得跟着忍受那么高的物价，他们的钱就不够用了。

财竭则急于丘役。

　　"丘役"，是春秋时鲁成公的丘甲制。张预注云："国用急迫，乃使丘出甸赋"，相当于税收翻了四倍！这账是怎么算的呢？

　　古代征兵制度，按土地和人家来，《司马法》说："六尺为一步，一百步为一亩。一百亩为一夫，三夫为一屋，三屋为一井，四井为一邑，四邑为一丘，四丘为一甸。"

　　征兵役以甸为单位，每一个甸，出一辆战车，也就是四匹战马，甲士三人，步卒七十二人，还要出牛十六头。

　　这样我们也可从军队规模折算出国力。比如我们前面说千乘之国，是有一千辆战车，七万五千人军队。根据征兵制度，就可算出他的地盘是一千甸，有一千个镇子吧。

　　鲁成公干了什么事呢？他一继位，就推出"丘甲制度"，还是一辆战车，四匹战马，甲士三人，七十二步卒，十六头牛。但不是一个甸出这么多，是改为一个丘出这么多。四个丘才是一甸，这等于翻了四倍。所以大家都说他乱来，非把国家整垮不可。

　　《孙子兵法》反复算这些账，就是强调战争很贵，人很贵，马很贵，牛很贵，粮很贵。战争成本很高，打不起！

　　那我们反过来想，如果有一个办法，能把某一项成本大幅降低，不就天下无敌了吗？这跟经营一样，低成本总会打败高成本。

　　想到这个革命性办法的人，拿破仑开创了一个新的战争时代，叫人民战争。人民战争降低了哪项成本？主要是人命的成本，不怕死人，没什么"役不再籍"之类考虑。不光是可以无限征兵，儿童团、妇女队，全都可以投入战争。所以拿破仑得意洋洋地说："现在人命比尘土还便宜！"并夸口他可以经得起一个月牺牲三万人的消耗。而欧洲其他各国君主的贵族军队和雇佣军，成本就比他的人民军队高太多了。人民战争还降低了资源的成本，把国家的一切资源都投入战争。

　　毛泽东，就把孙子和拿破仑的思想，都发挥到了极致。

不当家不知柴米油盐贵，不知柴米油盐贵者不可当家

原文

力屈、财殚，中原内虚于家。百姓之费，十去其七；公家之费，破车罢马，甲胄矢弩，戟楯蔽橹，丘牛大车，十去其六。故智将务食于敌，食敌一钟，当吾二十钟；其（qí）秆一石，当吾二十石。

华杉详解

战事拖久了，就力屈财竭，从政府到百姓都要破产了。原野之民要运粮输饷，以财粮力役供军之费，家产内虚，十去其七。

政府要供应军火物资，战车战马、甲胄弓弩、戟和戈是一类，是杀敌的武器；"楯"和"蔽橹"，都是可以遮住全身的大盾牌；"丘牛大车"，辎重车和拉大车的牛；这些物资，十去其六。

所以智将一定想到要吃敌人的。食敌一钟，相当于自己的二十钟。

钟和石都是古代计量单位。石（dàn），一石，是十斗，张预注解说是一百二十斤，这么算一斗是十二斤。钟，杜牧注解说六石四斗为一钟，那就是七百七十八斤。

为什么食敌一钟，相当于自己二十钟呢？因为二十钟，是我们运一钟粮食到前线的成本！千里运粮，靠牛车拉着，比人走得还慢，要劳伕力役，要运粮部队保护。出发时运两万一千钟粮食，运粮部队去的路上一路吃掉一万三千钟，到前线交割一千钟，再带七千钟回来路上吃，不然就饿死在半路回不来了。就这么一笔账！

人要吃，牛马也要吃，运粮的牛马，也得拖着自己路上来回要吃的草料，这就是其秆。其是豆秆，曹植七步诗"煮豆燃豆萁"便是。秆是禾藁，都是牛马吃的草料。也就是食敌其秆一石，相当于自己二十石。

秦攻匈奴，使天下运粮，从山东开始运，三十钟才能运到一石，这么算成本不是二十倍，是二百倍！因为运粮靠人力畜力，效率低，时间长。汉武帝通西南夷，数万人运粮，也是十几钟才能运上去一石，一百倍的成本。所以孙子说的二十倍，还只是春秋时期国家之间开仗，都是平地，已开发地区。后来征匈奴，征西南夷，翻山越岭，不毛之地，运粮成本就更高了。

日本侵略中国，先拿下东北，再拿下江浙，就获得了给养基地，如果在华日军全部要从日本运粮运物资，他就支持不下去。所以中国坚决不投降，拖住他，也使中国有资格成为四大战胜国之一。

成吉思汗征服世界，在粮食上的成本领先也是关键。游牧民族，在草原上赶着牛羊走，每天羊奶牛奶，羊肉牛肉，牛羊一边走一边生小牛小羊，所以他部队一开拔，就不需要后方运输。到了前线，打下城池，就吃敌人的，这是他的战鞭能挥那么远的关键因素。

孙子的要求："善用兵者，役不再籍，粮不三载。"成吉思汗做到了。

激怒与利诱，让士兵变成亡命徒

原文

故杀敌者，怒也。取敌之利者，货也。

华杉详解

杀敌靠愤怒，夺敌靠奖赏。

军队开出去，必须给士兵一个杀敌的理由，让每个人都成为"激情杀人"的亡命徒。这就要利用人的感情。有两种感情可以让人忘记生命危险，一是愤怒，怒气上来，就什么也不顾；二是贪婪，人为财死，鸟为食亡。

先讲怒。

杜牧注："万人非能同心皆怒，在我激之以势使然也。"

什么意思呢？千万人的军队，你要他们都恨同一个人、同一件事，所谓同仇敌忾，就要想办法去激他。

典型战例是燕国攻打齐国，围了即墨。田单守城。当时燕军把齐军俘虏鼻子都割了，齐国人非常愤怒，更加坚守。田单就想把这愤怒放大，化悲愤为力量，去杀破燕军。

他派出间谍，到燕军中散布谣言，说齐国人最怕燕军掘他们城外的祖坟，如果辱及他们的祖先，他们肯定崩溃了，投降求燕军停手。

燕军上了钩，就在城外掘祖坟，烧死人。齐国人在城墙上看见了，每个人眼睛都恨得喷出火来。田单见士卒可用，率军出城作战，齐国人杀红了眼，大破燕师。

毛泽东是把利用仇恨发挥到极致的大师。在解放战争和解放后社会主义改造时期，整个宣传战略和文化艺术，就是围绕仇恨展开，仇恨和愤怒，不仅是军人，而且扩展到普通民众，甚至搞人人过关，仇恨考核，每个人必须对阶级敌人恨起来，怒起来。于是就出现了演《白毛女》，小战士端起枪要杀"黄世仁"的情况。这样深入每一个人心的仇恨战略，不仅军队同仇敌忾，敌人的间谍也没法渗透到我们的后方来。

再讲赏。

曹操注解说："军无财，士不来；军无赏，士不往。"

杜牧注："使士见取敌之利者，货财也。谓得敌之货财，必以赏之，使人皆有欲，各自为战。人知胜敌以厚赏之利，则冒白刃、当矢石而乐以进战者，皆货财酬勋赏劳之诱也。"

我们常说什么部队军纪好，什么部队军纪不好。其实这军纪好与不好，都在于主帅的战略目的。军纪好，秋毫无犯，那是有政治目的的。军纪不好，烧杀抢掠奸淫，那是激励机制。往往一个城久攻不下，城里人死守不投降，对敌人秋毫无犯的必要也没了，主帅就会作激励动员："破城之后，大掠三日，或七日，城里东西随便抢，姑娘也随便抢，抢到都归自己。"

这士兵们就疯狂了。

湘军攻破金陵，啥军纪都没了，烧杀抢掠，奸淫妇女。抢光了财物，为毁灭证据，一把火把天王府烧了。之后给太后汇报说：南京什么财物也没有！

敢情这洪秀全是个清廉模范！

曾国藩是当世大儒，他的部队怎么会这样呢？这显然是之前的承诺。朝廷也没什么钱给我们，我们湖南人民自愿来为朝廷打仗，那打下来，土地城池归太后皇上，钱财归兄弟们，这就是潜规则。

慈禧太后怎么样呢？没有就没有，根本不问财物的事，睁只眼闭只眼，知道你们都运回湖南老家了。

有时候皇上自己就会公开宣布这样的政策，宋太祖将伐蜀，攻打四川的时候，赵匡胤就下令：所得州县都归我，仓库财货全部赏给士卒，"国家所欲，惟土疆耳"。

古今名将，都有一个共同点，就是舍得给大家分钱。最典型的，就是凡是抢得敌人或民间财物，全部分给兄弟们，自己分文不取。我只要皇上赏赐的，抢来的都归你们。因为他自己不参与分，觉得分得不公平的人也没话说。这样大家都愿意跟他打仗，他的胜仗就多，升官就快了。

要看清楚谁第一个登上城墙

原文

车战，得车十乘以上，赏其先得者，而更其旌旗，车杂而乘之，卒善而养之，是谓胜敌而益强。

故兵贵胜，不贵久。故知兵之将，生民之司命，国家安危之主也。

华杉详解

"车战，得车十乘以上，赏其先得者。"为什么呢？要缴获俘虏对方十辆战车，我们知道一辆车的编制是七十五人。阵车之法，五车为队，设仆射一人，十车为官，设卒长一人。所以十车是一个七百七十人的战斗编制。要把他们全俘虏了，我方投入的至少上千人。这一千人如果全部封赏，那滥赏无度，不能真正起到激励作用，国家也没那么多钱。

所以"赏其先得者"，就是夺得第一辆战车的士卒。因为先得者，往往是倡谋者。他先发动，大家才跟着一哄而上。

攻城也是一样，第一个登上敌方城墙的人，一定中大奖，这样才能人人奋勇争先。**所以对于站在后面指挥的主帅来说，看清楚谁第一个登上去的，是和指挥战斗同样重要的事情。**因为你如果搞不清楚该赏谁，下回就没人奋勇争先了，那啥指挥也白搭。

交战本身是相互抢掠军火物资，以敌益己。电视剧《亮剑》里，李云龙每次打胜仗，总是高兴地说"发财了！"，就是这道理。

古人用兵，必使车夺车，骑夺骑，步夺步。吴起与秦军作战，号令三军说："若车不得车，骑不得骑，徒不得徒，虽破军，皆无功！"这就是一个考核标准，不是杀敌战胜就行。战车部队一定要夺得对方的战车，骑兵要夺对方骑兵的马和装备，步兵要缴获敌方步兵武器，这才能记功领赏。

夺了敌方战车，马上拔了他的军旗，插上我方旗帜，混编到我们的车阵里投入战斗。

俘虏了敌方士卒呢？孙子说卒善而养之，要对他们好，讲清楚我们的政策，争取他们加入我军，为我所用。

孙子能这么想可不容易，古代战争，杀降很普遍。因为你俘虏了几十万人，不好控制，不敢信任，还得管他们吃喝，所以往往一坑了之。长平坑赵卒四十万，就是典型战例。项羽作战，更是遍地万人坑，一次坑秦军二十万，秦人对项羽恨之入骨。

优待俘虏，为我所用，最典型战例是汉光武帝刘秀。刘秀破铜马贼于南阳，俘虏了十几万人，整编到自己的部队里。但是人心未安，因为铜马贼之前降过一次，又叛，又被打败，最后又降的，所以贼帅们觉得刘秀不会信任自己。

刘秀也知道他们的心思，说你们各归本营，我来慰劳将士们。之后刘秀仅率十余骑，亲探铜马大营，展示了以命相托的绝对诚意。贼帅们感激涕零，说："萧王推赤心置人腹中，安得不投死乎！"把自己的一颗赤心放到别人肚子里，那么大的诚意！这就是"推心置腹"这个成语的由来。刘秀得了铜马，兵势大振。这就叫"胜敌而益强"。

如果杀敌一千，自伤八百，那不是胜，是两败俱伤，只不过对方败得更惨而已。

所以孙子的思想是"求全"，先保全自己，再追求全胜，最好把敌人也保全。他的整个军事思想，是慎战的思想，不战的思想，和速战的思想。

"兵不可玩，武不可黩。"《孙子兵法》，开宗明义，军事是国家人民生死存亡之道，无比险恶，必须谨慎。首先庙算、"五事七计"，没有胜算就不要发动战争。有胜算，发动了，要追求一战而定。

"兵贵胜，不贵久。"曹操注解说："久则不利，兵犹火也。不戢将自焚也。"结果他自己也在赤壁被一把火烧了。

"故知兵之将，生民之司命，国家安危之主也。""司命"，是天上管人生死寿命的星宿。大将就管着人民的生死寿命。长平之战，赵国由廉颇做司命，大家的命都还在。换赵括做司命，四十万人就没了，国家也危急了。第一次世界大战打成了绞肉机，断送无数年轻人的生命，也是那些民之司命们的罪责。

其实我们每个人都有"生死存亡之道"，我们常说记者是"笔下有财产万千，笔下有人命关天，笔下有是非曲直，笔下有毁誉忠奸"。无论你手里是枪还是笔，还是汽车的方向盘，你的举措都关乎他人的财产生命安全，孙子就教给我们这样的敬畏心和责任感。

附录：《作战篇》全文

孙子曰：凡用兵之法，驰车千驷，革车千乘，带甲十万，千里馈粮。则内外之费，宾客之用，胶漆之材，车甲之奉，日费千金，然后十万之师举矣。

其用战也胜，久则钝兵挫锐，攻城则力屈，久暴师则国用不足。夫钝兵挫锐，屈力殚货，则诸侯乘其弊而起，虽有智者不能善其后矣。故兵闻拙速，未睹巧之久也。夫兵久而国利者，未之有也。故不尽知用兵之害者，则不能尽知用兵之利也。

善用兵者，役不再籍，粮不三载，取用于国，因粮于敌，故军食可足也。国之贫于师者远输，远输则百姓贫；近师者贵卖，贵卖则百姓财竭，财竭则急于丘役。力屈、财殚，中原、内虚于家，百姓之费，十去其七；公家之费，破军罢马，甲胄矢弓，戟盾矛橹，丘牛大车，十去其六。故智将务食于敌，食敌一钟，当吾二十钟；萁秆一石，当吾二十石。故杀敌者，怒也；取敌之利者，货也。车战得车十乘以上，赏其先得者而更其旌旗。车杂而乘之，卒善而养之，是谓胜敌而益强。

故兵贵胜，不贵久。

故知兵之将，民之司命。国家安危之主也。

第三章

谋攻第三

谋攻，最好是不用攻，不攻而下

原文

谋攻篇

孙子曰：凡用兵之法，全国为上，破国次之；全军为上，破军次之；全旅为上，破旅次之；全卒为上，破卒次之；全伍为上，破伍次之。

是故百战百胜，非善之善者也。不战而屈人之兵，善之善者也。

华杉详解

《孙子兵法》第一篇讲计，第二篇讲野战，第三篇就讲攻城。这是次序。

李筌注解说："合阵为战，围城曰攻。"所以这篇在《作战篇》之后。

曹操注解说："欲攻敌，必先谋。"

谋什么呢？王皙注解说："谋攻敌之利害，当全策以取之，不锐于伐兵、攻城也。"

还是谋利害关系，趋利避害。打仗不是为了杀敌，因为杀敌要付出代价，杀敌一千，自伤八百。最好是不战而屈人之兵，晓之以利害，让他投降，全城全人全财全货的尽归于我。

这就是孙子的"求全"思想。

全国为上，破国次之。

曹操注解说："兴师深入长驱，距其城郭，绝其内外，敌举国来服为上。以兵击破，败而得之，其次也。"

把敌人围起来，让他绝望，认清形势，投降，那是最好不过。他若作困兽之斗，我们攻城击破他，那就要付出代价，得到的也不是全城，而是一个破城。更何况，战场上什么都可能发生，不一定能胜利。

曹操伐江南，刘琮投降，曹操就得了徐州，还得了蔡瑁、张允的水军。这是全国为上。之后孙权不降，就有了赤壁之战，曹操大败，从此再未能进军吴国。

楚汉相争，刘邦派郦食其，说降了齐国，这是全国为上。

齐王田广降了汉王。郦食其向齐王保证说："如果汉军来攻，您就把我扔锅里煮了！"自己留下做人质，每天与齐王置酒高会。齐王也听郦食其的，撤除了齐国守备。

没想到韩信听说郦食其一介书生，凭三寸不烂之舌，就说降了庞大的齐国，功劳比他还大！为了抢功劳，韩信按谋士蒯通之计，突然发兵攻打在历下的齐军。齐国没有防备，被韩信一鼓而下。齐王以为是郦食其出卖了自己，把他扔锅里活活煮死了。齐王自己，也在其后的战乱中被杀。

韩信是不是不懂全国为上的道理呢？当然不是，他在之前取燕国，就是挟虏魏王豹、擒夏说、斩成安君的兵威，用广武君计，派一个使臣，拿一封信，说降了燕国。

齐国也降了，但不是降的他，是别的同事说下来的，他便要打，要"破国次之"。他把已经属于刘邦的齐国打下来，杀掉的齐军，也是已经属于刘邦的兵马，再转头要挟刘邦封他为齐王。可以说，这时候韩信就已经埋下他之后的杀身灭族之祸了。

王夫之说韩信死得不冤，因为他不是真心地忠诚于刘邦，而是随时和刘邦讲斤两，要条件。

王夫之评论说："毒天下而以自毒者，其唯贪功之人乎！郦生说下齐，齐已受命，而汉东北之虑纾，项羽右臂之援绝矣。黥布，盗也，一从汉背楚而终不可叛。况诸田之耿介，可以保其安枕于汉也亡疑。乃韩信一启贪功之心，从蒯彻之说，疾击已降，而郦生烹；历下之军，喋血盈野，诸田卒以殄其宗。惨矣哉！贪功之念发于隐微，而血已漂橹也。"

王夫之说，齐国是讲忠义的实在人，降了就是降了，绝无二心。韩信为了抢功劳，挥师击降，害得郦生被烹，田氏灭宗，血流成河，他真是阴毒之人。所以韩信死得不冤，齐王田广和郦食其，才是真的冤啊！

全军为上，破军次之；全旅为上，破旅次之；全卒为上，破卒次之；全伍为上，破伍次之。

这都是战斗编制，"军"，是一万二千五百人，"旅"，是五百人，"卒"，一百人，伍，是最小战斗单位，五个人。这就是说，不管到哪一级，一国、一军、一旅、一卒、一伍，都要求全，以不战而胜之为妙。

所以百战百胜不是什么好事。用李克对魏文侯的话来说："数胜必亡"。为什么呢，每一次战胜都有代价，有消耗。百战则民疲，百胜则主骄。你又疲惫又骄傲，对方则憋足了劲要雪耻，可能下一仗就翻盘了。再说了，都百战百胜了，还在打，可见这胜的质量不高，没解决问题。

所以，不战而屈人之兵，是"善之善者也"，传檄而定，写封告示就平定了。次之呢，也要一战而定，打一仗就解决问题。百战百胜，那本身就是问题。

上兵伐谋，就是要破坏敌方的计谋

原文

故上兵伐谋，其次伐交，其次伐兵。

华杉详解

"上兵伐谋"，不是说打仗要用计谋，是说要破坏敌方的计谋。计谋双方都有，双方都是谋定而后动，把敌方的谋伐掉，他就动不了了。

最典型的战例是东汉时寇恂讨伐高峻。高峻派他的谋士皇甫文做使者来谒见。寇恂二话不说就把他杀了，给高峻送去一封信，说你的军师无礼，已经斩了。你要投降就赶快，不投降就固守吧！高峻即日就开城投降了。

诸将看不懂，问寇恂：这两国交兵，不斩来使。为什么这还没开战，您斩了他的使臣，他却连滚带爬地投降了呢？

寇恂说，这皇甫文，是高峻的军师，是他的主心骨。高峻派他来，就是来查探虚实，回去定计决策的。"留之，则文得其计；杀之，则峻亡其胆。"放他回去，他就能给高峻定计；把他杀了，高峻就没了主意，也没了胆量。这就叫上兵伐谋！

寇恂的案例，是一个极端案例，直接把主谋杀掉了。一般情况下可没这样的机会，还是注意分析判断，破坏敌方计谋。

第二个案例是"折冲樽俎"的典故。折冲，是古代一种战车，叫折冲骑，阻挡对方冲锋，对方冲过来，挡住他，就像把刀折断一样，折断他的冲锋。樽俎，是酒器。折冲樽俎，指不用武力而在酒席谈判中制敌取胜。讲的是春秋齐国晏婴的故事。

晋平公想攻打齐国，派范昭为使去刺探。齐景公设宴招待。酒至半酣，范昭对齐景公说："想讨您杯中酒喝行不？"景公说："这有何不可！来人，把我杯中酒倒给客人。"

范昭一口干了景公的酒，下人正要给双方斟酒，晏子却喝道："且慢！给国君换一个新杯子！"

范昭不高兴，佯醉起舞，又对太师说："我想跳支舞，能为我奏成周之乐吗？"太师冷冷地说："这个我们没人会奏。"把范昭给气走了。

酒宴毕，齐景公问："今天你们怎么回事，这大国使者，来观摩我们的政治，你们惹他生气，有什么好处呢？不是惹麻烦吗？"

晏子说："就是给他观政嘛。您看这范昭，绝非不懂礼貌之人，是故意要跟我们挑事。君臣有别，要国君杯里的酒，就是挑衅试探。所以我给您换一个杯子，不跟他喝一个杯中的酒，乱了尊卑。"

太师说："成周之乐，是天子之乐，不是人臣能舞的，当然不能给他奏。"

范昭回到晋国，回报晋平公说："齐不可伐。我想侮辱他的国君，被晏子识破了。想犯乱他的礼仪，又被太师识破了。齐国有贤臣啊！"

孔子赞叹这件事说："不越樽俎之间，而折冲于千里之外，晏子之谓也。"

举杯谈笑间，就伐掉了晋攻齐之谋，退了千里之外的敌军。这就是"上兵伐谋"。

第三个案例是春秋时秦伐晋。晋将赵盾领军拒敌，上军佐臾骈说："秦军远来，不能持久，我们深沟高垒把他耗走就行了。"

秦军战也不得，退也不能。秦伯问士会怎么办。士会说："这一定是臾骈的主意。不过晋军中还有一将叫赵穿，是赵盾的堂侄，又是晋君的女婿，此人不懂军事，恃宠而骄，好勇而狂，而且他最不服的就是臾骈当了上军佐。咱们去骚扰赵穿的部队，他肯定会出战。"

依计而行，骚扰赵穿。赵穿追出来没追上，回去大怒，说："裹粮坐甲，就是为了杀敌。敌人来了不打，这是要干什么呢？！"手下人说，这是在等待时机。赵穿说："我不管他们有什么谋，他们不打，我自己打！"于是率本部出战。赵盾听说赵穿冲出去了，拿他没办法，还得救他，只得全军出动，跟秦军大战一日，不分胜负。

寇恂之伐谋，直接把敌军主谋杀掉了。晏子之伐谋，是伐掉了敌人未成之谋。士会之伐谋，是破了敌人已成之计。这三个案例，都是"上兵伐谋"的典型案例。

不能因为你的队友是猪，你就跟着做猪

原文

上兵伐谋，其次伐交，其次伐兵。

华杉详解

"伐谋"，是伐掉他的计谋，伐掉他的念想，从根儿上把他的念头伐掉了。让他发现条件不具备，风险很大，胜算不多，放弃自己的计划。

"伐交"，则是破坏他的外交，打散他的盟友。

中国历史讲纵横捭阖，就是干"伐交"的活。苏秦张仪，合纵连横，就是伐交。苏秦合纵，要六国合力抵抗强秦，让秦国十五年不能东向。张仪连横，游说六国分别与秦国联盟，以求苟安。破坏六国间的合纵，以便孤立各国，各个击破。"纵横"这个词，就是从合纵连横简称而来。

张仪伐楚怀王与齐之交，是伐交的典型案例。

张仪为了破坏齐楚联盟，访问楚国，引诱楚怀王，说如果您和齐国绝交，联盟秦国，秦国愿献出商於之地六百里给您。楚怀王大喜，马上跟齐国绝了交，派一个将军去秦国收地。

张仪称病不出，三月不见楚使。楚怀王检讨自己，张仪肯定是不相信我已经跟齐国绝交了。于是再派一个勇士去齐国，辱骂齐王，以示信于秦。齐王莫名其妙受辱，勃然大怒，不仅与楚绝交，而且马上与秦结盟。

这时候张仪出现了，接见楚使，兑现他的"承诺"——六里地，少了两个零。

楚怀王大怒，发兵攻打秦国。没有齐国联盟，他哪里打得过，被打得大败，楚国就从他开始迅速衰落。

这个案例里，不光是只有楚王的教训，也有齐王的教训。秦国伐的是楚国的交，伐的何尝又不是齐国的交？**你的队友是头猪，你不能跟着也做猪。**秦楚开战，如果齐国这时候能帮楚国一把，楚国必将羞愧感激，齐楚联盟更加稳固，真正的敌人秦国的战略就破产了。所以上当的不是只有楚怀王，齐王也是一样。

前面讲伐谋，有直接杀掉主谋的。同样，伐交也有直接杀掉他国外交使节来破坏对方的案例，而且这样的案例还不少！

楚汉相争，英布作壁上观，刘邦和项羽都派出使者拉拢英布。英布心里已经倾向于降汉，但还犹豫未发，仍在楚使住的宾馆里唠嗑。楚使则催促他发兵助楚。

汉使随何当机立断，直闯进去，一屁股坐在楚使上座，喝道："淮南王已经归汉，发什么兵？"楚使大惊，要走。英布也愣了。随何再喝一声："不能让他走，杀了他！"英布此时被逼到墙角，不断也得断，只得依了随何，斩了楚使，率军归汉。

杀使伐交，还有一个著名案例，就是班超。班超出使西域，到了鄯善（今新疆罗布泊西南）国。鄯善王对班超等人开始很热情。过了几天突然冷淡了。班超多方打听，知道是北匈奴也派来使者，鄯善王正两边摇摆犹豫呢。

这班超一身都是胆，召集部下三十六人，夜里突袭匈奴使者宾馆，杀光了匈奴使团，提着使者人头去见鄯善王。鄯善王吓破了胆。再加上这匈奴使团死在他的国里，他也交代不了，只得投降了汉朝，派出王子到长安做人质。

"其次伐兵"，那是"伐谋""伐交"都弄不成，再不得已才动刀兵。姜太公说："争胜于白刃之前，非良将也。"

不是胜了敌人你就赢了，关键是你自己变强了还是变弱了

原文

其下攻城。攻城之法，为不得已。修橹轒辒，具器械，三月而后成；距堙，又三月而后已。将不胜其忿而蚁附之，杀士卒三分之一，而城不拔者，此攻之灾也。

华杉详解

攻城是下策，不得已而为之。

"修橹轒辒（fén wēn）"，"橹"是大盾，可以挡住整个身体的。"轒辒"，是一种四轮的攻城车辆，蒙以皮革，算古代的装甲运兵车吧，里面可以藏几十人，一直推到城墙下。其他器械，如飞楼、云梯、板屋、木幔等等，准备这些东西至少得三个月。

"距堙"，是土方工程，堆土为坡，可以登高和守城的士兵作战。其他工程如挖地道、搭桥越壕、运土填壕等等，作这些准备也得三个月时间。

攻城是个慢功夫，是个细活儿。如果大将是个急躁性格，搞"蚁附"战术，士兵死了三分之一，还攻不下来，那是灾难性的。

"蚁附"，顾名思义，就是步兵密集强攻，像蚂蚁一样往上爬。城楼上的招待，就是矢石汤火，射箭、扔石头、倒开水、倒滚油，再给你点火。蚁附又叫"蛾傅"，飞蛾扑火，倒也形象。

所以攻城是非常惨烈的，是下策的下策的下下策。

孙子的思想，一贯是赢不赢先别说，关键自己先别输。胜了敌人不等于赢了，关键你自己是变得更强了，还是更弱了。别得不偿失，别草菅人命。

攻城不拔的典型案例，是北魏太武帝拓跋焘攻盱眙。或许是少数民族兄弟比较豪放，他去攻人的城，倒玩潇洒，先派使者进城找刘宋守将臧直要酒喝。臧直也不客气，拿几个瓦罐来，叫大家伙尿几泡尿给他送去。

拓跋焘大怒，即刻下令攻城，士兵轮番攀登，退后者杀！结果呢？攻了一个月，士兵尸体堆到城墙那么高，死者过半，还杀了自己的先锋官高梁王，城还是没攻下来。拓跋焘见伤兵满营，疾疫甚众，又怕被人断了退路，只得饮恨解围而去。

民国名将傅作义，以北平和平解放而闻名。事实上，他的将名，是中国守城第一将，最能守城。成名作是涿州之战。

直奉大战，奉军得胜，但他率一支孤军坚守涿州城，内无粮草，外援断绝，就是不投降。奉军五万人攻他几千人，攻了两个月，攻城总指挥张学良，飞机大炮燃烧弹各种狂轰滥炸，恨不得把涿州城都轰平了，傅作义还在打！久攻不下让奉军首领张作霖不胜其忿——这不科学！他可没有下令蚁附之，他要给傅作义整点高科技。张作霖给城内轰进去五百发毒气弹。

毒气之后奉军再攻上去，傅作义还在打，还是把他们打退了。

张作霖也服了，跟张学良说："这小子不投降，咱们也别打了，围起来，把他饿死！"

这时候阎锡山看也没什么打的必要了，给傅作义指示，要他议和。傅作义得了领导指示，这才和张学良签了和议，接受整编。

后来林彪打长春，就用了张作霖的饿字诀，围而不打，把国军饿投降了。

以失败为假设前提来思考，是兵法智慧的根本

原文

故善用兵者，屈人之兵而非战也，拔人之城而非攻也，毁人之国而非久也。必以全争于天下，故兵不顿而利可全，此谋攻之法也。

华杉详解

孙子这里总结"谋攻"，谋攻就是谋全，全利原则，自己不损失，敌方资产也不破坏，全取其利。要全取其利，就要"三非"：非战，非攻，非久。不战而屈人之兵，不攻而拔人之城，不久战而毁人之国。

孙子的思想，做任何事之前，一是先考虑风险，二是考虑代价，第三才考虑利益。

有两样东西最能驱使人犯错，一是利益诱惑，二是焦虑。

人们常说见利忘义，其实更普遍的情况是"见利忘害"，见到利益，就难免"人为财死，鸟为食亡"，见小利而亡命。

焦虑也害人出错，为什么呢，人一焦虑，就想有所动作。你要他非战、非攻，要他等待，要他忍耐，他怎么能等，怎么能忍呢？战场上的统帅，生死存亡之间，没有一刻不焦虑，这就特别容易出错。

如何避免呢？就是以失败为假设前提来考虑问题。我们习惯的思维方式是以成功为假设前提，因为我做一件事，是为了把它干成。那我思考、分析、判断、谋划、决策，都是围绕如何能成功，这不很自然吗？不教我们这个，那还叫兵法吗？

《孙子兵法》的出发点则不是这样，他是处处以失败为假设前提，首先假定这事会失败，其思考、分析、判断、谋划、决策，都是围绕避免失败，减少代价，立于不败之地，然后用计、等待，等待一战而定。

经营也是一样，为什么有的人能专注，坚持，默默无闻，二十年磨一剑，最终成为行业领袖。而另一些人东一头，西一头，今天干这，明天干那，始终过着波澜壮阔的创业人生。其根本都是"思维性格"的差异，前者不一定是特别大智慧，而是一个"失败前提思考者"。你跟他说什么，他都觉得是风险，他首先假设干不成，只有他已经干成的那件事，他才认为能继续干成，最后他就成了集大成。后一种人呢，他是"成功前提思考者"，听到什么都觉得是机会，是大机会，是不能错过的机会，最后他就成了终身创业者。

李嘉诚说："做任何事情先考虑失败。"这就是兵法智慧的根本。什么叫大师，大师就是知道自己跟别人一样，上手去干，多半是大败亏输，所以特别谨慎。吹嘘自己战无不胜，那不是大师，是大"失"，大失所望。

"非战""非攻"最后还强调一个"非久"。什么意思？是动作要少，关键时候，就来那么一下，最忌讳天天研究，频频动作，反复折腾，做多错多。

"集中优势兵力打歼灭战"

原文

故用兵之法：十则围之，五则攻之，倍则分之，敌则能战之，少则能逃之，不若则能避之，故小敌之坚，大敌之擒也。

华杉详解

孙子是非常强调兵力原则的，有绝对优势兵力才打，十倍优势才打包围战，五倍优势才进攻。毛泽东的"集中优势兵力打歼灭战"，就是这意思。

没有绝对优势，比如只有两倍优势，那就要"倍则分之"，调动敌人，让他分兵，分割他，形成我方更大优势再打。这就是毛泽东的运动战：依托较大的作战空间来换取时间移动兵力包围敌方，以优势兵力速战速决，毛泽东总结为"避敌主力，诱敌深入，集中优势兵力，各个击破"。

敌则能战之，少则能逃之，不若则能避之。

兵力相当，两军遭遇，敌得住，就战之。敌不住，就逃之夭夭。这就是毛泽东说的："打得赢就打，打不赢就跑。"

不跑会怎样？"小敌之坚，大敌之擒也"，你坚守不跑，就会被敌人擒了。

分兵作战法

原文

　　十则围之，五则攻之，倍则分之。

华杉详解

　　"十则围之"。有十倍于敌人的兵力，就可以包围他。逼他投降，或全歼敌军。

　　"一女乘城，可敌十夫"。《尉缭子》说："守法：一而当十，十而当百，百而当千，千而当万。"

　　守的人能以一当十，攻的人当然至少要以十攻一了。

　　杜牧注解说，"围"，是四面垒合，不仅是要战胜敌人，而且不能让他逃跑。凡四面围合，必须去敌城稍远，占地既广，守备严密。所以如果兵不够多，就有缺漏。

　　"五则攻之"。有五倍于敌人的兵力，就可以进攻。

　　曹操注解说："以五敌一，则三术为正，二术为奇。"如果有敌人并兵自守，不与我战，则有五倍于敌的兵力可攻。怎么攻呢，以三倍兵力为正兵出战，留两倍兵力在手作预备队等待出奇制胜。

　　张预注解说，要惊前扰后，声东击西，没有五倍优势，分不出那么多兵。

　　何氏注解说，我五倍多于敌人，可以三分攻城，二分出奇以取胜。

　　战例是西魏时独孤信攻打凉州宇文仲和。

　　西魏任命义州刺史史宁为凉州刺史，前任刺史宇文仲和依然占据着凉州，不接受新刺史的取代。丞相宇文泰派遣太子太保独孤信讨伐叛逆，宇文仲和婴城固守。独孤信派遣将领们在夜晚以冲梯攻打城的东北角，自己统率壮士袭击城的西南角，黎明时分，攻克了凉州城，擒获了宇文仲和。

　　"倍则分之"。如果兵力是敌人的两倍，则优势还不够大，还要想办法让敌人再分兵。

杜牧说"倍则分之"的分，不是分自己，是分敌人，让他分兵。我两倍于敌，则我用一部兵力，或者取其要害，或者攻其必救，使得他本来就只有我一半兵力，还要分兵来救，他的兵就更少了，这样更容易战胜他。

曹操注得简单："以二击一，则一术为正，一术为奇。"曹操说的是分自己。

杜牧说，正奇分兵，跟兵力多寡没关系，只要出战就有正奇。项羽到乌江边只剩二十八骑，他还不挤在一堆，分奇兵正兵，循环相救。

杜牧说得没错，"倍则分之"，是为了分割敌人，但要敌人分，先自己得分，所以曹操也没错。而且曹操讲得很具体，分多少都讲了。这在兵法里叫"分战法"，《百战奇略》里专门有一篇：

> 凡与敌战，若我众敌寡，当择戎平易宽广之地以胜之。若五倍于敌，则三术为正，二术为奇；三倍于敌，二术为正，一术为奇。所谓一以当其前，一以攻其后。法曰："分不分为縻军。"

如果我众敌寡，挑宽敞地方跟他打。若五倍于敌，则三正二奇。三倍于敌，则二正一奇。正兵攻其前，奇兵攻其后。

此处可加上曹操的补充："二倍于敌，则一正一奇。"

分不分为縻（mí）军，是说该分不分，就捆住了军队的手脚。这是另一部兵书《唐太宗李卫公问对》里的话。

这里大量涉及正兵、奇兵的概念，就是《孙子兵法》里最著名的那句话："以正合，以奇胜。"这"奇"不念qí，念jī，数学里奇数偶数的奇，又叫"余奇"，简单地说就是预备队。出奇制胜，就是正兵先打，主帅在指挥所观察，等到关键时候"出奇"——投入预备队——"制胜"，解决战斗。

所以姜太公说："不能分移，不可以语奇。"不懂分兵的，你没法跟他讲什么叫奇兵。

"正奇"的内容在后面的《势篇》，到时候再具体讲。

"倍则分之"的战例，有一反一正两个案例。

反例是淝水之战的苻坚，他是不分而败。

苻坚以八十万军队对阵谢玄八万，十倍兵力。但他没有分兵，全挤在一堆，被晋军一冲击，稀里糊涂就兵败如山倒了。

正面案例是王僧辩讨侯景于张公洲，分而胜之。

梁将陈霸先、王僧辩讨侯景，列军于张公洲。梁军高旗巨舰，截江蔽空，乘潮顺流。侯景望之不悦，说："梁军士气如此高昂，要先挫挫他们的锐气。"率铁骑万人，鸣鼓向前冲。霸先对僧辩说："善用兵者，如常山之蛇，首尾相应。贼今送死，欲为一战。我众彼寡，宜分其势。"僧辩从之，以劲弩当其前，轻锐蹂其后，大阵冲其中，分为三路冲击侯景。侯景大溃，弃城而走。

认输的智慧

原文

敌则能战之，少则能逃之，不若则能避之。故小敌之坚，大敌之擒也。

华杉详解

敌则能战之。

如果我方和敌军兵力相当，势均力敌，那要有能力打一仗。

曹操注解说："己与敌人众等，善者犹当设伏奇以胜之。"怎么打？还是分战法，"奇正"，正兵挑战，奇兵设伏。这里曹操没说几正几奇，不过从历史战例来看，这种诱敌伏击的战术，去挑战的正兵是小股部队，设伏的奇兵才是大部队。

少则能逃之。

如果兵力比敌人少，就深沟高垒，不要出战。或逃匿兵形，让敌人不知虚实，然后全军逃之。

不若则能避之。

杜牧注解说，"不若"，是势力、交援都不如对方，那就要速速逃走，不可迟延。如果敌人守住我的要害，那想跑也跑不了了。

孙子是极其保守谨慎之人，先胜后战，没有胜算就不打。只要兵比敌人少，就不跟他打。这一点似乎跟我们平时宣扬的价值观不一样，我们津津乐道的都是以少胜多，历史上以少胜多的战例比比皆是，怎么就不能打呢？

这在管理学上叫"沉默的证据"，真正的绝大多数，绝对的大概率事件，都沉默无言，所以你不知道。而那些小概率事件，以少击多居然打赢的，人人都替他大肆宣扬，一千年后你还知道，三千年的例子累积起来，倒显得比比皆是成了主流了。

这里沉默的证据有什么呢？首先那些"少则能逃之，不若则能避之"的将领，他们都沉默，都不吱声。逃跑有什么好宣扬的呢？所以《十一家注孙子》里面，十一位大师，竟然没有一个人写出一个战例！一个举例说明都没有。倒有人补充说明，张预注解说："彼众我寡，宜逃之。"但是！（注意这个"但是"）但是，他说："若我治彼乱，我奋彼怠，则敌虽众，亦可以战。"然后他举了两个战例："若吴起以五百乘破秦五十万众，谢玄以八千卒败苻坚一百万众，岂需逃之乎？"

你看看，孙子讲不要以卵击石，注解倒举出两个鸡蛋打碎石头的案例来。

你能按张预版"但是兵法"，用五百乘去灭五十万人，用八千人去灭一百万人吗？很多人总认为自己会成为"但是"。事实上所有的"但是"都写在史书上了，而且那历史上每一个"但是"后面，都有无数的偶然，你少凑齐一个也不行。

今天我们可以给"少则能逃之，不若则能避之"，补上两个战例，一个是沉默的证据，一个是大肆宣传的战例。沉默的是石达开，石达开的远征军在清军的围追堵截下，一年半的时间内转战川、黔、滇三省，四进四川，突破长江防线，但最后他没跑掉，死了，还是沉默了，也没法用来证明兵法是正确的。

另一个大肆宣传的伟大案例，大家都知道，因为一跑就跑了二万五千里，跑掉了，而且取得了最后胜利，就是红军长征。

小敌之坚，大敌之擒也。

红军在江西如果不跑会怎么样？"小敌之坚，大敌之擒也"。坚守不跑，就会为人所擒。

典型战例是汉朝名将李陵，汉武帝要他给李广利运粮草，他耻于做后勤部队，请战率五千步卒直捣匈奴王庭，结果被匈奴十万骑包围，兵败投降。汉武帝杀了他全家，还害得替他说话的司马迁被处以宫刑。

人性的特点是要赢，但现实是很可能要输，要懂得认输。宏碁（qí）的施振荣老先生说："认输才会赢。"这句话很有哲理。我们也可以说，输了，生活还会继续。输掉的咱们认了，保住和扩大咱们赢得的。

明代的王阳明，千古圣人，立下那么大的学问和功勋，但当锦衣卫为了陷害他，做出种种丧尽天良残害百姓的事，以图挑衅和构陷他的时候，他全都忍了，认了。因为他明白，在这暗无天日的社会，此刻他只要有任何一点伸张正义挽救百姓的举动，都会粉身碎骨，而且救不了任何人。只有等着锦衣卫看见不能得手，而自己停手。

王阳明认输了，他等着他输到什么时候，剩下的就是赢的吧！

皇上可以不懂军事，将军不能不懂政治

原文

夫将者，国之辅也，辅周则国必强，辅隙则国必弱。

故君之所以患于军者三：

不知军之不可以进，而谓之进；不知军之不可以退，而谓之退，是谓縻军。

不知三军之事，而同三军之政者，则军士惑矣。

不知三军之权，而同三军之任，则军士疑矣。三军既惑且疑，则诸侯之难至矣，是谓乱军引胜。

华杉详解

将帅是国家辅佐之重臣。"辅周则国强，辅隙则国弱"。这里的"周"和"隙"，有三层意思，第一，"周"是才智俱备，能力全面，"隙"则是能力有欠缺；第二，"周"是行事周全，"隙"则是有缺漏；第三，"周"是周密，谋不泄于外，"隙"则是形见于外，让人家看到了你的虚实，钻了你的空子。

我们做事也是一样，要周全、周密、算无遗策。有一个地方没考虑到，有了隙，到时候就在那隙的地方崩盘。到那时再喊冤"这谁知道啊"，那没意义。

中国有句古话叫"不知者不为罪"，大错！不知就是最大的罪！你不知，怎么担当这责任管这事呢？

孙子接下来讲了国君的三个"不知"，虽然你是老板，你不知道的事情你不要管。

第一个"不知"，不知道军队不可以进，你逼他进。不知道军队不可以退，你逼他退。

安史之乱，哥舒翰守潼关。唐玄宗不知道不可以出战，非逼他出战，结果全军覆没，丢了潼关，长安失守，玄宗南逃四川。

淝水之战，谢玄跟苻坚说："您把军队退一退，等我渡河过来和您决战。"苻坚不知道不可以退，真就下令退一退。后面的部队不知道为什么要退，晋军大声喊："秦军败了！"后面的以为前面败了，一哄而逃，就真败了。

这就是不知进退，不知道军队的一进一退，都是生死存亡。

第二个"不知"，是不懂得军队事务，却要参与军队管理。

《司马法》说："军容不入国，国容不入军。"治军和治国，游戏规则不一样。

《兵经》说："在国以信，在军以诈。"

张预注解说："仁义可以治国，而不可以治军；权变可以治军，而不可以治国。"

前面说的苻坚，他本来也是一位英主、英雄，但他实力上空前强大，性格上历来包容大度，又以天子对臣民的心态来对待谢玄，以诸葛亮七擒孟获的气度来对待谢玄，让他先过来，收复他，让他服气，就忘了"兵者，国之大事，死生之敌，存亡之道，不可不察也"。一点都大意不得。苻坚一个不注意，就兵败如山倒，最后发展到身死国灭。

杜牧注解说，军队的礼度法令，自有军法从事，如果以寻常治国之道，军士们反而不知道怎么办了。

杜牧举了周亚夫军细柳的例子。汉文帝视察慰劳三军，到别人军营，门卫都直接放行，将领慌忙出迎。到了周亚夫门口，被拦下等通报，说军营中只听将军之令，不听天子之令。通报良久，周亚夫也没出迎，只说请进，还要求军营中要慢行，马车不许跑得快。最后他在自己大帐门口对文帝拱手行礼，说甲胄在身，不能跪拜。

文帝叹服不已，在车栏杆上向将士们点头致意，从此认定周亚夫是可以依靠的大将，临终还叮嘱景帝，有兵事就用周亚夫。周亚夫也果然替景帝平定了七国之乱。

不过杜牧把周亚夫的故事放这儿作例子，虽然典型，也不完全恰当。细柳军营之事，有文帝的品格在，也有周亚夫的性格在。他的性格就是牛逼，他不光在军营牛逼，在皇宫里也牛逼，最后也弄得皇上不舒服，晚年稀里糊涂给问了个谋反之罪，他哪里受得了，绝食抗议，饿死了。

第三个"不知"，是不懂得军队的权变，却要参与军队的任命。不得其人，就会满盘皆输。最典型的案例，就是著名的长平之战了，赵括纸上谈兵，不能打仗，廉颇知道，蔺相如知道，赵括死去的父亲知道，赵括的母亲知道。就两个人不知道，一个是赵括自己不知道，二是赵王不知道，四十万人的生命，就这么断送了。

这三个不知，都是讲"将在外君命有所不受"，讲"中御之患"。姜太公说："国不可从外治，军不可从中御。"国内的事归主君管，不可以从国外处理；军中的事归将军管，不能由国君遥控。如果国君老是遥控，则"三军既惑且疑，诸侯之难至矣"，敌国就乘隙而入。"是谓乱军引胜"，搞乱自己军队，把敌人引来，让敌人得胜。

"将在外，君命有所不受"。这是讲给国君听的，但你不能假设国君一定会听，只能启发他听，他不听，你还得听他的。否则，将军自己的命都保不住，还算什么英雄，还怎么保家卫国呢？像岳飞，他死了，人们赞他英雄，骂秦桧奸臣，但宋朝还是亡了，他也没尽到保卫国家的责任。

秦国的王翦，秦王把举国六十万大军都交给他，去灭了六国，统一天下。他今天派人去找秦王要块田，明天派人去要盖房子，就是要秦王放心，我求田问宅本无大志。岳飞那直捣黄龙府，迎还二帝的雄心壮志，高宗怎么受得了？回来两个皇帝，这个皇帝怎么办？谁能保证迎还不变成拥立？

皇上可以不懂军事，将军不能不懂政治。

"将在外，君命有所不受"，是给皇上立个规矩，但只能启发他自觉守规矩，不能假设他一定守规矩。

千难万难，判断最难

原文

故知胜有五：知可以战与不可以战者胜。

华杉详解

孙子讲五个知胜之道，讲的是知胜之道，不是制胜之道，这还是孙子"胜可知而不可为"的思想，不指望在战场上靠运气获胜，而是在必胜条件下一战而定。所以第一条就是知可以战与不可以战，动手之前，你要知道能不能赢。

这就对判断力提出了很高的要求，你怎么知道自己必胜呢？你认为必胜，结果真的就胜了，次次都这样，那你不成了神仙？

我的实际工作体会：**必胜不可知，必败则是可知的。**

比如说做一个方案，最重要的能力不是"出创意"，而是"有判断"，随时知道自己走到了哪一步，能不能得手。

所以说判断力是创造力的前提，只有在判断中创造，才是真正的创造，否则就是天马行空，无边无际。那怎么办？那就只能"狂夫之言，圣人择之"，让别人来作判断。

人性的弱点是一厢情愿。西谚云："我们相信一些事情，不过是因为我们希望他是真的。"我们假定一厢情愿的因素在我们的判断里占三分，那么，当你认为有几分把握的时候，先自己减去三分一厢情愿分，再想想。

当我们觉得有十分把握的时候，减去三分就是七分。假如我们的判断是准确的，那就有50%的概率获胜，那赢面已经非常大了。

成功是偶然的，失败是必然的。这个认识很重要，不要轻举妄动。

前面讲的知胜知败，都是讲战前的判断。战后结果就出来了吧？

实际却不是。打仗是打完就有胜败，经营却不是！战后也不知道胜败。而且明明败了，大败，显示出来的结果却是胜的！

这是怎么回事？！

是那败藏起来了，储蓄起来了，过一段时间再报复你，让你不可挽回！

事情是这样的：当我们创业的时候，胜败是很容易体现的，胜了就干成了，败了就赔了。但当一个事业起来之后，你作出了一个关键的错误决策，你的市场可能还在增长。等到市场真的掉下来了，你可能还不认为自己错，认为是"产品生命周期到了"。

千难万难，判断最难。

你能带多少兵，就是你有多强的管理能力

原文

识众寡之用者胜。

华杉详解

"知胜五道"第二条，"识众寡之用者胜"。知道兵多兵少怎么用的人

能胜。

《孙子兵法》每句话的信息量都很大，这句话信息量也不小，识众寡之用，就是能带兵，能带队伍，概括说有以下三个方面：

一是知道需要用多少兵。

秦王政要灭楚，朝廷开会问需要多少兵马，王翦认为"非六十万人不可"，李信则说"不过二十万人"便可打败楚国。秦王政当然喜欢李信，认为王翦老不堪用，便派李信和蒙恬率兵二十万，南下伐楚。结果打得大败，七个都尉被斩，成为秦军少有的大败仗。

秦王赶紧去给王翦赔礼道歉请他出山，王翦的条件还是六十万兵。

王翦率军到了楚国，驻扎下来，营门一关，也不出战，每天就开运动会搞体育比赛。他兵多，楚军也没法来攻。就这么耗了一年，楚军熬不住，开始频频调动。楚军一调动，露出破绽，他就挥师出击，一举灭了楚国。

匈奴单于冒顿写信轻薄吕后，吕后大怒，想发兵讨伐。樊哙激情演说："给我十万兵马，横扫匈奴！"大家都附和要打。季布大喝道："樊哙可斩也！当年高祖三十万大军还在白登被围，陈平用计讲和才放回来，樊哙比高祖还厉害吗？"吕后冷静下来，给冒顿回了一封不卑不亢的信，还是和亲友好。

二是你能带多少兵。

这是一个管理能力，一个组织动员的能力。你能带一个班？一个排？一个团？一个军？

刘邦跟群臣讨论谁谁谁能带多少兵，问韩信说你看我能带多少兵。韩信说陛下能带十万，多了您就搞不定。刘邦问你能带多少？韩信说我嘛，多多益善，再多的兵我都能带。

所以打仗的本事，人们看到的是谋略、勇敢，因为那里面有故事，有谈资，男女老幼都爱听，广为流传。而还有一个不被人们挂在嘴边的是组织、动员、管理。管理的事讲起来枯燥，人们听不懂，也不爱听。

韩信打仗的本事为什么大？为什么比别人都大？他谋略当然厉害，勇敢大家都知道是他的弱项，他的超级强项，在"韩信带兵，多多益善"这句话里面。我们每个人可以想一想，我能带多少人的团队？管二十人的公司，和管二百人的公司，不是一回事。二千人、二万人、二十万人，又是另一回事。像富士康那样管上百万人，把人都管疯了，管自杀了。前面说的王翦，带六十万兵在敌境内驻营，一年不打仗，天天开运动会，关键时候一击制胜。这一年六十万小伙子挤一堆，一年不干活，还没出事，这都是管理的大本事。

三是兵怎么带，怎么用。

所谓"治众如治寡"，韩信带兵，多多益善，给他一百万兵，他跟带一百人一样方便。这就有一套组织架构和管理体系，后面的《形篇》《势篇》《虚实篇》都讲这个问题。

组织架构，就是从小到大战斗单位的设计，古代打仗最小战斗单位是五个人。戚继光剿倭寇，设计了十二人一组的鸳鸯阵。林彪发明"一点两面三三制"，以三人为最小战斗单位。从三个人一个战斗小组，到上百万的大军，他指挥起来都像挥自己的手臂一样方便自如。

这就是识众寡之用。

不站在老板立场的员工没前途，没有员工思维的老板做不大

原文

上下同欲者胜。

华杉详解

"知胜五道"之三："上下同欲者胜"。

上下同欲者胜，知不知道呢？都说知道。但用王阳明"知行合一"的观点来说，没做到就不是真知道，那就几乎没什么人知道了。

上下同欲者胜，大们自然都是要求别人同自己的欲，特别是上要求下要同上的欲，很少有人理解是自己要同他人的欲，要跟从他人的欲。

理学家说"存天理，灭人欲"，王阳明说"天理即人欲"。两个欲，不是一个欲。灭人欲，是要控制自己的欲；即人欲，是要顺应大家的欲。

《左传》说："以欲从人则可，以人从欲鲜济。"什么意思呢，就是让自己的心愿跟随大家的心愿，那样行事就可以成功；如果让大家的心愿跟着你个人

的心愿走，则很少能够成功。

所以，我们可以把"上下同欲者胜"这句话改一下来理解，叫：

　　同他人之欲者胜。

这就回到利他就是利己的大道理了。

对于员工来说，你要始终站在老板的立场思考处理任何问题，你就进步快了。

对于乙方来说，你要始终站在甲方老板的立场，诚则灵，你的业务就稳了。

对于老板来说，你要有员工思维，凡事站到员工的立场去看一看，服务员工，关注员工，就有人愿意跟你干了。

对于企业来说，要始终站在消费者的立场，不要总想利用信息不对称挣钱，而是实实在在为消费者建起别人做不到的产品和服务体系，这就百年品牌了。

"上下同欲者胜"。如何做到呢？

首先要承认上下不同欲。

你知道不同，你才能想办法同。你认为别人都该跟你同，什么也不需要做，就永远没人跟你同了。

上下不同欲，就是韩非子说的君臣异利。君和臣，利益所在不一样！

曹操伐东吴，孙权开会讨论战还是降，群臣都说打不过，刘琮都降了，安排得还挺好，咱们也降了算了，跟他谈个好条件。

鲁肃趁孙权上厕所的时候跟出去，对孙权说："主公，我们都可以降，您不能降。"孙权问为什么。鲁肃说："我们做臣子的，换个主公，还是一样做官，降了，家财利禄都有保障。您降了，做什么官呢？"孙权就明白了，必须战。

这就是君臣异利。

君臣异利，上下不同欲，怎么办呢？

韩非子的逻辑是君臣互市，做交易，就是建立公平透明的激励机制。**君不必仁，臣不必忠，在这机制下，自然君王仁爱，群臣忠勇。**

君臣之间，不要讲感情、报恩、爱戴之类，但每个人必须忠于自己的角色

责任，忠于职守和游戏规则。

在机制设计上假设每个人都是坏人，让坏人为了自己利益也只能做好事。在道德品质是提倡每个人都做好人，让好人好上加好再加分。这就能上下同欲者胜了。

真正认识"以防万一"

原文

以虞待不虞者胜。

华杉详解

"知胜五道"之四："以虞待不虞者胜。"

"虞"，是预料、预备、防备的意思。成语"尔虞我诈"，就是相互防备，相互欺骗的意思。

《左传》说："不备不虞，不可以师。"没有预先准备，没有周密防备，那是不可以带军队的。

《孙子兵法》说："无恃其不来，恃吾有以待也。无恃其不攻，恃吾有所不可攻也。"不能料定敌人不会来攻击，要有准备他来了我也不怕。

春秋时吴楚交战。两军相距三十里，雨下了十天十夜，晚上都看不见星星，漆黑一片。楚军左史倚相对大将子期说："这么恶劣的天气，吴军肯定认为我们没有防备，一定来偷袭，不如备之。"于是列好阵势等着。

吴军果然来了，一看楚军严阵以待，占不到便宜，转头便撤。

楚军也没追击，因为知道他有所防备。等吴军走远了。左史又说："他们往返六十里，回到营中，又累又饿，大将要休息，士兵要吃饭，肯定防备松懈了。咱们急行军三十里摸上去，定可一鼓破之。"

楚军依计而行，果然大破吴军。

那开始时下着大雨，楚军列阵等着，吴军不来怎么办？那不白准备了吗？

我们经常听见人说："我白准备了，白浪费了。"这个观念就是兵法要反对的。《兵法百言》："宁使我有虚防，无使彼得实尝。"宁可我白准备，也不能让他万一来了，让他得手。

绝大部分准备，都是"白准备"，因为准备本来就是"不防一万，只防万一"的，所以每一次有效准备背后，都有九千九百九十九次"白准备"。左史并非料事如神，料定吴军一定会来，他只是按操作规程，做好准备。吴军若不来，士兵们怨声载道，这事过去了，不会写进史书里，我们也不知道。吴军来了，他就名垂青史了。两千多年后我们还能知道这事，可见这样的事是很少发生的。

一位在法国道达尔公司工作的朋友跟我讲，他们公司每次开大会，都有一个安全官，先做半小时安全介绍，这酒店什么情况，走火通道，逃生门在哪儿，防火面具在哪儿，灭火器在哪儿，如果发生火灾，按什么程序逃生，如何自救、互助及急救等等。

按咱们"百年大计，进度第一，质量第二，安全第三"的价值观，这喋喋不休的半小时安全课，每个人都听过几百遍了，得浪费多少时间！

这就是要真正认识"以防万一"！防的就是万分之一！我们很多家长，孩子坐车都不给他备儿童座椅，认为没事儿，却没想过万一有一次事儿，孩子就没了。所以我带孩子旅行，都托运行李带着儿童安全座椅走。

"以虞待不虞者胜"，还有一个理解，就是"机会是属于有准备的人"。**人生就是不断地埋下伏笔，机会来的时候，你都准备好了。**

作战就那一下子，我们99%的工作，都是准备工作。这个道理太深了。人们容易看到的是战利品的多少得失，时间、资源的分配，总是向收割倾斜，不是向准备倾斜。

只问耕耘，不问收获。我看到有的企业家，把收获的工作交给经理人，因为今天的收获都是他三年前耕耘下的。他把他的精力和关注点，投入新的耕耘，为未来作准备。

老板要适当放弃自己的判断，部下要尽可能允许老板越界

原文

> 将能而君不御者胜。
>
> 此五者，知胜之道也。

华杉详解

这是"知胜五道"最后一条，将领能干，君王又不干预者胜。《司马法》说："进退惟时，无曰寡人。"不要管皇上说什么，进退自己根据形势判断决策。

司马懿和诸葛亮在五丈原对峙，司马懿不出战，诸葛亮天天羞辱他，据说还送女人衣服给他。魏国将士们受不了，甚至也认为司马懿胆小，群情汹涌，个个要战。司马懿说："好吧，我即刻向皇上请旨出战。"朝廷接到司马懿的请战书，马上明白了他的意图，是要演戏，要皇上配合。派来天子使节辛毗，执节站在军门宣旨："敢问战者，斩！"

诸葛亮听说后道："他要是能制我，还用向天子请战吗？假装说天子不许出战，这是不能之将！"

诸葛亮此语，是引用了《孙子兵法》"将能而君不御"的典故。司马懿要君御，那他就是不能之将了。

不过司马懿的要求君御是假装的，是演戏。诸葛亮心里也明白，五丈原这一仗，他始终没打成，就病故军中了。

古代拜大将于太庙，有一套授权的仪式。国君亲手拿着象征征伐敌人与统御下属的生杀大权的钺，就是一种大斧，实际不是兵器，是砍头和腰斩的刑具。国君先倒着执钺，斧柄对着大将给他，说："从是以上至天者，将军制之。"国君执着斧柄，刀对着大将交给他，说："从是以下至渊者，将军制之。"这就上管

天，下管地，全部权力都授权给他了。

"将能而君不御"，将在外君命有所不受。兵法天天讲，人人都认为这是对的。但这句话真是一个理想状态，很少成为客观现实。执著于兵法这一条的将，往往会死得很惨。

对于大将来说，管着军事，战场上瞬息万变，当然不能事事请示皇上。对于皇上来说，皇上管着政治，内政外交，敌国、叛军和内部政敌，他的压力比大将还大，而最大的筹码都交给你。他能不派监军已经不错了，你要他不管不问，他一定要得焦虑症。

"兵者，国之大事，死生之地，存亡之道，不可不察也。"国君处在生死存亡中，你不能要求他不发表意见，不干涉行动。因为他时时刻刻在作判断。

所以国君要克制自己，学会适当放弃自己的判断。比如安史之乱，哥舒翰守潼关，他坚守半年不战，形势渐渐有利了。唐玄宗却要逼他出战。玄宗为什么判断可以出战呢？一是君王的骄傲，他根本不接受安禄山可以反叛他，甚至打败他这一现实，所以之前斩了作战不利的大将封常清、高仙芝，这都是唐朝最优秀的大将，自毁长城。这下看形势好转，马上想一举扑灭安禄山，出一口恶气。二是杨国忠不断地煽风点火，因为他和哥舒翰是死敌，所以只要哥舒翰想做什么，反着来就是了。

所以唐玄宗的判断，并非一个清晰的分析判断，很大程度上是情绪，是不接受失败，不接受委屈，马上要干一场得解脱。

既然哥舒翰苦苦谏争，说不能战，就听他的，再多守半年能怎么着？非得马上见个分晓吗？这就是杨国忠的谗言发挥作用了。杨国忠一煽风点火，玄宗更认为自己的判断没错。

结果是哥舒翰出关，全军覆没，长安失守，玄宗南逃四川，杨国忠兄妹被杀。

从哥舒翰的角度来说，不能让玄宗信任自己，就是最大的"不能"，就不能说他是"将能"。和杨国忠斗得你死我活，也是他失败的主要原因。杨国忠是小人，但君子有时候就得和小人交朋友。即使做不到，至少要有这个意识。历代依靠太监办成大事的治世能臣也有，张居正就是。

"将能而君不御"，君王要想想，只要不是马上见死活，一输就输光的，不妨放弃自己的判断，让他自己干去。

对于大将来说，不要把君王伸过来的手挡回去，让他随时可以插手，让他感觉你是透明的，对他不设防的。这样关键的时候，你非要自作主张坚持，你的坚持会更有说服力。

知己知彼的问题往往不在于不知彼，而在于不知己

原文

故曰：知己知彼者，百战不殆。不知彼而知己，一胜一负。不知彼不知己，每战必殆。

华杉详解

如果了解自己，也了解敌人，那就能立于不败之地。即前面讲的五个知胜之道，五个方面，都清楚敌我双方的情况和对比。如果只了解自己，不了解敌人，则战胜概率是50%。如果既不了解自己，也不了解敌人，则胜率为零。

"不知彼而知己"，李筌的注解里举了淝水之战苻坚的案例，说苻坚是只知道自己，不知道敌人。

王猛临死时对苻坚说："晋室虽然立于偏远江南，但承继正统。谢安、桓冲，都是伟人，不可征伐。我们内部的鲜卑、羌虏才是我们的仇敌，终会成为祸患，应该将他们除去，以利社稷。"

王猛死后，苻坚没听他的，挥师伐晋。又有人跟他说："对方也有人才啊！谢安、桓冲都是人杰，不可轻敌。"

苻坚说："我以八州之众，士马百万，投鞭可断江水，何难之有？"

淝水之战，苻坚大败，之后鲜卑、羌族反叛，苻坚最终被羌族首领姚苌杀害。

苻坚之败，真的是知己而不知彼吗？非也，他的问题不在于不知彼，而在于不知己，或者说内部的不知彼。他的卧榻上，酣睡的都是仇敌。

王猛劝他的话，前半段有些可疑。说晋室不可伐，因为是正统所在。少数

民族不太会认为你是正统，不能伐。历史是正统的汉人写的，很可能编了这一段吧。

后面才是重点，"鲜卑和羌才是我们真正的仇敌，应该灭了他们。"

符坚有巨大的性格弱点，就是对人太好，没原则地好。灭了他人之国，别人都是斩草除根，他则是你只要投降，皇帝也可在我帐下做将军，胸怀大得没原则。

所以淝水之战前，他已经犯了"知胜五道"里"上下同欲者胜"这一条。他的百万大军里，上下不同欲，那些降帝降将，心里想的是复国，而不是帮他统一天下。所以一喊退，都跑了。

鲜卑慕容冲，前燕被符坚灭国后，他和十四岁的姐姐一起被送进符坚宫中，姐姐做宠妃，他做男宠，姐弟俩宠冠后宫。慕容冲后来起兵复国，符坚在阵前看到他，还旧情泛滥，派人送一件锦袍过去。国破家亡，身为皇室贵胄，和姐姐一起被送到敌国后宫，这对慕容冲是怎样的奇耻大辱和国恨家仇，符坚却认为这是爱情！他就这么荒唐，太把自己当天下共主了，不知道别人也想当皇帝。

我们用"知胜五道"一条条去评估符坚。

"知可以战与不可以战者胜"。王猛已经说了，内部才是大问题，不可以去跟晋室战。但符坚不知道。

"识众寡之用者胜"。这一条，符坚太大意了，没有分兵，挤在一堆，一退全溃。

"上下同欲者胜"。前面说过了，他手下好多将领等着机会复国称帝呢。

"以虞待不虞则胜"。谢玄设计好圈套，他却以为任你什么圈套我都不怕，不做准备，被动挨打。

"将能而君不御者胜"。他是御驾亲征，百万大军，却是各怀鬼胎的乌合之众。

所以这五条，他一条也不及格。他不是知己不知彼，50%胜率，而是不知己也不知彼，必败。

知己知彼，我们关注的往往是知彼，因为认为知己是理所当然的。现实往往不是这样，现实是往往问题出在不知己。现实是你想知彼却得不到，别人怎么回事你怎么知道呢？

所以唐太宗说："今之将臣，虽未能知彼，苟能知己，则安有不利乎？"

我认为，知己不知彼，胜率不是50%，至少是80%！要把工夫下在知己上。我不管你怎样，因为我也管不着，我只管我怎样，你怎样我都有准备，我还能调动你。读《曾国藩全集》，他的日记里很少谈敌情，都是研究自己军队建设管理的事。敌情，打了才晓得。

今天我们学《孙子兵法》，用在经营活动中，还有一个问题，知己知彼，彼是谁？竞争对手吗？

非也！是顾客。如果我们知道自己，又知道顾客，那就每战必胜。我们的问题往往出在自己做得不够好，又不了解顾客。如果学了兵法，天天去研究所谓对手，那是瞎耽误工夫。

附录：《谋攻篇》全文

孙子曰：夫用兵之法，全国为上，破国次之；全军为上，破军次之；全旅为上，破旅次之；全卒为上，破卒次之；全伍为上，破伍次之。是故百战百胜，非善之善者也；不战而屈人之兵，善之善者也。

故上兵伐谋，其次伐交，其次伐兵，其下攻城。攻城之法，为不得已。修橹轒辒，具器械，三月而后成，距堙，又三月而后已。将不胜其忿而蚁附之，杀士卒三分之一而城不拔者，此攻之灾也。

故善用兵者，屈人之兵而非战也，拔人之城而非攻也，毁人之国而非久也，必以全争于天下，故兵不顿，而利可全，此谋攻之法也。

故用兵之法，十则围之，五则攻之，倍则分之，敌则能战之，少则能逃之，不若则能避之。故小敌之坚，大敌之擒也。

夫将者，国之辅也，辅周则国必强，辅隙则国必弱。

故君之所以患于军者三：不知军之不可以进而谓之进，不知军之不可以退而谓之退，是谓縻军。不知三军之事而同三军之政者，则军士惑矣。不知三军之权而同三军之任，则军士疑矣。三军既惑且疑，则诸侯之难至矣。是谓乱军引胜。

故知胜有五：知可以战与不可以战者胜；识众寡之用者胜；上下同欲者胜；以虞待不虞者胜；将能而君不御者胜。此五者，知胜之道也。

故曰：知彼知己，百战不殆；不知彼而知己，一胜一负；不知彼，不知己，每战必殆。

第四章

军形第四

赢了再打

原文

形篇

孙子曰：昔之善战者，先为不可胜，以待敌之可胜。不可胜在己，可胜在敌。故善战者，能为不可胜，不能使敌之可胜。故曰：胜可知，而不可为。

华杉详解

《孙子兵法》第四篇是《形篇》，《形篇》后面是《势篇》，"形势"这个词就是从这儿来的。

什么是"形"？曹操注解说："军之形也，我动彼应，两敌相察情也。"

形，是可以观察到的，我动彼应，我动一动，看你怎么回应；你动一动，看我怎么回应，相互试探，相互观察。比如我们熟悉的"火力侦察"，就是先给你打一梭子，看你暴露出什么"形"来。

张预注解说："两军攻守之形也，隐于中，则敌不可得而知，见于外，则敌乘隙而至。"双方军形都尽量不让对方刺探，一接战，一攻一守，两军的军形就相互暴露了。

所以，"形"，是在战前。"势"，则是在战斗中。

汉代荀悦有一段话讲形势，比较准确：

夫立策决胜之术，其要有三：一曰形，二曰势，三曰情。形者，言其大体得失之数也；势者，言其临时之宜，进退之机也；情者，言其心志可否之实也。故策同、事等而功殊者，三术不同也。

这段话意思是说，"形"是大体得失的计算，你胜算有多大，这是算得出来的。算清楚了再做，算不清楚别做。

做事先看形，行不行。做起来就靠势，荀悦说是"临时之宜，进退之机"。可以这么说，不过孙子在《势篇》里讲得更深刻。荀悦还讲了"情"，就是主将的意志力和团队的士气，"心志可否"，这个"情"，在《孙子兵法》里也归为"势"。所以荀悦的"形""势""情"三要，实际还是"形""势"二要。

"形"和"势"讲清楚了，战胜的过程，就是形胜和势胜两个过程。《形篇》，就是讲形胜的。

接下来我们开始读《形篇》：

> 昔之善战者，先为不可胜，以待敌之可胜。不可胜在己，可胜在敌。故善战者，能为不可胜，不能使敌之可胜。故曰：胜可知，而不可为。

古代真正善于作战的人，先规划自己，让自己成为不可战胜的，然后等待可以战胜敌人的时机。不可战胜，在于你自个儿，能否战胜敌人，在于对方有没有给你可胜之机。所以说，善战者，能够做到自己不被敌人战胜，却做不到敌人一定会被我战胜。胜利可以预见，但如果条件不具备，是不可以强为。

"先为不可胜，以待敌之可胜"，正可以和上一章的"知己知彼，百战不殆"相对应。先规划自己，让自己成为不可战胜的，就是知己；然后等待敌人什么时候可以被战胜的时机，就是知彼。

> 不可胜在己，可胜在敌。故善战者，能为不可胜，不能使敌之可胜。

一句话，人管得了自己，管不了别人。先管好自己，再观察别人。敌人如果无懈可击，我们是没办法取胜的。

"胜可知，而不可为"。可以判断我们能胜。但如果没有胜的形势，不可强求。

不可胜，不可强求，怎么办呢？

首先是不办。**很多人，败就败在不知道事情可以不办。**所谓不作死，就不会死，办不到的事，就不要强求。留得青山在，不怕没柴烧。如果非要办，就会输光了老本。

不能取胜，就不要出战。抓紧练自己。孙子的思想是先胜后战，后面还会讲。我称之为赢了再打。没有赢，就不要打。

很多人接受不了这一点，认为这是不作为，必须要有所作为，自己才心安。这是一种"战略焦虑症"，忘了"作为"的代价、损失和风险。事实上不出手并非不作为，而是积累自己、等待时机。三国争霸，诸葛亮就是不停地作为，可以说没有任何胜算的作为，最后把自己累死了。他应该等，等待时机，锻炼身体。一是争取自己活得长，二是把国内治理富足强大，把儿子教育好传承下去。但他像很多人一样，认为不能等。不能等的结果是什么呢？司马懿活得最长，活过了诸葛亮，活过了曹操，甚至活过了曹丕，就没有人能阻挡他了，结果是三国归晋。

所以第二个策略，就是等待。

等待，在很多情况下，都是最好的选择。认识到这一点的人太少了。等待什么？等待形势变化。什么叫形势变化，就是形变化为形胜，势变化为势胜。

形胜，是在等待中积累，让自己不可胜，越来越强。势胜，是胜机出现，抓住机会，一战而定。

最能等的人，是日本战国时代的德川家康。有一个笑话，讲日本战国三大英雄，织田信长、丰臣秀吉和德川家康的。说三个人一起遛鸟，那鸟就是不叫。怎么办呢？织田信长说："再不叫，再不叫就把它杀了，换一只鸟。"

丰臣秀吉说："不用杀，叫就奖，不叫就罚，总有办法让它叫。"

问德川家康，家康说："什么也不用做。等！是鸟嘛，它总要叫的。"

三人中，就德川家康能等，而且他活得最长，结果就是他成了天下之主，德川家族统治了日本三百年。

等什么呢？一是等形胜，积累自己；二是等势胜，等对方失误。对方一失误，胜机就出现了。对方不失误，我们就没法赢，或者战胜的代价太大，不如再等一等划算。

所以又有了第三个策略：能不能引诱对方失误？

这就是《唐太宗李卫公问对》里说的："观古今兵法，一言以蔽之：多方以误。"想方设法引他失误。前几章讲了王翦灭楚国的故事，他找秦王要了六十万大军，开到楚境，却不发动攻势，安营扎寨，每天开运动会练兵，等楚国的动作。这一等，就等了一年。楚国人憋不住了，开始频频调动。楚军一动，他看到机会，一举出动，就灭了楚国。

成功必有大量的、充分的、长期的积累，便能活在他人想象之外

原文

不可胜者，守也；可胜者，攻也。守则不足，攻则有余。善守者藏于九地之下，善攻者动于九天之上，故能自保而全胜也。

华杉详解

不可胜者，守也。

何氏注解说：没有看见敌人的形势虚实有可胜之理，则亦固守。

曹操的注解就三个字："藏形也。"观察对方的军形，发现没有可胜之机，那我就把自己的军形藏起来，守起来，也不要让对方找到破绽。

可胜者，攻也。

杜牧注解说："敌人有可胜之形，则当出而攻之。"前面讲王翦灭楚的例子，就是"不可胜者，守也；可胜者，攻也。"六十万大军开到别人家门口，看你严阵以待，我就等着，守着，守了一年。等楚军一动，露出破绽，出现可胜之形，马上出击，一举得胜。

守则不足，攻则有余。

孙子的思想，一贯谨慎。守则不足，知道自己力有不足，就守。要力量多大才攻呢？一定要"有余"才攻。光力量够了还不行，一定要有余，要留有余地，要多留余地，要有压倒性的优势才攻。

善守者藏于九地之下，善攻者动于九天之上。

梅尧臣注解说："九地，言深不可知。九天，言高不可测。"

杜牧注解说："守者，韬声灭迹，幽比鬼神，在于地下，不可得而见之；攻者，势迅声烈，疾若雷电，如来天上，不可得而备也。"

所以善守的人，如藏于九地之下，守得敌人一点都不知道。善攻的人，一攻起来，雷霆万顷，覆天盖地，让人根本没有反应的机会和还手之力。"故能自保而全胜也"。守，能保全自己。攻，能获得全胜。

孙子的全胜思想，全胜的全，不光是要保全自己，也要保全城池物资，甚至还要保全敌人。

一是自己保全，不要杀敌一千，自伤八百；二是争取把对方也保全，不要他败退的时候把桥梁、道路、城池等基础设施都破坏了，把粮仓物资也烧了，要把这些东西都保全，为我所用。最好，人也不要杀他们的，把他们的军队也保全，一看我们从天而降，没有战斗意志了，放下武器投降，加入我们的军队，我们的队伍就壮大了。

"善守者藏于九地之下"，千万别以为"守"是保守的，是不进取的。

守，本身就是胜的积累，而且是加速积累！

从企业经营来说，简单的类比可以讲专业化和多元化的问题，你每进入一个新的领域都是攻，深耕在一个领域就是守。王石当初把所有的公司都卖掉，就守住一个房地产，就守出了一个万科。

从个人来讲，行行出状元，就是专注、坚持。任何一个人只要专注一个领域，五年成为专家，十年成为权威，十五年成为世界顶尖。

在经营上，你守住一个地方，能守出一个世界顶尖来，就能活在他人想象之外！所以守，是一个从量变到质变的积累，是深深地藏于九地之下，没人知道你水有多深，因为他们没有在一个地方耕耘过这么久，没有达到过这么深，你就能形成最高的竞争壁垒，别人进不来。

那什么叫"善攻者动于九天之上"呢？就是你觉得他在攻击你的时候，他根本没攻击你！这有点像现在说的"降维攻击"，毁灭你，但与你无关。

因为，他在九天之上，他跟你不在一个平台，不在一个层面，不在一个战场。现在所有的互联网企业都要拿移动互联网门票，那门票却不是由谁来发的，都是你自己画的，画成什么样？每个人逻辑都不一样，各在各的天空，不是一回事，哪有什么竞争！都是自己的事。

什么叫竞争？竞争的本质是要你没法跟我争，而不是我要跟你争。这就是《孙子兵法》说的"善战者先为己之不可胜"，也是《道德经》说的"夫不争，则天下莫能与之争"。一旦你想去跟某某争，你已经输了。动于"九天之上"的人，根本没觉得自己在跟谁争，只是被他带起的风刮倒的人，自己觉得自己的东西被他争走了。

当你在"九地之下"的时候，你要耐得住寂寞，耐得住别人比自己风光，就像当初华为不进房地产，阿里巴巴不做游戏，专心磨炼自己的核心能力。当你厚积薄发、横空出世，人人看你都是"动于九天之上"，别人想学你，得坐时光机器回到十年前去学，甚至回到你的幼儿园去跟你一起学起，哪里学得来！他们看到的，都不是你成功的原因，因为你已经活在众人的想象之外。

真的智将，他的功劳，常常只有他自己知道

原文

见胜不过众人之所知，非善之善者也；战胜而天下曰善，非善之善者也。故举秋毫不为多力，见日月不为明目，闻雷霆不为聪耳。

古之所谓善战者，胜于易胜者也。故善战者之胜也，无智名，无勇功，故其战胜不忒。不忒者，其所措必胜，胜已败者

也。故善战者，立于不败之地，而不失敌之败也。是故胜兵先胜
而后求战，败兵先战而后求胜。善用兵者，修道而保法，故能为
胜败之政。

华杉详解

> 见胜不过众人之所知，非善之善者也。

人人都看得出来的胜，你也看出来，那不算本事。

曹操注了四个字："当见未萌。"没发生的，没显现出来的，你能洞察到，
那才是本事。

我们评论一件事时，总是说："看结果！结果最说明问题！"结果不一定
能真正说明问题。因为今天的结果来自昨天的决策，换一个决策，结果是比这
个好，还是差，谁也不能回去再走一遍试试，而且对结果的认识和解释，每个
人还不一样。我们要讨论的，永远都是对未来的判断，这一步下去，未来会怎
样，那每个人看法差距就大了。

李筌注解说："知不出众知，非善也。"

你能看到的，都是大家都能看到的，那不算本事。要能看到别人看不到
的。韩信破赵之战，就是著名的"背水一战"。韩信拂晓带兵出井陉口，先传
令开饭时间，说破赵之后开饭。诸将都不信，假意答应："诺！"之后背水列
阵，赵军看见大笑。结果韩信一鼓破赵，刚好到饭点。这就是知道众所不知的
案例。

韩信知道的是什么呢？一是背水列阵，置之死地而后生，让士兵们没有退
路，拼死作战；二是两军接战后，派两千骑兵突入敌营，把赵军军旗拔了，全
插上汉军旗帜，大喊赵军败了，让赵军心惊胆裂，一哄而散。

> 战胜而天下曰善，非善之善者也。

你打赢了，全天下都说精彩，那不算"善之善者也"。

按孙子的标准，韩信的背水一战又不是"善之善者也"了，因为这事不常发生，不是有把握的事儿。比如你用一万人击败了敌军二十万人，那必然天下闻名，全天下人都说你厉害，两千年后史书上还写着你的案例。你若用二十万人吃掉了敌军一万人，没人会记你一笔。但是，一万人击败二十万人是小概率事件。你这将军怎么带的兵，居然让一万人和敌军二十万人遭遇呢？靠着运气和对方是个笨蛋，居然让你赢了。

正如韩信破赵之战，本来他没那么容易取胜。他出井陉口之前，广武君向陈余献计说："井陉道路狭窄，两辆战车不能并行，骑兵不能排成行列，行程数百里，运粮队伍势必远远地落到后边，您拨给我三万人，从隐蔽小路拦截他们的粮草，您就深挖战壕，高筑营垒，不与他交战。他们向前不得战斗，向后无法退却，我截断他们后路粮草，使他们在荒野什么东西也抢掠不到，用不了十天，韩信的人头就可送到将军帐下。"

但是陈余不听。韩信得到谍报，陈余不用广武君的计策，才敢进兵。破赵之前，传令活捉广武君，不得杀害。广武君抓来，韩信马上亲自为他松绑，尊他为师。广武君说："败军之将不敢言勇。"韩信说："百里奚在虞国做大夫，虞国亡了。到了秦国，秦国却因他而霸。不是说百里奚在虞国蠢，到了秦国变聪明了。而是在于主公用不用他，听不听他的。如果陈余用您的计策，我已经被您擒了，就是因为他不用您，我才有机会侍奉您呀！"于是韩信用广武君之计，又降服了燕国。

从赵军方面来说，陈余不是败给了韩信，是败给了自己。用广武君的话说，他有必胜之计，但是陈余不用，在那一刻便已经败了。只要让韩信出了井陉，那谁也挡不住。至于什么时候开饭，听故事的喜欢这样的精彩细节，"天下曰善"，事实上什么时候开饭无所谓。

我们要特别警惕那种"战胜而天下曰善"的精彩案例，自以为可以复制，结果你一上手却复制不了！韩信背水一战得胜，你背水一战，可能就被人撺水里喂鱼了。

举秋毫不为多力，见日月不为明目，闻雷霆不为聪耳。

能举起一根毫毛不能算力气大，看得见太阳、月亮不能算视力好，听得见打雷不能说你耳朵灵。

> 古之所谓善战者，胜于易胜者也。故善战者之胜也，无智名，无勇功，故其战胜不忒。不忒者，其所措必胜，胜已败者也。

真正善于作战的人，都是战胜了容易战胜的敌人，甚至是战胜了已经失败的敌人。韩信何尝不是战胜了已经失败的赵军呢？

胜已败者也！这句话要再强调一遍。真正的善战者，不是把敌人打败，而是看见敌人已经败了，他才开打！

所以，真正善战的都不是"名将"。名将是什么呢？不可能打赢的仗，都给他打赢了，所以一战成名！项羽呀、李广呀，都是这样的千古名将。而真正善战的人呢，他准备充分，按部就班，一点差错都没有。

孙子自己是不是名将呢？他的名主要还是来自于《孙子兵法》这部书，历史没留下什么他打仗的具体故事。和他在吴国同朝为将的另一位，伍子胥，那就是轰轰烈烈的超级名将了，真正"生当为人杰，死亦为鬼雄"，一生都在仇杀中度过，报了父亲被冤死的血海深仇，最后自己也是冤死的命运。而孙子自从在吴国为将后，除了说他贡献很大之外，基本没什么具体故事，最后也不知道怎么死的，想必是死在自家床上，所以没有伍子胥那样冤死的故事。

> 善战者之胜也，无智名，无勇功。

这句话很本质！善战者没有什么智名，没人说他太聪明了，也没有什么勇功，没人说他太勇敢了。为什么呢？曹操注解说："敌兵形未成，胜之无赫赫之功也。"

这和中医的"上医治未病"理念是一个道理。什么叫名医？起死回生，那叫名医。谁都说要死的，给他治活了！这就有智名、有勇功了。但是，把要死的人都给他送去，他都能治活吗？

真正的"上医"，最高水平的医生，不是治病，是治未病，在你还没生病的时候给你治！你还没生病，他就看出苗头，你将要得什么病，给你处理一下，给你一个防治方案，最后避免了你得那病。

这问题来了，有证据表明那病你一定要得吗？这不是骗子吗？是他帮你避免的吗？你自己也搞不清楚，只有医生他自己知道，高人知道，天知道。记者也没法来写个报道，说你本来要得糖尿病的，全靠这医生你没得。

所以真正的上医，他也成不了名医了。这就是那个扁鹊三兄弟的故事。

魏文侯问名医扁鹊："你们家兄弟三人，谁是医术最好的呢？"

扁鹊说："大哥最好，二哥差些，我是最差的。"

魏文侯不解，扁鹊解释说："大哥治病，是在病情发作之前，那时候病人自己还不觉得有病，但大哥就下药铲除了病根，所以他的医术难以被人认可，所以没有名气，连村里的人都不认可他，只是在我们自己家人知道他最厉害。

"二哥治病，是在病初起之时，症状尚不十分明显，病人也没有觉得痛苦，二哥就能药到病除，所以乡亲们都认为二哥能治些小病。他的名气也只在本村而已，邻村的人就不知道他了。

"我的动静就比较大，我治病，都是在病情十分严重之时，病人痛苦万分，家属心急如焚。此时，他们看到我在经脉上穿刺，用针放血，或在患处敷以毒药以毒攻毒，使重病人病情得到缓解或治愈，所以我名闻天下。"

名将就和名医一样，谁都打不了的仗，给他打赢了。而真正的善战者呢，他从来没打过可歌可泣的硬仗，全是摧枯拉朽的轻松活儿。

梅尧臣注解说："大智不彰，大功不扬，见微胜易，何勇何智？"

何氏曰："患销未形，人谁称智？不战而服，人谁言勇？"祸患还没形成，就被你消解了，大家都不知道，你哪有智名呢？根本没打仗，人家就服了，谁能说你勇敢呢？

所以有的人比较坏，他明明早就看出来，可以解决的问题，他一定要等它烂到谁也收拾不了，他才出手，就是不愿意人家看不见他的功劳。

这种情况，会造成不必要的损失和风险，怎么办呢？没办法，就得靠老板英明，老板得是明白人。刘邦就是这样一个明白人。开国大典，分封群臣，萧何功劳第一。其他那些骄兵悍将都不满意，说我们出生入死，浴血奋战，他在家里待着，怎么还功劳第一呢？刘邦说，见过打猎吗，猎人规划路线，发现猎物踪迹，然后放狗去追。你们就是"功狗"，萧何是"功人"，你们说谁功劳大？

张预注解："阴谋潜运，取胜于无形，天下不闻料敌制胜之智，不见夺旗斩将之功，若留侯未尝有战斗功也。"留侯，是指刘邦的另一个"功人"——张良。

所以真的智将，如果老板不像刘邦那么明白，他的功劳，常常只有他自己知道。

那就必须耐得住寂寞呀！谁让你智慧那么高呢？

《孙子兵法》的核心：先胜后战

原文

故善战者，立于不败之地，而不失敌之败也。是故胜兵先胜而后求战，败兵先战而后求胜。

华杉详解

立于不败之地，而不失敌之败也。

两军对峙，你要先管好自己，立于不败之地。当然，对方也懂兵法，也晓得立于不败之地。这就看谁先失误，如果双方都不失误，就一直熬下去，看谁的粮草多。一旦对方露出破绽，有隙可乘，就要猛扑过去，一击制胜。

"不可胜在己"，要立于不败之地，完全在于自己，跟别人没关系。

"可胜在敌"，看敌人什么时候失误。

所以《唐太宗李卫公问对》说："古今胜败，一误而已。比如弈棋，一着失误，满盘皆输。"就像下棋一样，错了一步，被对方抓住了，你天大本事也救不回来。如果对方是个笨蛋，没看出来，那就乌龙对乌龙继续走下去，也是你来我往，杀得可歌可泣。

实际工作中，还是大家都笨，整体水平都低的情况比较普遍。所以有句话说嘛："我们得以生存，不是因为我们做得好，是因为竞争对手做得更差。"成功者都有这体会，因为知道自己做得真不咋的，但居然就成了大师了。

敌人失误的时候，你不要错过。敌人不失误呢，当然也不是干等着，就想办法勾引他失误。所以李世民说所有兵法就一句话："多方以误。"想各种办法引他失误。所谓兵不厌诈，"兵者，诡道也。故能而示之不能，用而示之不用，近而示之远，远而示之近。利而诱之，乱而取之，实而备之，强而避之，怒而挠之，卑而骄之，佚而劳之，亲而离之。"所有的诡诈全在这儿。

因为大家都熟悉兵不厌诈，所以很多人认为诡道是兵法的核心，用兵就是诡诈。

非也，所有的诡诈，都是为了调动敌人，不是自己的基本面。对方不上你的钩，你诡诈也没有用。你不上他的钩，他诡诈也是白表演。《孙子兵法》真正的核心在于下面这句话：

胜兵先胜而后求战，败兵先战而后求胜。

打胜仗的军队，总是先获得胜利地位，获得取胜条件之后，才投入战斗。而打败仗的军队，总是冲上去就打，企图在战斗中捕捉机会侥幸获胜。

先胜后战，在取得压倒性优势的前提下作战，绝不心存侥幸，这就是孙子的思想。

有人会说，你这是强者的兵法，弱者怎么能有压倒性优势呢？创业者怎么能立于不败之地呢？

这样理解就错了，这不是强者的兵法，而是所有的兵法。弱者怎么能有压倒性优势，就是形成局部优势，所谓集中优势兵力打歼灭战。创业者怎么能立于不败之地，手艺资源积累充足了再创业就能立于不败之地。啥都没弄明白就冲上去创业，那就只有看能不能中彩成为"名将"了。

比如你大学毕业，进入一个行业，你扎扎实实努力学习努力干，十五年后，你就是行尊，你就是高手了。这时候你就立于了传说中的不败之地，拥有高手的自由，想加薪就找老板，想跳槽有一大堆人等着，想创业你也有资源。这时候就是胜中求战。

但谁愿意等十五年呢？创业吧！年轻人创业，哪行你也不懂也不熟，那就选一个看上去很美的项目开始吧！这就是战中求胜。

结果没弄成，再换一个，换上三个行业，这社会基本跟你没关系了，你哪个圈子的人也不是，就被社会边缘化了。

但是媒体上有无数的成功英雄鼓励着你呀！他们怎么行呢？

第一，他们不一定行，吹得行，不一定真的行。

第二，不是无数，是有数，有数的几个，全在媒体报道里。都行，就没有报道价值了。全国三亿青年，创业成功的都被媒体挖出来了，就那些人，其中还有一半是吹牛的。

《孙子兵法》说："善战者无智名，无勇功。"他在一个行业扎根十几年，然后有所成，这没有故事性。女大学生毕业卖性用品，这才能上头条。

西谚云："成功者都在私底下偷笑，失败者占据新闻版面。"不要做那可歌可泣的人。别学那新闻报道里的人，那都是小概率事件，要学你身边的人，那才是世界的真相。

什么样的人能胜呢？孙子总结了："善用兵者，修道而保法，故能为胜败之政。"

修道保法，胜败之政，是讲政治，讲纪律。政治上人民拥戴你，纪律上秋毫无犯。这可一点也不是诡道了。

永远的基本面

先胜后战，"胜"和"战"要分开来看，是两个阶段。先是胜，基础工作、基本面就是胜，然后才是战。我们的问题在于，总是关注"战"，不关注"胜"，就想取巧求速，所以没有胜就去战了，那就没有胜算。

原文

善用兵者，修道而保法，故能为胜败之政。

兵法：一曰度，二曰量，三曰数，四曰称，五曰胜。地生度，度生量，量生数，数生称，称生胜。故胜兵若以镒称铢，败兵若以铢称镒。胜者之战民也，若决积水于千仞之溪者，形也。

华杉详解

"修道保法"，李筌注解说："以顺讨逆，不伐无罪之国，军至，勿掳掠，不伐树木、污井；所过山川、城社、陵祠，必涤而除之，不习亡国之事，谓之道法也。军严肃，有死无犯，赏罚信义，立将若此者，能胜敌之败政也。"

杜牧注解说："道者，仁义也；法者，法制也。善用兵者，先修仁义，保守法制，自为不可胜之政。伺敌有可败之隙，则攻能胜之。"

所以修道保法，能为胜败之政。这里的政，是政治的政，胜政胜败政。"道"，是战争的正义性，"法"，是军纪严明、秋毫无犯，比如，"三大纪律，八项注意"：

革命军人个个要牢记，三大纪律，八项注意；
第一一切行动听指挥，步调一致才能得胜利；
第二不拿群众一针线，群众对我拥护又喜欢；
第三一切缴获要归公，努力减轻人民的负担。
三大纪律我们要做到，八项注意切莫忘记了；
第一说话态度要和好，尊重群众不要耍骄傲；
第二买卖价钱要公平，公买公卖不许逞霸道；
第三借人东西用过了，当面归还切莫遗失掉；
第四若把东西损坏了，照价赔偿不差半分毫；
第五不许打人和骂人，军阀作风坚决克服掉；
第六爱护群众的庄稼，行军作战处处注意到；
第七不许调戏妇女们，流氓习气坚决要除掉；
第八不许虐待俘虏兵，不许打骂不许搜腰包；
遵守纪律人人要自觉，互相监督切莫违反了；
革命纪律条条要记清，人民战士处处爱人民；
保卫祖国永远向前进，全国人民拥护又欢迎。

兵法：一曰度，二曰量，三曰数，四曰称，五曰胜。地生度，度生量，量生数，数生称，称生胜。

这里的"度""量""数""称"，就是第一篇《计篇》里的敌我实力计算比较了。

杜牧注解说："度者，计也。言度我国土大小，人户多少，征赋所入，兵车所籍，山河险易，道里迂直，自度此与敌人如何，然后起兵。"

所以先是度，"地生度"，看看我的国土多大，人口多少，粮食产量多少，税收多少，各种资源如何，敌人又如何。

"度生量"，"量"，是测量，是衡量。

"量生数"，测量，就测出数来，我这么大国土，这么多户口，产这么多粮食，能养多少兵，如果打起来，能支持多久，敌方又如何。

"数生称"，把敌我双方的数拿来比一比。

"称生胜"，一比较，就知道胜败了。谁的数大，谁的胜算就大。

故胜兵若以镒称铢，败兵若以铢称镒。

双方差距多大呢，就像镒和铢差距一样大。镒和铢，都是重量单位，二十两为一镒，二十四铢为一两，所以一镒等于480铢，480：1，铢怎么打得过镒呢？

胜者之战民也，若决积水于千仞之溪者，形也。

所以胜利者指挥军队打仗，就像在千仞高的山上把一个堰塞湖炸了水冲下来，谁挡得住？

八尺曰仞，千仞就是八千尺。千仞之谷，深不可测，只有我自己知道有多深，别人不知道，这就是军形，"藏于九地之下"，别人看不见。

等到我决堤而下之，动于九天之上，兵形象水，出其不意，避实击虚，势不可当。

所以到了《形篇》最后，孙子又讲回了基本面：国家实力、政治进步、法制严明。

在本书最开篇，我们就说了，《孙子兵法》和三十六计是两回事，是两个价值观。三十六计全部是诡道，是奇谋巧计，是兵不厌诈。孙子虽然也讲诡道，但诡道在《孙子兵法》里占很不重要的一部分。孙子始终强调的都是基础和实力。

成功都来自于日积月累，而不是奇思妙想。成功者都是一直在做最基础的工作，而且始终关注基本面，关注基础工作。我们说《孙子兵法》的核心是先胜后战，胜和战要分开来看，是两个阶段。先是胜，基础工作就是胜，基本面就是胜。然后是战，那时候可以想点巧妙的主意。

我们的问题往往在于，总是关注"战"，不关注"胜"，就想取巧求速，所以没有胜就去战了，那就没有胜算。

附录：《形篇》全文

孙子曰：昔之善战者，先为不可胜，以待敌之可胜。不可胜在己，可胜在敌。故善战者，能为不可胜，不能使敌之必可胜。故曰：胜可知，而不可为。

不可胜者，守也；可胜者，攻也。守则不足，攻则有余。善守者藏于九地之下，善攻者动于九天之上，故能自保而全胜也。

见胜不过众人之所知，非善之善者也；战胜而天下曰善，非善之善者也。故举秋毫不为多力，见日月不为明目，闻雷霆不为聪耳。古之所谓善战者，胜于易胜者也。故善战者之胜也，无智名，无勇功，故其战胜不忒，不忒者，其所措必胜，胜已败者也。故善战者，立于不败之地，而不失敌之败也。是故胜兵先胜而后求战，败兵先战而后求胜。善用兵者，修道而保法，故能为胜败之政。

兵法：一曰度，二曰量，三曰数，四曰称，五曰胜。地生度，度生量，量生数，数生称，称生胜。故胜兵若以镒称铢，败兵若以铢称镒。胜者之战民也，若决积水于千仞之溪者，形也。

第五章

兵势第五

组织架构与指挥系统，是永远的课题

兵法讲这个，就没人爱听了。但能不能打赢，主要秘密都在大家不爱听的、打瞌睡的部分，不在人人都兴奋的那部分。

原文

势篇

孙子曰：凡治众如治寡，分数是也。斗众如斗寡，形名是也。

华杉详解

"势"，就是创造"势所必然"。我只要造成那势，就必然得到那结果。曹操注解说："用兵任势也。"要用兵，就靠势。

形和势的关系是什么呢？前面说了，做事先看形，做起来就靠势。

"形"是实力，是战略。势呢，也不能简单地说是战术，或者说是执行。经常被引用的荀悦的话："夫立策决胜之术，其要有三：一曰形，二曰势，三曰情。形者，言其大体得失之数也；势者，言其临时之宜，进退之机也；情者，言其心志可否之实也。故策同、事等而功殊者，三术不同也。"这里对形的议论是准确的，但是将"势"理解为根据事态发展变化的"临时之宜，进退之机"，这不是《孙子兵法》讲的势。孙子讲的势，更是人为地制造出一种势态，俗话说"造势"，就有点这个意思。

造势，然后"任势"，用这种制造出来的势态去驱使团队，甚至呼天唤地。孙子更强调通过造势去影响人的心志，所以荀悦所讲的情——其心志可否——在《孙子兵法》中其实也包含在势里面，不管他心志行不行，只要给他造成那个势，他不行也得行！比如韩信的背水一战，就是把士兵造成置之死地之势，他的心一横，也就拼死作战了，

114

《孙子兵法》里讲的"势"，如果说要用现在的话来讲的话，一是讲战术，二其实主要是讲管理。

孙子曰：凡治众如治寡，分数是也；斗众如斗寡，形名是也。

管很多人跟管很少的人一样，是因为有"分数"，就是编制。"分"，就是分成班、连、团、师、军之类，看你怎么分。"数"，就是每个编制单位多少人。编制搞好了，组织架构搞好了，管很多人就跟管很少的人一样，和运用自己的手臂一样方便。

整个现代管理学，就是从军队管理发展起来的。这"分数"两个字，怎么分，多少数，那学问大了去了。你看好多公司，成天都在研究组织架构，老也研究不明白。而且业务发展变化越快，对组织架构的变革越多。

所以这《势篇》第一句就是讲管理，组织架构问题。

分数和形名，和第一篇《计篇》，"五事七计"里的第五事——"法者，曲制、官道、主用也"——基本相通。曹操注解"曲制"，是"部曲、旗帜、金鼓之制"。分数就是部曲之制，后面要讲的形名就是金鼓之制。

古代军队什么分数呢，五人是一个最小战斗单位，叫一"伍"。我们说"队伍"，说当兵叫"入伍"，就是从这儿来的。二十伍，一百人，叫卒，跟现在一个连人数差不多。五个卒，五百人，叫一旅。一个军，是一万二千五百人，二十五个旅。

古代军队编制、分数，都是五的倍数。林彪发明了"三三制"，把最小战斗单位，由五人，改为三人，所有编制全部是三的倍数，最小的作战单元是战斗小组，每一个战斗小组由三人组成，一个战斗班由三个战斗小组组成，一个作战排由三个班组成，一个连由三个排组成，一个营由三个连组成，三个营组成一个团，三个团组成一个师。林彪的"三三制"不同于古代的兵法，也不同于美国的"旅"，不同于前苏联的"师"，是他独创的编制。

三个人的战斗单位怎么打？选择有经验的战士做战斗小组组长，散开，以倒三角阵型冲击，避免挤成一堆，被敌人一梭子全扫倒了。散多开呢？以听得到组长喊声为标准，不然就指挥不到了。

所以林彪从最小的战斗单位和战术开始设计，一直设计到整个四野集团军，这就是分数，就是"治众如治寡"，指挥整个四野，也和指挥一个三人战斗小组一样方便自如。

　　　　斗众如斗寡，形名是也。

　　"斗众"，就是开打了，指挥一支大军作战，跟指挥一个小分队一样，靠什么呢？靠"形名"。曹操注解说："旌旗曰形，金鼓曰名。"形名就是号令。"形"，顾名思义，是视觉号令，旗帜、狼烟都是"形"；"名"，是听觉号令。名字是喊来听的，《说文解字》里，"名"，来自于"冥"，指晚上。晚上看不见，不知道对面来的是谁，就问："谁呀？"对方答应出自己名字来。所以名字是用来喊的，不是写纸上看的，是听觉号令。部队晚上用的口令、暗号，也属于"名"。

　　号令有眼睛看的，狼烟、信号旗之类，也有耳朵听的，冲锋号、集结号、击鼓前进、鸣金收兵之类都是。现在讲现代军队要信息化，其实军队从诞生的第一天开始，就是靠信息化在作战。各国名帅都是信息专家，拿破仑就是旗语大师。日本战国时候，武田信玄能够称雄，就是他规划设计了全日本最密集最先进的"智慧的烽火台"系统，从他的甲斐国辐射出去，任何风吹草动，他放几种不同颜色的狼烟就能传递信息，调动军队。所以武田信玄的形名，不是上阵才有，是从基础设施建设就抓起。

　　组织架构与指挥系统，是组织永远的课题，一个架构，时间长了就不适应了。公司一发展，原来的架构又不行了。所以不停地要搞组织变革，要搞跨部门协调。大到国家，如今搞改革成立这么多"领导小组"，就是一个组织架构与指挥系统问题。省管县喊了这么多年，就是个"分数"问题。小到公司，是职能部门分数，还是事业部制分数？各级权限，谁指挥谁？下面的职能部门，是属地管理，还是垂直管理？兵法讲这个，就没人爱听了。**但能不能打赢，主要的秘密都在大家不爱听的、打瞌睡的部分，不在人人都兴奋的那部分。**

"以正合，以奇胜"：《孙子兵法》被人误读最多的一句话

原文

三军之众，可使必受敌而不败者，奇正是也。兵之所加，如以碫投卵者，虚实是也。

凡战者，以正合，以奇胜。故善出奇者，无穷如天地，不竭如江河。终而复始，日月是也。死而复生，四时是也。声不过五，五声之变，不可胜听也。色不过五，五色之变，不可胜观也。味不过五，五味之变，不可胜尝也。战势不过奇正，奇正之变，不可胜穷也。奇正相生，如循环之无端，孰能穷之？

华杉详解

"以正合，以奇胜"，是《孙子兵法》里被误读最多的一句话。最大的误读，就是以奇胜的"奇"，不念qí，念jī，是个数学词汇，奇数、偶数的奇，古人又称为"余奇"，多余的部分。正兵安排好了，余下来的就是奇兵，关键的时候用。简单地说，就是预备队。

曹操注解说："先出合战为正，后出为奇"，"正奇"，就是一个先后概念。不要一下子把所有的牌都打完了，留一张在手上，关键时候打出去。

两军对阵，先以正合，正兵合战，双方主帅在后面看着，看到关键的时候，投入预备队——奇兵——决胜，这就叫出奇（jī）制胜。但是大家现在都念出奇（qí）制胜，jī就成了qí，将错就错了。

"以正合，以奇胜"，并不是孙子的发明，从孙子往前一千年，仗就一直这么打。最早有一部黄帝兵法，叫《握奇文》，又称为《握机文》，《唐太宗李卫公问对》里，君臣二人讨论到这本书，李靖认为本是《握奇文》，因为念jī，传来传去，传成《握机文》了，用"机"字也对，预备队，也是机动部队。

正合奇胜，无穷如天地，不竭如江河，千变万化，但是终而复始，像日月

一样；死而复生，像四季一样，是循环的，来来回回，就那么几招！奇招并不多，是固定的元素，固定的套路，但用起来，就千变万化了！

就像声不过宫、商、角、徵、羽，而五声的变化却听之不尽。用我们现在的简谱来说，哆来咪发索拉西，七个音，就能唱出所有的歌曲。

色不过青、黄、红、白、黑，而五色的变化却观之不尽。现在知道就红黄蓝三原色，就能调制出所有的色彩。

味不过酸、甜、苦、辣、咸，而五味的变化却尝之不尽，全世界有那么多菜式！

所以战势不过奇正，而奇正的变化却无穷无尽。奇正互相转化，就像圆环一样无始无终，无穷无尽。

李筌注解说："当敌为正，傍出为奇。"正面作战的是正兵，斜刺里杀出来打侧翼的是奇兵。正兵奇兵往往是这么安排，但这是结果，不是原因。如果两军对垒，正面战场的没动，侧翼先冲击敌人，等敌人乱了阵脚，正面大部队再压上去。这种情况，侧翼的小部队是正兵，正面的大部队是奇兵。还是曹操注解的概念准确。简单地说，正兵奇兵就是一个先出后出的概念。如果"当敌为正，傍出为奇"，那就锁死了，没法相互转化了。

奇正之变，不可胜穷也。奇正相生，如循环之无端。

奇正之间怎么相互转化呢？其实很简单，已经投入战斗的，是正兵；预备队，是奇兵。预备队投上去，就变为正兵了。正在打的部队撤下来，又变成奇兵。

所以奇兵，就是还没上战场的预备队。

有的书讲"以正合，以奇胜"的战例，喜欢讲李愬（sù）雪夜袭蔡州，率一支"奇兵"，大雪天直捣敌人老巢，活捉了吴元济。人们都期待这样的奇袭得胜，那多爽啊！但这样的得胜，三千年就那几回，这不是《孙子兵法》的价值观。"以奇胜"，被人们误读为奇袭得胜，还是贪巧求速的心理作怪。如果要给李愬雪夜袭蔡州套一个军事理论，不如套二战的战略纵深、战略瘫痪理论，一个大纵深，绕过敌方防线，直接把敌人的中枢打瘫痪了。

《孙子兵法》有三个地方被人误读最多的，一是《计篇》，前面说了，

"计"是计算衡量，不是奇谋巧计，不是诡道。二是"知己知彼，百战不殆"，人人都想去知彼，不知道主要问题是不知己。三就是"以正合，以奇胜"，都想贪巧求速，奇袭得胜，实际上孙子的"以奇胜"、出奇制胜，虽然也是出其不意、攻其无备，但这是分战法的排兵布阵，不是讲奇袭。

仗是怎么打的？从正兵奇兵去看，好多仗怎么打就看懂了

原文

三军之众，可使必受敌而不败者，奇正是也。兵法之所加，如以碫投卵者，虚实是也。

凡战者，以正合，以奇胜。故善出奇者，无穷如天地，不竭如江河。终而复始，日月是也。死而复生，四时是也。声不过五，五声之变，不可胜听也。色不过五，五色之变，不可胜观也。味不过五，五味之变，不可胜尝也。战势不过奇正，奇正之变，不可胜穷也。奇正相生，如循环之无端，孰能穷之？

华杉详解

战势不过奇正，简单地说，就是分战法，就是分兵，分为正兵、奇兵，配合着打，而且正奇是动态的，随时相互转换的。不要把所有的兵力放在一块儿，不要把所有的牌一下子打光。在战前，就要分配正兵、奇兵两只兵力，互为掎角，相互配合。交战的时候，也不要把所有的部队一下子派出去，一定要留一张牌在手里，要有预备队。先打出去的是正兵，后打出去的是奇兵。看到胜机出现的时候，把奇兵打出去，这叫出奇制胜。

我们用以前学过的案例，再从奇正的角度学习一遍。

先讲韩信破赵之战，韩信以一万兵力，在井陉击破号称二十万的赵国军队。韩信出井陉口之前，赵军谋士广武君给主帅成安君建议分兵，说井陉道路狭窄，绵延百里，您给我三万奇兵，先去埋伏，等韩信进了井陉，您深沟高垒

不要出战，我在后面绝了他后路，断了他粮草，十天就饿死他，送他人头到您帐下。

成安君不听："我二十万仁义之师，怕他什么，不用跟他搞这些诡计，等他来打！"韩信接到谍报，成安君没有采纳广武君必胜之计，这才敢进兵。后来韩信见了广武君，说如果用您的计策，我已经被擒了。他这是客气话，他不会被擒。因为如果赵军用了广武君计策，他就不会来，他想别的招，或者等着，不打。这就是先胜后战，不胜不战。他有谍报知道这计策没被采纳，他才来。

韩信有没有分兵呢，他分了。离出井陉口还有三十里，他半夜先分了两千奇兵出去，分配了任务，如此这般。

大清早出了井陉口，他先派了一万兵力背水列阵。赵军望见大笑，没见过这么列阵的，我们一个冲锋，不就把他们冲水里去了么？汉军也认识到这一点，咱们背后是水，无路可逃，只有殊死作战，这就是"背水一战"成语的来历。

两千奇兵半夜已经派出去了，清早把一万人的背水阵列好，韩信这才把自己的大将旗鼓仪仗列好，自己大张旗鼓，耀武扬威从井陉口出来，开始表演。

所以我们看见韩信把兵分了三支，半夜先派出去一支两千人，背水列阵一支一万人，自己带了一支，史书上没说多少人。我们看哪支是正兵，哪支是奇兵，怎么转换，怎么打。

赵军看见韩信大将旗鼓仪仗，都红了眼，立功就在眼前，擒贼先擒王，开营出击，韩信接战。

所以这时韩信的兵力是一正两奇，先出为正，后出为奇。他自己带的那支部队先打，是正兵。还有两只预备队等着，背水列阵的是一支，奇兵；半夜派出去现在不知道躲在哪儿的是另一支，奇兵。

赵军有没有分正奇呢？开战前他没分，没有分兵去堵井陉口，都在这大营里。现在有没有分呢，有！出营来作战的是正兵，没有出营的预备队是奇兵。韩信的下一步，就是要把他营里的奇兵也调出来，叫他空营。

两军交战，"大战良久"，还是赵军人多，韩信看似支持不住了，开始败退，而且退得比较狼狈，大将旗鼓仪仗也丢地上了——这是为了引诱赵军来抢——自己退入水边军营中。然后又率水边那一万人杀出来，殊死作战。

这时韩信的兵不是一正两奇了，是一正一奇，他自己带的部队，和水边的预备队合兵一处，是正兵。半夜那两千人是奇兵，还没出来，在等胜机，胜机出现，再出奇，制胜。

胜机靠什么呢，就靠韩信丢在地上的大将旗鼓仪仗，赵军看见仪仗，两个反应，一是已经胜了，韩信兵败如山倒，全被咱们撵到水边了，再一冲就都喂鱼了；二是战利品，得到韩信仪仗，是巨大的荣耀和赏赐，要去抢功劳！胜机出现，该出奇，制胜了，赵军的奇兵——留在军营里的预备队——就倾巢出动了。

这时候赵军没有奇兵了，手里的牌全部打出去了。

但韩信手里还有一张牌没打呢！韩信等的就这一刻，他的胜机出现了，出奇制胜的时候到了，半夜派出埋伏的两千奇兵，出发时一人带了一面汉军红旗，冲击夺了赵军军营，就干一件事，把赵军旗帜拔了，插上汉军红旗。

最后这一阶段，韩信的正奇又是怎么转换的呢？那两千奇兵，变成了正兵，打出去就是正，没打的就是奇。正兵夺了敌营，敌人败退，其实还没败，但是心里败了，要退，一退就真败了。敌人败退，守住营不能让他退回来。

这时韩信水边的部队变成奇兵。敌人要来解决军营的问题，看后面鼓噪，自己的军营已全部插上汉军红旗，老窝给端了，要回师夺回军营。韩信部队从后面追上来。赵军前不得入营，后无战心，就崩溃了。韩信此战，破赵军二十万，斩了成安君，生擒了赵王歇。

从此战中我们就看到了正奇之用，韩信始终有正有奇，赵军则有正无奇。如果赵军营能有两千人备着，汉军两千人也攻不进去。但是韩信丢盔弃甲，甚至自己的大将仪仗都丢得满地狼藉，营里的赵军就以为战斗已经结束，再不冲出去抢战利品，就上不了功劳簿了。

> 以正合，以奇胜。故善出奇者，无穷如天地，不竭如江河。
> 战势不过奇正，奇正之变，不可胜穷也。奇正相生，如循环之无端，孰能穷之？

所以说韩信是善出奇者，无穷如天地，不绝如江河。奇正之变，不可胜穷，奇正相生，奇可以变正，正可以变奇，循环往复，没有首尾，无缝转换！

从正兵奇兵去看，好多仗怎么打就看懂了。虽然不是吃猪肉，是看猪跑，但已经不全是外行看热闹，而是有点内行看门道的意思了。

用足球赛来理解正奇之用，控球的就是正兵，跑位的就是奇兵

球一旦传出去，正奇就转换，接到球的变为正，刚才传球的变为奇。球场就是战场，到处都是，分分秒秒都是奇正转换。奇正之变，不可胜穷。

原文

三军之众，可使必受敌而不败者，奇正是也。兵法之所加，如以碫投卵者，虚实是也。

凡战者，以正合，以奇胜。故善出奇者，无穷如天地，不竭如江河。终而复始，日月是也。死而复生，四时是也。声不过五，五声之变，不可胜听也。色不过五，五色之变，不可胜观也。味不过五，五味之变，不可胜尝也。战势不过奇正，奇正之变，不可胜穷也。奇正相生，如循环之无端，孰能穷之？

华杉详解

韩信破赵之战，再分解一下战阵中的奇正转换过程，一共转换了三次：开战前布阵是先一正两奇，自己率正兵作战，背水列阵一奇，两千骑兵埋伏二奇。

第一次奇正转换，正兵佯败退入水边阵地，与阵地中队伍合兵一处，返身再战，这是一正一奇，背水阵中部队投入战斗，成为正兵。

第二次奇正转换，敌人倾巢出动，敌营空了，两千伏兵起，冲入敌营，夺营换旗，这时两千骑兵变为正兵。敌人转身想夺回军营，不跟前面部队作战了，相当于韩信的大部队在这一刻转换为奇兵，主战场不是他了。这次转换是奇正互换，奇变为正，正转为奇。

第三次奇正转换，这时敌人退却、惊恐、指挥也乱了，胜机出现，韩信出奇制胜，大部队由奇兵转换为正兵掩杀过来，获得胜利。

所以我们看到正兵奇兵，不是一次规定好，谁是正，谁是奇，而是随时在变，彼此相用，循环无穷。

韩信排兵布阵，是正奇之用，战阵中的伍长、卒长呢，也是正奇。就在战阵中，每一个战斗单位，都有正有奇。从微观上讲，正奇就是战术配合，不是一窝蜂冲上去乱打，而是有章法，有先后，有配合。所以孙子说战势不过奇正，奇正之变，不可胜穷。

正兵奇兵，并不是大部队才用。项羽到了乌江边，只剩二十八骑，这二十八骑，也不是一起冲杀，而是分为两组，一正一奇，首尾相助，这是战斗的基本原理。

我们可以用足球赛来理解正奇之用，**控球的就是正，跑位的就是奇**。球一旦传出去，正奇就转换，接到球的变为正，刚才传球的变为奇。正兵攻到边线，对方中路出现空档，胜机出现，传中，禁区内的奇兵转正兵，出其不意，攻其无备，出奇，制胜，射门，进了！

这球场就是战场，到处都是，分分秒秒都是奇正转换。奇正之变，不可胜穷也。奇正相生，如环之无端，孰能穷之？

所以咱们研究战斗，就像研究足球赛。你别以为出奇制胜就是出了奇招就得胜。这世上没什么奇招，就那几招，人人都知道，就是没人能做到。阵型不过532、433、442，还有铁桶阵901，输急眼了109，输红眼了最后30秒0011。战术不过攻守平衡，中路边路，关键在于教练的领导管理能力、战略思想、战术智慧，球员的体能、技术、经验、灵气和训练。不抓这个，哪有什么奇招让你得胜？

足球场上只有十一人，就有无数个奇正。项羽只剩二十八骑，也分一奇一正。小部队有奇正，大部队也有奇正，哪怕你有一百万军队，不分奇正，还是会败。再看一个战例——淝水之战。

前秦苻坚率八十万大军伐晋，在淝水边列阵。谢玄只有八万兵。他派使者跟苻坚说，你把军阵列在河边，我渡不了河，咱俩没法交战。你稍微退一退，让出点地方来，让我渡河，和你一决胜负。

苻坚同意了，指挥军队退后，后面的部队不知道怎么回事要退军，以为前面战败，一退就乱了。谢玄渡过河来，摧枯拉朽，大破秦军。

苻坚错在哪？

人人都说他愚不可及，人家喊你退，你就退？

苻坚当然不会那么傻，他有他的算盘，他和苻融商量了，假意同意谢玄，退一退，让他渡河，但不是等他都渡过来。等他渡了一半，铁骑掩杀过去，就把他们都消灭在河里了，晋军根本没机会上岸。

"兵半渡可击"，这是教科书式的战法，没问题的。

问题在哪里呢？在于没有分兵，没有分奇正。退可以，侧翼应该留一支奇兵。如果正面有什么问题，或者谢玄居然上了岸，杀过来了，侧翼给他拦腰一击，他还是占不到便宜。

苻坚太大意了，实在没把谢玄当回事。他想就稍微退退，赶紧让他来，渡一半把他们都按死在河里得了，就没作奇兵安排。

但是谢玄有奇兵，就是朱序。

朱序本是东晋将领，之前和前秦作战，兵败被俘，投降了苻坚，苻坚用他为将。这是苻坚覆亡的根本原因。他的性格，是用人不疑，疑人也用。手下带兵的，一半是朱序这样心怀异志的人。

淝水之战前，苻坚派朱序去劝降谢石。朱序得了机会，见了谢石，跟谢石说，秦军虽然号称八十万，但还未集结完毕，如果尽快作战，击溃秦军前锋部队，是有机会打败苻坚的。谢石、谢玄得了朱序情报，这才赶紧安排速战。

苻坚挥旗指挥军队退却，后面的部队不知道怎么回事，谢玄的奇兵——朱序——就起作用了。朱序大声惊呼："秦军败矣！秦军败矣！"这时候根本还没接战。秦军看前面在退，听后面在喊，心惊胆战，狂奔乱逃。晋军就渡河过来了。苻融纵马去喝止逃兵，运气不好，马失前蹄，摔下来了，被晋军所杀，秦军就真崩溃了。

这就是正奇之变。

这一段里，还有一句话，"兵法之所加，如以碫投卵者，虚实是也。"以石击卵的虚实之道，因为《势篇》之后，专门有一篇《虚实》，就留到下一篇再讲了。

124

把动作搞简单了再动手，动手就那一下子

原文

激水之疾，至于漂石者，势也；鸷鸟之疾，至于毁折者，节也。是故善战者，其势险，其节短；势如彍（guō）弩，节如发机。

华杉详解

湍急之水能将巨石冲走，是借助水势；鹰隼迅飞猛扑，以至能将鸟雀捕杀，这乃是靠掌握发动的时机和距离。所以，善于用兵打仗的人，他的兵势是迅猛的，他的行动节奏是短促的。险峻的兵势就像张满的弓弩，短促的节奏就像猝发弩机。

这里的关键是"其势险，其节短"。势险和节短，关键把握节短。"短"，就是近，距离近、时间短。"势险"，是积累的势能最大，力量最大，"节短"，是释放能量的距离最短、时间最短，那就能准确命中而且有最大杀伤力。李筌注得最本质："矢不疾，则不远；矢不近，则不中。"如果你射箭的力量不够大，箭速不够快，你就射不远。但是，如果你离目标不够近，你就射不中！

善射者不靠百步穿杨！

从小听的都是百步穿杨的故事，兵法则告诉你不要指望百步穿杨，要十步之外射簸箕，那样才能射中、射穿。就像猎豹妈妈教小猎豹猎羚羊，不能在百步之外发动追击，要悄悄地摸到五步之内，然后从草丛中一跃而起，最重要的是一跃就扑倒它。一下没扑到，它一跑，就不一定追得上了。

我们再回到孙子说的："善战者，无智名，无勇功，胜于易胜者也。"善战者都没有智慧的名气，没有赫赫战功，因为他打的仗都容易打。所以真正的善射者，也没有百步穿杨的美名，因为他都摸到猎物眼皮底下再射，不懂的人就认为"不算本事"。比如经常有人说："史玉柱一年打三个亿广告卖脑白金，那

算什么本事啊？我如果有三个亿广告，我比他干得还好！"他没问人家那三个亿是怎么来的，是从天上掉下来的吗？给你三个亿，你真的会干吗？

势险和节短，是我们设计任何工作方案的基本原则，就是前期准备、策划很充分，最后动手事很少很简单很有效。最怕说一个年度方案，说了两小时还没说完，先这样，然后再那样，这边如何如何，那边如何互动配合，整个一巨大的交响乐，少了一个乐手都不行。最后这事肯定弄不好。

我们要把一张弓，拉得满满的，摸到猎物眼皮底下，射出致命一击。

战，要一战而定；击，要一发而中。**所有的工夫，都在研究这一击，蓄积这一击的能量，打磨这一击的箭头，选择这一击的时间地点**，而不是乱箭齐发。因为准备好的，其势险、其节短的一击，能保证必中，而且只需要射一箭。而乱箭齐发，不仅射不中，一大堆人，每一支箭，都要花钱花精力。

这就是《孙子兵法》的一贯思想。

勇还是怯，不是人的问题，是势的问题

原文

纷纷纭纭，斗乱而不可乱也；浑浑沌沌，形圆而不可败也。乱生于治，怯生于勇，弱生于强。治乱，数也；勇怯，势也；强弱，形也。故善动敌者，形之，敌必从之；予之，敌必取之。以利动之，以卒待之。

华杉详解

纷纷纭纭，斗乱而不可乱也；浑浑沌沌，形圆而不可败也。

纷纷纭纭，看似混战却有条不紊。浑浑沌沌，阵容圆整无懈可击。

曹操注解说："旌旗乱也，示敌若乱，以金鼓齐之。车骑转而形圆者，出入有道，齐整也。"

这一段都是讲"动敌"，让敌人感觉我很混乱，很弱小，很胆怯，实际上我很齐整，很强大，很勇敢。

"纷纷"，是旌旗翻转的样子；"纭纭"，是士卒之貌。"纷纷纭纭，斗乱而不可乱也"，意思说旌旗翻转，一合一离，士卒进退，或往或来，看上去乱糟糟一片，而实际上法令严明，职责清晰，各有分数，扰而不乱。

曹操说："示敌若乱，金鼓齐之。"则更有一层意思。就是让敌人远远地看见我们旌旗杂乱，实际上我们轻悄悄地有金鼓之声来指挥，对方听不见。

王皙注解说："将欲内明而外暗，内治而外混，所以示敌之轻己者也。"总之是为了欺骗敌人。

> 浑浑沌沌，形圆而不可败也。

这是讲阵法。

杜佑注解说，"浑浑"，是"车轮转行"；"沌沌"，是"步骤奔驰"。"其行阵纵横，圆而不方，指趋各有所应"。

怎么形圆而不可败呢？杜牧引用了《握奇文》的解释，就是我们前面说到的黄帝兵法："四为正，四为奇，余奇为握，先出游军定两端。"

这叫"阵数有九，中心有零，大将握之不动，以制四面八陈"。军队一共分九个部分，四部正兵，开仗时先出击的；四部奇兵，预备队，看战势发展变化，关键时投入战斗制胜的。还有个零头，叫握兵，握在主帅手里的，不动。

《孙子兵法》后面有一句，叫"不动如山"，这主帅不能动，主帅一动，往前动是胜利了，战斗结束了；往后动那就是全军溃败了。所以就算敌人杀到主帅面前，有那握兵上去抵挡，主帅是不能动的，帅旗是不能倒的，主帅一动，帅旗一倒，军心就倒了，那就大家都逃吧。

当然该逃的时候也得逃。

"先出游军定两端"，是布阵的时候，游军举着各个部队的旗帜，先定地界，哪支部队站哪儿，游军插上旗帜，定好地界，各部队在各自旗下各就各位。四为正，四为奇，这就是传说中的《八阵图》，不是诸葛亮的发明，首创是黄帝和他的大将风后，又叫《风后八阵兵法图》。《握奇文》，又叫《风后握奇文》，孙子的用兵思想，也是继承了风后的思想，后来诸葛亮的《八阵图》，包括唐太宗还编成大型歌舞剧《秦王破阵乐舞》，原型都是《风后八阵图》，距今四千五百年历史了。

乱生于治，怯生于勇，弱生于强。

曹操注解："皆毁形匿情也。"这些都是假装给敌人看，隐藏我军实情的。

让他看见乱，其实是治；让他看见怯，其实是勇；让他看见弱，其实是强。乱生于治，要军纪治理非常严明，才能做到表面乱糟糟，实际井井有条；怯生于勇，要有超出一般的勇敢，才能上去假装败退吸引敌人；弱生于强，要有超强的实力，才敢示弱让敌人倾巢来攻。

所以，"治乱，数也；勇怯，势也；强弱，形也"。

治还是乱，是分数问题。分数，《势篇》第一句讲过了，"凡治众如治寡，分数是也"。分，是分别，数，是人数，是组织架构，部曲行伍，每一部队分别人数多少。

勇还是怯，是兵势问题。所谓"驱市人以战"，如果要把没经过军事训练的人驱使去作战，他怎么能勇敢呢？那就置之死地而后生，不战就得死，在这个形势逼迫下，就每个人都变成亡命徒了。怎么让士兵勇敢，韩信就让他们背水一战。所以勇还是怯，不是人的问题，是势的问题。

强弱，是一个示形的问题。刘邦派使者去看匈奴冒顿。冒顿全给他看老弱病残，人是老弱病残，马也是老弱病残。刘邦就上当了，结果三十万大军，在白登为冒顿包围，差点回不来。

最后总结：

故善动敌者，形之，敌必从之；予之，敌必取之。以利动之，以卒待之。

所以，善于调动敌人的人，无论向对方展示出什么样的军形，敌人总是听从；给予敌人一点小利，敌人就必然会来夺取。用小利去诱动敌人，再用强兵劲卒去对付它。

128

择人任势，任三个势：气势、地势、因势

原文

故善战者，求之于势，不责于人，故能择人而任势。任势者，其战人也，如转木石。木石之性，安则静，危则动，方则止，圆则行。故善战人之势，如转圆石于千仞之山者，势也。

华杉详解

善战者，求之于势，不责于人，故能择人而任势。

俗话说，形势比人强，胜负之道，在于怎么造势，这得主帅自己研究，而不求之于下面的人。什么事没干好，你不能骂下面的人不行，执行力太差，或者强力逼下面的人去干，是你自己没安排好。即便是人不行，也是你自己没选对人。

所以优秀的领导者，求之于势，不责怪下面人。能够造好势，选对人。

杜牧注解说："善战者先量度兵势，然后量人之才，随短长以任之，不责怪说下面人不成器。"

就是在对的地方，用对的人。地方不对，人不对，都是领导者自己不对。

战例是曹操的"锦囊妙计"。

曹操征张鲁于汉中，留张辽、李典、乐进将七千余人守合淝。临别前给护军薛悌留了一个信封，说敌人来了再打开。

曹操大军离开没多久，孙权就率十万人来取合淝。四位大将赶紧打开信封，里面写了："如果孙权来，张、李二将军出战，乐将军守，护军不要出战。"大家都不知道怎么回事，张辽懂了，他说："丞相出征在外，如果等他来救，我们城已经破了。丞相这是叫我们乘他兵势未合，先给他一下，折其威

势，然后可守。成败之机，在此一举。"

于是李典和张辽两员猛将，乘孙权立足未稳，即刻出战，果然大破孙权。吴军夺气——气势没了。张、李二将再回城中守备，守军心安气盛，孙权挨了一棒，再重新收拾军队来攻城，攻了十天攻不下，自己撤退了。

孙盛评论说："兵者，诡道也。"合淝之守，孤军无援。如果专任勇者，则好战生患。专任怯者，则惧心难保。且彼众我寡，他人多，必有惰性。我以亡命之师，击他贪惰之卒，其势必胜。胜而后守，则必固矣！所以曹操杂选武力，参以异同，事至而应，一切如他神机妙算。

李世民的大将李靖说，兵有三势，一是气势，二是地势，三是因势。

气势是什么，首先是你内心强大，然后别人也认为你强大。

李靖说："将轻敌，士乐战，志励青云，气等飘风，谓之气势。"这叫在战略上藐视敌人，在战术上重视敌人，气壮山河，就真有山河一般的力量。

我们平时在工作中、谈判中，都有体会，关键是气势，气势就是权力，如果别人见了你，就先让你三分，你就先赚了三分。有些明星耍大牌，明明是无理取闹，别人也认了，这就是屈服于他（她）的气势。马克·吐温的小说《百万英镑》，揣着百万英镑的支票，就可以到处白吃白喝，也是气势。

气势不是虚的，是真的，是实力积累出来的。虚张声势是装不出来的，比如那百万英镑的气势，关键在于那百万英镑的支票是真的，如果是假的，那气势就起不来。每一个成功人士，都能体会到自己气势的变化，那真不是虚的，越成功，社会越认可你，你气势越大，所向披靡，做事越顺。

气势，一是实力作底，那叫有底气，有底气，气势才上得来。然后呢，就是别人得认，被你的气势压倒，压不倒，那就还得较量较量。

什么是地势呢，李靖说："关山狭路，羊肠狗门，一夫守之，千人不过，谓之地势。"天时地利人和，地势，是占尽地利，这是你的王牌，这张王牌抓手上了，不管他天大本事，谁也无法跟你抗衡。你如何能得到这张王牌呢？就是谁也没看到它的价值的时候，你先占了。那地，一直在那里，就像那牌，一直在那里，谁摸到是谁的，关键你得知道那张牌是王牌。就像诸葛亮失街亭，街亭就是王牌，就是地势。街亭在，地势就在。街亭没了，地势就没了。地势没了，怎么打也没用，只有撤退。

第三，因势。因势，就是因人之势，根据对方的势，来因势利导，李靖说："因敌怠慢，劳役饥渴，前营未舍，后军半济，谓之因势。"前面说到曹操的锦囊妙计，就是知道孙权来的人多，人多的，必然要利用人多的优势。先到的，必然心态上就等着大部队到齐了再动手，利用他这个兵势，乘他"前营未舍"，先头部队军营还没安顿好，"后军半济"，后面的军队还没到齐，先给他一个迎头痛击，他的气势就被打下去了，我军的气势就壮了。所以因势就是纵横捭阖，捭阖就是开合，一开一合，调动对方，根据对方兵势变化，随时痛击。

> 任势者，其战人也，如转木石。木石之性，安则静，危则
> 动，方则止，圆则行。

"任势"，曹操注解说，就是"任自然势"，顺其自然，你要先设计好"自然"，把对的人放到对的地方，那就一切自然而然。

你就把人当木头石头好了，他的性情是固定的，投之安地则安，投之危地则危，那木头石头自己是不会回避的。

梅尧臣注解说："木石，重物也，易以势动，难以力移。"那大树木、大石头，你要想靠力量搬动它，你搬不动，但你如果把它放到山顶上，利用山势，而不是蛮力，那轻轻一推，它就雷霆万钧地滚下去了。

军队呢，"三军，至众也，可以势战，不可以力使，自然之道也"。

韩信破赵之战，把一万人的军队背水列阵，面对敌军二十万人，人人殊死作战，为什么？因为韩信是任势，不是责人。那势，就是退后只有死路一条，只能跟敌人拼命。

淝水之战，苻坚率百万之众，面对晋军八万人，虽退后者斩，也挡不住士兵逃跑。因为那势，是有路可逃，人人夺路而逃，当官的来斩，没有来斩的敌人多！

为什么打包围战，通常要留一面给敌人逃跑，这也是造势，不要给他殊死作战的势，让他有逃命的势，这样才能在他逃跑的时候歼灭他，又不用跟他拼命，杀敌一千，自伤八百。逃跑路线上再埋伏一支奇兵，就更完美了。

> 故善战人之势，如转圆石于千仞之山者，势也。

《势篇》最后，孙子总结，什么是势，就是在一千仞那么高的山上推下来一颗圆石，谁能抵挡！

我们中学物理学过"势能"这个词，就从这儿来的，势能等于mgh，就是：势能＝质量×重力加速度×高度。

山上的圆石头，它拥有的势能，就等于他的重量乘以山的高度。如果那石头从山上滚下来，势能转化为动能，动能是多少呢？等于$1/2mv^2$，就是动能＝1/2质量×速度的平方。

山有多高，速度就有多快，谁能抵挡！

杜牧注解说："转石于千仞之山，不可遏止者，在山不在石也；战人有百胜之勇，强弱一贯者，在势不在人也。"石头滚下来有多大力量，不在于石头有多重，主要在于山有多高，士兵是勇是怯，不在于他的性格，主要在于你把他置于什么形势。

王晳注解说，石头自己不会转，因为山势才不可遏止。战斗也不能强求妄胜，因为兵势也不是你强求得来的。

所以善战者，任势不任人，任势而后择人，**把对的人放到对的地方，才是领导力所在。**

附录：《兵势篇》全文

孙子曰：凡治众如治寡，分数是也；斗众如斗寡，形名是也；三军之众，可使必受敌而无败者，奇正是也；兵之所加，如以碫投卵者，虚实是也。

凡战者，以正合，以奇胜。故善出奇者，无穷如天地，不竭如江海。终而复始，日月是也。死而更生，四时是也。声不过五，五声之变，不可胜听也；色不过五，五色之变，不可胜观也；味不过五，五味之变，不可胜尝也；战势不过奇正，奇正之变，不可胜穷也。奇正相生，如循环之无端，孰能穷之哉！

激水之疾，至于漂石者，势也；鸷鸟之疾，至于毁折者，节也。故善战者，其势险，其节短。势如彍弩，节如发机。纷纷纭纭，斗乱而不可乱；浑浑沌沌，形圆而不可败。乱生于治，怯生于勇，弱生于强。治乱，数也；勇怯，势也；强弱，形也。

故善动敌者，形之，敌必从之；予之，敌必取之。以利动之，以卒待之。故善战者，求之于势，不责于人故能择人而任势。任势者，其战人也，如转木石。木石之性，安则静，危则动，方则止，圆则行。

故善战人之势，如转圆石于千仞之山者，势也。

第六章
虚实第六

敌人有虚实，我也有虚实

不要试图去"解决"自己所有的虚，要学会在有虚有实中战斗，学会不是试图解决所有问题，而是永远在问题中前进，这就掌握了虚实的精髓。

原文

孙子曰：凡先处战地而待敌者佚，后处战地而趋战者劳。

华杉详解

先讲什么是虚实，杜牧注解说："夫兵者，避实击虚，先需识破彼我之虚实也。"

无论怎样防备，都有弱点暴露，而且我也能设法让敌人的弱点暴露出来，甚至设法造成敌人的弱点，然后避实击虚。

《形篇》《势篇》和《虚实篇》，是讲作战的三篇。先是《形篇》讲先胜后战，然后《势篇》讲以正合、以奇胜，讲排兵布阵，再之后《虚实篇》讲避实击虚，这是逻辑顺序。

"虚实"，需要注意的是敌人有虚实，我也有虚实。敌人有弱点，我也有弱点。能不能把我全都做实了，所有的地方都防备好，一点都不虚呢？那是不可能的，所有的地方都防备好，就必然所有的地方都防备不好，因为资源是有限的，人的关注点、精力，也是有限的。

《虚实篇》后面有句话，叫"备前则后寡，备后则前寡，备左则右寡，备右则左寡，无所不备，则无所不寡。"所有的好事都落在咱家是不可能的，但人们就愿意相信所有的好事都会落在咱家，因为人们喜欢这个假设。

所以我们时常有些一厢情愿的痴心妄想，比如所谓"木桶理论"，说木桶能装的水，是由最短的那根木块决定的，要想木桶装水多，我们就要把自己的最短木块补长，否则加长最长木块是没有用的，无论最长木块有多长，水都会从最短木块的那个缺口漏掉。

这里的最长木块，我的强项，就是我的实；最短木块，我的弱项，就是我的虚。**成功靠加长最短木块吗？非也，靠把最长木块做得更长。**弱项就是弱项，要承认自己有弱项，因为要承认自己不是神，我也是人，也有人类的特点。

还有我们从小就被教育的："人无我有，人有我优，人优我快，人快我变。"这也是不承认自己是人类的狂妄之言。别人没有的我有，别人有的我比他优，别人优的我比他快，他快了我还能变。这怎么可能呢？这样的前提就是对方是人，我不是人，我是神。而且如果能做到这样，兵法也没有用了，不需要学什么避实击虚，我用我的任意部位，去攻击他的任意部位，都是以石击卵，他都不堪一击。

所以，"人无我有，人有我优，人优我快，人快我变"是一句疯话。正常的战略是什么，是"人无我有，人有我无"，这才是真实世界。

在学习"知己知彼，百战不殆"的时候，我们说，主要问题是不知己，而不是不知彼。但我们很容易去关注别人，却不注意关注自己，以为自己当然知道自己，其实最不知道的就是自己。同样，学习虚实，我们也不能只关注别人的虚实，而以为自己都做实了。非也，做不实，无论怎样做都有虚有实，也不可能把虚都补上，都补上，就都虚了。

不要试图去"解决"自己所有的虚，要学会在有虚有实中战斗，学会不是试图解决所有问题，而是永远在问题中前进，这就掌握了虚实的精髓。

孙子曰：凡先处战地而待敌者佚，后处战地而趋战者劳。

先抵达战场，等敌人来的，就比较"佚"。"佚"同"逸"，士马闲逸，士兵和战马都比较安逸，都休息得比较好，精力充沛，有利地形也占了，得了地势，等敌人来。

后来的呢，好地方被对方占了，长途奔波而来，可能马上就要接战，这就比较劳累。

这句话比较好理解，就像咱们出差见客户，开两小时会。在自己办公室等的，安排两小时时间就行了，去见对方的，坐飞机住酒店，要花两天时间。

战例是后周和北齐交战，后周军队来攻，北齐大将段韶守城。当天正是大雪之后，积雪很深。后周以步卒为先锋，从西而下，斥候来报，敌军离城还有二里。诸将都想出击。段韶说："步兵气力有限，今天积雪这么深，他们走起来更费劲，我们冲出去，也不方便。不如列阵等待，彼劳我佚，破之必矣。"果然大破周军，前锋尽没，后面的部队也撤退了。

为自己创造主场

原文

故善战者，致人而不致于人。

华杉详解

"致人"，让敌人来；"致于人"，到敌人那儿去。"善战者"，能调动敌人，而不被敌人调动。

后汉时，张步手下大将费邑派他弟弟费敢守巨里。耿弇（yǎn）进兵，先进逼巨里，多伐树木，扬言填壕攻城。过了几天，有降兵说，费邑听说耿弇攻打巨里，准备来救。耿弇便严令军中加紧修备战具，三日后攻城，再假装放松看押让俘虏跑掉。俘虏回去告诉费邑，费邑果然按期来救。耿弇分兵三千人守巨里，自率主力设伏，大获全胜，斩了费邑。

这是典型的围点打援战术，调动敌人援军来，然后半途设伏击他。

张预注解说："致敌来战，则彼势常虚；不往赴战，则我势常实。此虚实彼我之术也。"虚实彼我，通过调动敌人，形成彼虚我实之势。

杜佑注解说：两军相远，强弱相当，彼可历险而来，我不可历险而往，一定想办法让他来，而不是我去。

关于"致人而不致于人"，曾国藩也有一句解，叫"喜主不喜客"。跟足球赛一样，主场有优势，客场则先弱了三分。要想办法让自己打主场，对方打客场。

不要激动。兵法都会，但是一激动就忘了

不要贪，贪就容易上当。不要认为什么是一定不能放弃的，那样就会咬别人给你下的钩，除了自己的性命，其他都可放弃。

原文

能使敌人自至者，利之也。能使敌人不能至者，害之也。故敌佚能劳之，饱能饥之，安能动之。

华杉详解

《虚实篇》讲什么？曹操说，讲"能虚实彼己也"，敌人有虚有实，我也有虚有实，作战必须以我之实，击敌之虚，那就需要调动敌人，让他化实为虚。

善战者致人而不致于人。

让敌人来，我打主场，他打客场，怎么能让他自己来呢，就是"利之也"，以利诱之。

李牧戍边，先坚壁清野，关闭城门，十年不出战，憋了单于整整十年！然后挑日子出城诱匈奴，送几千人给他，佯败退走，牛羊丢得满山遍野都是，单于已经饿了十年没抢到东西，激动得忘了兵法，倾巢来抢。李牧设伏兵，大破单于十万骑，痛得他几年都不敢再来。

以利诱之，这么简单的当，单于也上钩，为啥？可能是太激动了，十年啊！十年没抢到一只羊，没打上一场仗，单于已经快疯了。人为财死，鸟为食

亡，见小利而亡命，控制不了自己，没办法呀！

能使敌人不得至者，害之也。

不想让他来，或要把他调离战场，那就攻其所必救，害其所急，他必然顾不得我，要去救自己的急了。

典型战例就是围魏救赵。庞涓率魏军攻赵，孙膑率齐军去救。不过他并不奔赵国去加入战场，而是直接发兵攻打魏国首都大梁。国都被攻，魏军就没法在邯郸呆着，必然回师来救，邯郸之围就解了。再来一个围点打援，半道在马陵设伏，又是我主彼客，我实彼虚，我佚彼劳，就破了魏师，庞涓阵亡。

佚能劳之。

要我佚彼劳，如果他也佚，就要想办法让他劳，让他疲于奔命。春秋时吴楚相攻。伍员设了三支骚扰部队，大张旗鼓去攻楚，等楚全国动员来接战，吴军又撤了。等楚军解散回家，吴军第二支部队又来了，如此这般，折腾得楚国人疲于奔命，也没打上一仗。突然一真打，三军尽出，就攻破了楚国都城，成为春秋时期第一次一国都城被攻破的战争。

隋朝灭陈，也用这办法。每当陈国农熟，快收庄稼的时候，隋就厉兵秣马作势要开战，等陈国紧急动员完毕，他又不打了，反复折腾，陈国人心力交瘁。

饱则能饥之。

想办法让他饿。前面说到隋对陈的骚扰，也有这招。江南气候温暖潮湿，房子都是茅草房多，蓄积也不是地窖，都是茅草房架起来。隋就派出若干小分队搞破坏，到处因风纵火，你盖起来他再烧，搞得陈国民穷财尽。

隋末，宇文化及率兵攻打李密。李密知道化及粮少，假装不敌，请和，化及大喜，等着签和约。其实李密就是拖时间，等化及粮食吃完。宇文化及也不注意省着点吃，因为他认为马上可以吃李密的。其后粮食吃完了，李密也不和了。当兵吃粮，宇文化及手下兵士相继都投了李密，化及就败了。

140

安则能动之。

曹操说:"攻其所必爱,出其所必趋,则使敌不得不相救也。"

司马懿征辽东,公孙渊阻辽水以拒之。司马懿并不同他在辽水作战,对诸将说:"敌人坚营高垒以老我师,攻之正中其计。我们要攻其所必救,把他们调出营来。"

于是虚张声势于阵前,悄悄分兵绕过敌阵,直捣公孙渊老巢,围了襄平城。公孙渊只能出营作战,司马懿大破之,斩了公孙渊,平定了辽东。

攻其所"必救",从公孙渊被斩的结局来看,襄平老巢,也并非"必救"。辽东苦寒之地,坚壁清野,把粮食都藏了,甚至把城池都可以烧了,跑远远地躲起来,等冬天来了,司马懿粮食吃完了,撤退了,再邀击他,辽东不是不可存。朝鲜人在中国边上生存了几千年,还能保持是独立国家,没被吞并,就这个办法。

所以总结:不要激动。兵法都会,但是一激动就忘了。不要贪,贪就容易上当。**不要认为什么是一定不能放弃的,那样就会咬别人给你下的钩,除了自己的性命,其他都可放弃。**

不要"走自己的路,让别人说去吧",
要"走自己的路,别人想不到,也不让别人知道"

原文

出其所不趋,趋其所不意。行千里而不劳者,行于无人之地也。攻而必取者,攻其所不守也。守而必固者,守其所不攻也。

华杉详解

"出其所不趋","不趋",来不及救,从敌人来不及救的地方出击。

"趋其所不意"，急进到敌人意料不到的方向。曹操注解说："使敌不得相往而救之也。"

我们常说："走自己的路，让别人说去吧！"在《孙子兵法》看来，这不是善之善者也，善之善者，是"走自己的路，别人想不到，也不让别人知道"。

行千里而不劳之者，行于无人之地也。

行军千里也不劳顿的，是因为走的是没有敌人守备的地区。

这里历史上有两个典型战例，都是灭蜀之战。

一是大家都熟悉的，《三国演义》中钟会、邓艾灭蜀之战。邓艾趁姜维被钟会牵制在剑阁，率军自阴平沿景谷道东向南转进，南出剑阁两百多里。邓艾率军攀登小道，凿山开路，修栈架桥，鱼贯而进，越过七百余里无人烟的险域。山高谷深，至为艰险。途中，粮运不继，曾多次陷入困境。部队走到马阁山，道路断绝，一时进退不得，邓艾身先士卒，用毛毡裹身滚下山坡。最后邓艾率军出其不意地直抵江油，迫降守将马邈。一路杀到成都，刘禅就降了。

第二次是南北朝时期，坐拥四川的梁武陵王萧纪在成都称帝，率兵东下，准备攻打梁元帝，夺取梁朝政权。北魏看到机会，宇文泰认为"平蜀制梁，在此一举。"诸将意见并不统一。宇文泰把重任交给尉迟迥，问他计将安出。尉迟迥说："蜀与中国隔绝百余年矣，恃其山川险阻，不虞我师之至。宜以精甲铁骑星夜奔袭之。平路则倍道兼行，险途则缓兵渐进。出其不意，冲其腹心，必向风不守。"

其后果如尉迟迥所言，尉迟迥从散关进军，围成都五旬，平定巴蜀。

攻而必取者，攻其所不守也。

人们常说："战无不胜，攻无不克。"这不可能，因为这标语敌人的墙上也刷着。怎么才能攻无不克、攻而必取呢，只有一个前提，就是对方没防备，没防守。还是拿足球赛来说，如果前面有后卫堵着，马拉多纳也不容易射门命中，一定是来回倒腾，对方出现空档了，然后一击命中。

战例还是后汉时期，耿弇讨伐张步。张步令他弟弟张蓝守西安，又另遣别将守临淄。耿弇率军来，距西安四十里扎营。耿弇看西安城小而坚，张蓝手下又都是精兵，而临淄虽是大城，其实易攻，于是就打定主意攻打临淄。要打临淄，就必须让敌人以为自己要打西安。他使出一贯伎俩，命令军队修治工程战具，扬言攻打西安，然后又假装放跑俘虏，让他们把消息带回去。张蓝听说了，昼夜防备。

到了攻城日子，他半夜把将士们叫起来吃饭，宣布直奔临淄，诸将争执，都认为应该攻西安。耿弇说，西安城坚兵精，严防死守。临淄则没有防备，我们突然兵临城下，敌人必然惊扰，一天就能攻下来。临淄一陷落，西安势孤，这叫击一得两。

其后果如耿弇所言。

> 守而必固者，守其所不攻也。

要保证守得住，就是他不进攻的地方，我也要严密防守。他攻东，我若不守西，万一他是声东击西呢？就像上面的战例，耿弇要攻西安，张步就没有严守临淄，结果临淄陷落了。

西汉周亚夫平七国之乱。周亚夫守昌邑，叛军奔城东南角来，周亚夫下令重兵严防西北。过了没多久叛军精锐果然是主打西北。周亚夫有了防备，攻不进去，只得遁走，周亚夫出城追击，大破之。

虚实的极致，神出鬼没，不仅掌握自己的命运，而且掌握敌人的命运

原文

故善攻者，敌不知其所守；善守者，敌不知其所攻。微乎微乎，至于无形；神乎神乎，至于无声，故能为敌之司命。

> 故善攻者，敌不知其所守；善守者，敌不知其所攻。

善于进攻的人，敌人不知道该守哪儿；善于防守的人，敌人不知道该从哪儿攻。

曹操注得简单："情不泄也。"军形不泄，敌人不知道。

当你进攻的时候，敌人看不懂你要攻哪儿，所以不知道怎么安排防守。好不容易看懂了，安排下去了，又中了你声东击西、调虎离山之计。

当你防守的时候，敌人看不懂你哪儿实哪儿虚，无法定计攻打，好不容易看到你的破绽了，攻将上来，又中了你的埋伏。

这就是虚实之道，要获胜，就得避实击虚，对方找不到的你的虚，每当他确信找到了，撞上来，正碰上你最实的地方。而当你进攻的时候，总能调动得他露出空档来，一下子冲散他。

这你就神了。

> 微乎微乎，至于无形；神乎神乎，至于无声。故能为敌之司命。

虚实之道，太微妙了，至于无形；神乎其神，至于无声。敌人看不见你，也听不见你，任由你"攻则动于九天之上，守则藏于九地之下"，神出鬼没，执他于股掌之间，只能束手就擒。这你就掌握了敌人的命运。

司命，就是司掌命运之神。《孙子兵法》第二篇《作战篇》也提到司命："故知兵之将，生民之司命，国家安危之主也。"知兵之将是人民的司命，掌握着国家人民的生死存亡。这里，为敌之司命，更进一步，敌人的死活也在他手心里了。

何氏注解说："孙子论虚实之法，至于神微，达到了成功的极致。我之实，能让敌人看起来以为是虚；我之虚，能让敌人看起来以为是实。敌之实，我能调动他，让他变虚；敌之虚，我能看出他不实。总之敌人看不出我虚实，我却能对他的虚实一目了然。

"我将攻打他的时候，我知道他守得哪儿实，哪儿防守不足、虚，所以我能避其坚而攻其脆。敌人要攻我的时候，我知道他大张旗鼓来攻的地方并不是紧要处，他没有攻打的地方才是真正他重兵要来的。

"我示敌以虚，而斗敌以实。他声势在东，我防他在西。所以，我要攻他的时候，他不知道该守哪儿；我要防他的时候，他找不到地方下手。

"攻守之变，出于虚实之法。或藏于九地之下，那是我之守；或动于九天之上，那是我在攻。灭迹而不可见，韬声而不可闻。如地出天下，候出间入，星耀鬼行，入乎无间之域，旋乎九泉之渊。微之微者，神之神者，至于天下之明目不能窥其形之微，天下之聪耳不能听其聪之神。有形者至于无形，有声者至于无声。不是无形，是敌人不能窥视；不是无声，是敌人不能听见，这就是虚实之变的极致。"

何氏这一大段注，算是把虚实的极致讲透了。真有那么神吗？真就那么神！那么，为何别人声东击西的时候，你能不上当，你声东击西的时候，敌人就听你调度呢？这就是经验问题、感觉问题。哲学上是王阳明心学，知行合一的问题。

都读过《孙子兵法》、三十六计，声东击西，六岁小儿都知道。上了战场，东边冲啊杀啊铺天盖地来了，你怎么知道他要击西？万一他知道你知道他声东击西，他就给你来个声东击东，或者击北击南呢？

比如糖是甜的，知道吗？都知道。但是，如果你没吃过糖，怎么跟你描绘这个甜是怎么回事呢？

所以兵法都读过，甚至都会背，但知道多少完全不是一回事。每个人读书，都是读到自己而已，读到自己能对应上的。对不上的，你根本不知道，而且不知道自己不知道，以为自己全知道。比如赵括，纸上谈兵，他就不仅不知道，而且不知道自己不知道；不仅不知道自己不知道，而且以为自己全知道，这就给国家带来巨大灾难。

所以我们知道声东击西吗？

我们不知道！

因为知道声东击西这回事，不算知道。要上了战场，不管他声东声西，你一眼就能看出他哪儿虚哪儿实，要奔哪儿去，那你才叫知道声东击西。

这就是知行合一。

学习知行合一，首先就要知道自己不知道。

儒家说，圣人因为不知，所以知之；小人因为知之，所以不知。

圣人因为知道自己不知道，所以戒慎恐惧，注意警醒，观察学习提问，所以能知道。小人因为不知道自己不知道，认为自己知道，所以不观察不学习不提问，所以不知道。

学习兵法，也不能让我们上战场打胜仗，读书是观照自己，我们对应自己的工作学习，放事上琢磨，自己提高。

最后讲一个亲身经历的故事。

我曾经介绍一个合作伙伴给我的一位好朋友。饭局谈完，他跟我直接说，这家实力不行，我可以告诉你他有多大实力，具体数量级。我很惊讶，问："您怎么看出来的。"他说了一句话："凡是比我钱少的，我一接触就知道他有多少钱。因为我知道人在哪个阶段是什么状态，比我钱多的我不知道，比我少的我没有不知道的。"

这事过去好几年了，我一直记得。因为当时对我冲击很大。我对照了一下自己，发现我和他有同样体会。钱比我少的，我谈生意一接触就知道他有多少钱，他哪句话真，哪句话假，我真的很清楚。因为他每说一件事，我都能对应上很多同样的事，知道是不是那么回事。如果他经历比我多，境界比我高，那我就不知道了。

这就是知行合一，太微妙了。所以孙子说"微乎微乎，神乎神乎"，他也没法跟你说。

撤退和追击都是大战术

原文

进而不可御者，冲其虚也；退而不可追者，速而不可及也。

华杉详解

发动进攻又要让对方无法抵挡，是对阵相持之际，看到他的虚隙，急进而冲之；得手获利之后，迅速撤退，环壁自守，让对方无法追击。

曹操注解说："卒往而冲其虚懈，退又疾也。"

曹操在战斗生涯中，他本人就演绎过这一句兵法，一仗就为我们把正反案例都示范了，就是征张绣之战。

曹操征张绣，包围了张绣的城池穰城。后方传来报告，袁绍要乘虚攻许都，曹操不得不撤军。

撤军，就要先把敌人打个晕头转向，然后迅速撤退。曹操正兵、奇兵布好，等张绣来追。张绣见曹操后撤，联合刘表，两军夹击而来。结果曹操指挥若定，大破刘张联军，之后迅速撤退。

一切如曹操所算，就是没算到张绣帐下有一个超级谋士，叫贾诩。

曹操得胜撤退，张绣带兵就追。贾诩说："不能追！追之必败。"张绣急着报仇，哪里肯听，一路追去，结果被曹操亲自断后，又杀得大败。

张绣败兵回来，对贾诩说："您能知道我必败，那您能知道我什么时候必胜不？光知道我必败，我也打不了胜仗。知道必胜，告诉我，我才能打胜仗撒！"

贾诩说："赶紧就带这支败军再追，这回必胜！"

张绣这回听了，也来不及问为什么，转身就追，果然击溃了曹操的后备部队。

张绣回来，说贾先生神了，怎么回事？

贾诩说："其实这个道理很简单，曹操来攻打咱们，没有打败，他自己就撤了，肯定是后方有事，他不得不撤。他要撤，一定做好准备，亲自带精兵猛将断后。将军您虽然会用兵，但是离曹操还是差一点，肯定打不过他，所以知道您必败。

"他大战胜了咱们，撤退又破了咱的追兵，他认为万事大吉，咱们不会再来了。这时候他就要全力撤退，自己带谋臣猛将先赶回去处理家里的事，留别的将领断后。这留下的将领兵马，就不如咱们了，所以第二次再追必胜。"

撤退是一个大战术，一定是辎重在先，精兵在后。不过宋朝有个将领毕再遇，和金军对垒，需要撤军，想出一个超级撤军创意，叫悬羊击鼓。在军营里把羊吊起来，两只前蹄放在战鼓鼓面上，那羊难受挣扎，前蹄一个劲刨，击出鼓声。金兵天天听见宋军营里鼓声响，但越来越弱，越来越弱，稀稀拉拉，奇怪怎么回事，摸过来侦察，才发现早已是一座空营，人撤了好几天了。

追击也是大战术，林彪打仗，核心就是追击，林彪的战术原则里，就有"一点两面""三三制""四快一慢""三猛战术"等。

前面咱们学"分数"、学军队编制时介绍了"三三制"。

"一点两面"，一点，是集中兵力猛攻一点，打垮敌人；两面，是两面或多面包围，不让他跑掉，消灭他，或留一面给他跑，在路上消灭他。

"四快一慢"，先讲"一慢"，是总攻开始时间要慢，没准备好不动手，你若自己觉得没准备好，上级催也可以抗命。"四快"，一是向敌前进要快；二是咬住敌人后进行准备工作要快，如看地形、筑工事、捆炸药、布置火力等一定要快；三是突破后扩大战果要快；四是敌人溃退后追击要快。

"三猛"，是猛打，猛冲，猛追。集中一点，聚实击虚，猛打猛冲。敌人一溃退，就猛追。

林彪强调猛追，这个思想是贯彻到基层，只要看见敌人退，就猛追，这时候不要等命令，也不要再作什么准备。这时候不准备才符合战术原则，准备就不是战术原则。也不要怕己方人少，不要怕情况不清楚，不要怕对方有没有埋伏，追就是。甚至也不要先报告上级，先追，一边追，一边再派人回来报告。

林彪这个思想，是他战前准备充分，一动手就不给敌人一点点喘息调整时间，一直压下去，猛打猛冲猛追。他的部队，就这么一直从东三省追到海南岛。

单次成败都有偶然因素，而终身成就是用成功消化失败

原文

故我欲战，敌虽高垒深沟，不得不与我战者，攻其所必救也；我不欲战，画地而守之，敌不得与我战者，乖其所之也。

华杉详解

我想跟他战，他虽然高垒深沟，还是不得不出老营跟我野战的，那是因为我攻打他必须救援的地方。他知道我是调虎离山，围点打援，但他还是不得不来，因为我攻打的地方他不能不救。

这个攻其所必救，前面讲过很多战例了，围魏救赵、司马懿征辽东等都是。

这里再补讲一个明朝的战例，王阳明平南昌的宁王宸濠之乱。宁王造反，六万大军攻安庆，十分危急，一旦攻下安庆，南京就是宁王囊中之物，进了南京，宁王就有了称帝的资本。王阳明没有挥师去救安庆，而是直扑宁王老巢南昌。宁王此时的唯一机会，在于放弃南昌，拿下安庆，顺流而下，称帝南京。

机会还是有的。当时的正德皇帝朱厚照，是个混世魔王，大臣百姓都不喜欢他。宁王只要能到南京称帝，不愁没有人支持。但是宁王放不下南昌的老巢，忘了舍不得孩子套不来狼的古训，撤军回救南昌，结果在鄱阳湖与王阳明军队遭遇，兵败被擒。造反大业，只持续了三十五天。

> 我不欲战，画地而守之，敌不得与我战者，乖其所之也。

我不想跟他作战，就是在地上画条线，他也不敢过来，那是因为我能让他对要来的地方心存疑虑，不敢来。

"乖其所之"，"乖"这个字，古代的意思本来是不乖，后来变成了乖。现在还留下一些词，比如我们说一个人"行为乖张"，这个乖张的"乖"，就是乖的本意，意思是背离、违背、不和谐、不合情理等等。"乖其所之"，就是在他要来的地方装神弄鬼，让他疑神疑鬼，本来可以来的，不敢来了。曹操注解说："乖者，戾也，戾其道，示以利害，使敌疑也。""戾"，就是乖戾，也是别扭、不合情理的意思。

这样的战例，民间最著名的就是诸葛亮的空城计了。传说是这样的，司马懿大军来了，诸葛亮守城的兵马却只有一万人，毫无抵抗能力，司马懿若攻城，定可一鼓而下。于是诸葛亮镇定自若，大开城门，还安排人在城门口扫地，安静祥和。司马懿一看，这不科学！他那时候肯定也想到了兵法上的"乖其所之"，但万一诸葛亮是将计就计呢？这永远没法猜对，再说诸葛亮一生为人谨慎，最不弄险的就是诸葛亮，所以还是有伏兵的可能性大，他就撤了。

曾国藩守城，他说过，守城最好莫过于"妙静"。怎么个妙静呢，就是当敌军来，在城下鼓噪，我方不作任何反应，静悄悄地没有任何回应。守城的人在后面躲着，也不在城垛上出现。敌人轻易是不敢架云梯往城墙上爬的，那流贼一时也没那么完备的攻城器械，他们是看我们的动作，再制定下一步动作。我们没有任何动作，甚至连个人影招呼都没有。他们就兴奋不起来了，再鼓噪几次，自己没意思了，就走了。

再说曹操。有史学家说诸葛亮的空城计是编的，正史没那回事。我们再讲讲曹操中赵云的空营计。曹操和刘备争汉中，赵云守别屯，带了几十骑出营查看地形，卒遇曹操大军，赵云且战且退，曹操大军一路追来。赵云退回营中，大开营门，偃旗息鼓。曹操一看，面临A、B两个选择的单选题：

赵云此举，是运用了兵法的哪一条？

A．是"乖其所之，使敌不得与我战也"，是装神弄鬼想把我吓走；

B．是"利而诱之，伏而击之"，派小股部队佯败诱我来，然后设埋伏消灭我。

曹操继续用《孙子兵法》思考，今天这一仗，不是我计划中的，是赵云安排的，如果不碰见他，我根本不会到这儿来。所以，他为主，我为客，他为实，我为虚。所以，应该选B。

曹操交了卷，就退兵了。

所以实际情况往往是偶然的。

但我们不能说曹操的分析是错误的，他的分析是完全正确的，他的决策也是完全正确的。

明明是赵云得手，为什么说曹操正确呢？这就是不能以一次得失的结果来论决策。领导者一天要作出无数的决策，很多关系着生死存亡，很多关系着深远影响。要所有的决策都正确，是不可能的。现实是什么呢？是——**用成功消化失败，用正确消化错误**。

我们还是给曹操交出的答卷打满分。

以多击少，不是兵力问题，而是虚实问题

原文

故形人而我无形，则我专而敌分。我专为一，敌分为十，是以十攻一也，则我众而敌寡，能以众击寡者，则吾之所与战者，约矣。

吾所与战之地不可知，不可知，则敌所备者多；敌所备者多，则吾所与战者，寡矣。故备前则后寡，备后则前寡，备左则右寡，备右则左寡。无所不备，则无所不寡。寡者，备人者也；众者，使人备己者也。

华杉详解

形人而我无形，则我专而敌分。

梅尧臣注解："他人有形，我形不见，故敌分兵以备我。""形人"，这里"形"是动词，意思是让他暴露出形，用各种侦察手段，或调动敌人，让他暴露出实情来，对他一目了然。比如我们熟悉的火力侦察，打他几枪，看他反击的火力点在哪儿。

侦察不是盲目的调查，而是有目的的验证。拿破仑打仗，战前他会反复思考，脑海里演习各种情况好几个月。我怎么样，敌人会怎么样。敌人会在哪儿设营，在哪儿设伏，在那条路线行军，几种可能性。到了战场，他不是派侦察兵说，你们去侦察一下敌情哈！而是明确地告诉每一支侦察兵，具体去哪里看有没有敌人。也就是说，拿破仑的侦察，不是漫天撒网的侦察，而是直接派人去具体地点和路线，验证或推翻他的判断。

我无形，是隐蔽自己的行动和意图，让他看不出我的军形，不知道我的虚实。这样他就要处处分兵来防备我，而我能集中兵力对他虚的地方，所以我专

而敌分。

> 我专为一，敌分为十，是以十攻一也，则我众而敌寡。

杜佑注解："我专为一，所以人多，敌分为十，所以人少。"

张预注解："我能见敌虚实，所以不劳多备，能集中兵力为一。敌则不然，看不见我的军形，所以分为十处防备。那我就是以十倍的兵力对付他了，所以我怎么打也是人多，他怎么打也是人少。"

这个在《谋攻篇》学过，"用兵之法，十则围之，五则攻之，倍则分之，敌则能战之，少则能逃之，不若则能避之。"总之，一定要兵力占绝对优势才能打。双方兵力相当怎么办呢？就是靠虚实，避实击虚，让敌人分兵备我，他分散，我集中，攻其一点，就以十击一了。林彪的"一点两面三猛"，挡住两面，集中一个点猛冲猛追。两面或多面布阵，敌人都得多面防备，集中猛攻一个点，他就挡不住，猛打猛冲猛追，一点喘息调整的余地都不给他。

> 能以众击寡者，则吾之所与战者，约矣。

"约"，就是少，就是有限。我们对敌方虚实一目了然，能集中兵力，而敌人不知道我会从哪儿来，要到处分兵把守，能跟我们对阵作战的敌兵就少了，我们就能以众击寡。

> 吾所与战之地不可知，不可知，则敌所备者多；敌所备者多，则吾所与战者，寡矣。故备前则后寡，备后则前寡，备左则右寡，备右则左寡。无所不备，则无所不寡。

敌人不知道我从哪儿来，不知道交战地点在哪儿，他需要分兵防备的地方就多，备得越多，能投入与我战斗的兵力就少。所以他加强前面的防备，后面的防备就弱了；加强后面的防备，前面的防备就弱了；加强左面的防备，右面的防备就弱了；加强右面的防备，左面的防备就弱了。前后左右到处都防备，则前后左右到处都弱了。

寡者，备人者也；众者，使人备己者也。

兵少力薄，是因为被动地戒备敌人；兵多力强，是因为能使敌人到处戒备我军。

杜牧注解说："所战之地，不可令敌知之。我形不泄，则左右、前后、远近、险易，敌人不知，亦不知我从何处来攻，何地会战，故分兵辙卫，处处防备。形藏者众，分多者寡。故众者必胜也，寡者必败也。"

"备前则后寡，备后则前寡，备左则右寡，备右则左寡。无所不备，则无所不寡。"这是最本质的道理，**我们做事也是一样，你只能选一头，不能哪头都想占**。哪头都想占，最后就一头也守不住。但是人都贪心，占了一头，就想占下一头，最后就都丢掉了。

何时、何地开战，我来给敌人选

原文

故知战之地，知战之日，则可千里而会战。不知战地，不知战日，则左不能救右，右不能救左，前不能救后，后不能救前，而况远者数十里，近者数里乎？以吾度之，越人之兵虽多，亦奚益于胜败哉？

故曰：胜可为也。敌虽众，可使无斗。

华杉详解

故知战之地，知战之日，则可千里而会战。

能预期在哪儿打，预计什么时间在那儿打，就是跋涉千里，也可以和敌人交战。

曹操注解说："以度量知空虚会战之日。"

孟氏注解说，以度量知空虚，先知战地地形，又知道什么时候在那儿和敌人遭遇，则可以千里期会，到那儿埋伏去等敌人。如果他先到，占了有利地形，那我又可以不去，让他空劳一场。

前面学到王阳明破宁王的战例。宁王大军围了安庆，安庆一破，顺流而下，南京就是宁王囊中之物，进了南京，宁王就有了政治号召力。

王阳明要平叛，就要"知战之地，知战之日"，手中就一点临时拼凑起来的兵马，在哪儿打？宁王在猛攻安庆，当然应该去救安庆。但是，去了，也未必救得下来。宁王防着他来救，给他来个围点打援，可能半路就吃了亏。

王阳明决定赌一场，赌什么呢？攻宁王老巢南昌，赌宁王会放弃安庆，回师来救。他若回师来救，则可千里而会战，在哪儿战？不在南昌战，在他来的半途，鄱阳湖设伏兵，和他决战。

这就是"知战之地，知战之日"。

王阳明神机妙算吗？他也是赌一把而已，这是他唯一的办法。这个计策有一个致命的缺点，就是宁王不回来救怎么办？他若放弃南昌，继续攻安庆，安庆一定失守。安庆失守，南京一定不保，进了南京，宁王一定称帝。

王阳明赌宁王没这个智慧和魄力，他赌赢了。他一进南昌，宁王马上放弃已经接近崩溃的安庆，回师南昌。战地也赌对了，就在鄱阳湖，恶战下来，宁王被擒。

第二个战例，汉朝周亚夫平吴王刘濞之乱。吴王西向攻取洛阳的道路中，景帝弟刘武的封国梁国横亘其间。吴楚军破梁军于梁国南面的棘壁。梁国告急，请求援助，周亚夫却深沟高垒扎营防御。梁王刘武每日都派使者求援，周亚夫就是见死不救。梁王向景帝上书，景帝派使臣命令太尉救援梁国。周亚夫还是将在外君命有所不受。

周亚夫让梁王和吴军苦战，他则悄悄派轻骑断绝吴、楚后方的粮道。吴兵乏粮，饥饿难当。刘濞知道是周亚夫劫粮，便来打他。他还是高挂免战牌不出击。

吴兵受饥忍饿，战斗力极弱，便引军撤退。"知战之地，知战之日"，这时周亚夫的战日到了，战地也选好了，在淮北平地，因为吴军步兵多，利在险阻；汉军车骑多，平地打追击战最爽！他周亚夫挥师追击，大破吴军。

整个平定吴、楚之乱，只用了三个月，可谓神速。君臣上下，三军将士都佩服到周亚夫深谋远虑，算无遗策。只有一个人对他恨之入骨，就是梁王刘武，你拿我去喂敌人，仗全是我打的，差点身死国灭，你就是在他们饿死之前推了他们一把。最后敌人垮了，全成了你算无遗策！

不知战地，不知战日，则左不能救右，右不能救左，前不能救后，后不能救前，而况远者数十里，近者数里乎？

张预注解说，不知道敌人何地会兵，何时接战，则所备者不专，所守者不固，忽遇劲敌，则仓促应战，左右前后都不能相救，何况前军后军首尾相距数里数十里呢？

前面两个战例，对垒的另一方，一个明朝的宁王朱宸濠，一个汉朝的吴王刘濞，就是战地、战日都是别人给他挑的，如何能不败？

以吾度之，越人之兵虽多，亦奚益于胜败哉？

在我看来，越国兵虽多，又有何益于胜利的取得呢？

《孙子兵法》是孙子写给吴王阖闾的，吴越是仇国，所以针对越国来说。大家熟悉勾践和夫差的故事，夫差就是阖闾的儿子。

故曰：胜可为也。敌虽众，可使无斗。

所以说，胜利是可以人为取得的，敌人虽多，但也可以让他无法战斗。

孙子在《形篇》里说"胜可知，而不可为"，这里又讲"胜可为"。是不是矛盾呢？不矛盾，因为孙子的语境不同，针对的情况不同。像王阳明面对宁王朱宸濠那种情况，我方资源足够，或者耗得起时间，这就是"胜可知，而不可为"，稳扎稳打地来。但是宁王起事，中央毫无准备，没有朝廷大军来，就自己手里这点资源，必须跟他干一场，不能让他进南京，遇上这种情况就只能是"胜可为也。敌虽众，可使无斗"。结果王阳明赌赢了，宁王虽强，但可以让他不打安庆，不进南京，乖乖地到鄱阳湖来送死。

知己知彼的战术要点

故策之而知得失之计，作之而知动静之理，形之而知死生之地，角之而知有余不足之处。

华杉详解

"知己知彼，百战不殆"。在战前的"知"，是《计篇》讲的"五事七计"。"五事"即"道、天、地、将、法"，"七计"即"主孰有道？将孰有能？天地孰得？法令孰行？兵众孰强？士卒孰练？赏罚孰明？"五事七计，是政治面，资源面，实力面，战略面。上了战场，如何在战术层面知彼呢？下面的内容就讲这个。

策之而知得失之计。

孟氏注解："策度敌情，观其施为，计数可知。"
梅尧臣注解："彼得失之计，我已算策而知。"
总之，就是分析敌我双方计谋，推算谁得谁失。

作之而知动静之理。

"作"，就是"不作死就不会死"的"作"，作他一下，激他一下，看他哪动哪静，便知他虚实。这就像我们说的火力侦察。

魏武侯问吴起："两军相遇，我不知道对方将领能力大小，怎么办？"

吴起说："派小股勇士锐卒攻击他，一交手就佯败而退，观察敌人的一举一动，如果他们追击我军，假装追不上，见到我们丢弃的兵器旗帜财物，假装没看见，那就是智将。如果他们倾巢来追，旗帜杂乱，行止纵横，又贪利抢东西，那就是将令不行，可以马上对他发起攻击。"

形之而知死生之地。

"形之"，就是让他现原形，让他暴露出军形来，上一句说的"作之而知动静之理"，就是形之的方法之一。

杜牧注解说：死生之地，就是战地虚实。我"多方以误"敌人，观察他的回应，随而制之，就知道死生之地。

张预注解说，我形之以弱，诱他进；形之以强，逼他退。在他进退之际，我就知道他所据之地的死与生了。

角之而知有余不足之处。

曹操注解说："角，量也。"

杜牧注解："角，量也。以我之有余，角量敌人之有余；以我之不足，角量敌人之不足。"

管子说："故善攻者，料众以攻众，料食以攻食，料备以攻备。以众攻众，众存不攻；以食攻食，食存不攻；以备攻备，备存不攻。释实而攻虚，释坚而攻脆（cuì，同"脆"），释难而攻易。"要角量双方的人数、粮草、装备。他人比我多，粮草比我充足，装备比我强大，我就不要轻易攻击。一定要避实击虚，避坚攻脆，避难攻易。

战例是司马懿平定辽东。前面已经两次学习这个战例，这一条量敌之计，还和司马懿有关。司马懿征辽东，是四万人对阵公孙渊二十万人。前面学过，公孙渊派先锋数万在辽河设防，自己率主力为后援，连营数十里阻击司马懿。司马懿设疑兵牵制敌军，自己悄悄率精锐绕过辽河防线，直接围了公孙渊老巢襄平。这是"安能动之，敌虽深沟高垒，不得不与我战，攻其所必救也"之计。公孙渊被迫回援，途中三次被司马懿打败，退回襄平城固守。这是"围点打援，知战之地，知战之日"。

这时正是七月雨季，天开始下雨，下了一个月，司马懿按兵不动，一点也不着急。部下陈圭问："当初孟达造反，咱们八部并进，昼夜不息，八天走了一千二百里，拔坚城，斩孟达。今天我们远征辽东，却反而安然不动，缓缓图之。我愚钝，实在看不懂。"

司马懿回答说："这是角量敌人众寡和粮食多少。当初孟达人少，而粮食够吃一年。我军四倍于孟达，而粮食只够吃一月。以一个月的粮，对阵一年的粮，当然要快，所以不计死伤，必须拿下，那不是在和孟达打，是在和粮食赛跑，一个月拿不下我们就饿死了。现在我们虽然也是远征，但带的粮食充足，敌人却快没粮了。敌众我寡，敌饥我饱，和征孟达情况正相反。下雨不便作战，更好，大家一起耗粮食，急什么呢？"

三十多天雨停后，司马懿才开始进攻。城中无粮到了人吃人的地步，好多将领出降，司马懿攻破襄城，斩了公孙渊，平定辽东。

学我者生，像我者死

大家表面看见的，讨论的，都不是关键的。关键的两条，一是当时的前提、条件、情况，二是人家过去十几年几十年的功力积累。跟人学的人，往往第二条不具备，第一条不知道，光学个热闹，当然是白搭。

原文

故形兵之极，至于无形；无形，则深间不能窥，智者不能谋。因形而错胜于众，众不能知。人皆知我之所以胜之形，而莫知吾所以制胜之形，故其战胜不复，而应形于无穷。

华杉详解

故形兵之极，至于无形。

"形兵"的"形"，是示形、佯动，佯动也可能随时变成真动，都不一定，是故意表现出来的假象，是李世民说的"多方以误之"。想方设法引对方误判，引对方失误，所以"形兵之极"，示形的极致，变化无穷，达到无形的境界，敌人无法判断，或接受了我们给他设计的"判断"。

无形，则深间不能窥，智者不能谋。

杜牧注解说："此言用兵之道，至于臻极，不过于无形。无形，则虽有间者深来窥我，不能知我之虚实。强弱不泄于外，虽有智能之士，亦不能谋我也。"

即使有打入我方很深的间谍，因我虚实不露，深间也不能窥视。因我强弱不泄，纵有智谋之士，也想不出对付我的办法。

因形而错胜于众，众不能知。

"形之"，是示形误导敌人；"无形"，是我用兵的境界；"因形"，因，是因地制宜的因，因形，就是因形制敌，根据敌人的军形，来随机应变，定策取胜。

"错"，李筌注解说"错，置也"。"错胜于众"，胜利摆在众人面前，众人还是不能了解怎么取得胜利。

上一节司马懿征辽东的战例，直到最后破斩公孙渊，司马懿的部下们也没看懂怎么回事，所以陈圭问他，请他讲课。

人皆知我之所以胜之形，而莫知吾所以制胜之形，故其战胜不复，而应形于无穷。

我怎么用兵，用怎样的军形取胜的，大家都看到了。但是我是如何根据对方的兵形来因形制胜的，大家就不知道。下一次敌形不是这样了，我因形制胜的方法又不是这回这个了。所以我使用的方法是不会重复的，而且因形而变化无穷。

所谓"学我者生，像我者死"。你看见人家是怎么取胜的，学得一模一样照做，最后却落得惨败。为什么，因为知其然不知其所以然，他是根据当时的条件情况，才那样做的。等你做的时候，所有条件情况都变了。而且你所看到的他的举措，不是孤立的，还有其他前提条件配合，你都没有，就照猫画虎，以为别人行，我也行，那就要吃亏了。

比如韩信背水一战，置之死地而后生。把一万人布阵在水边，他们没有退路，他们就会殊死作战，就能战胜二十万人。

真是这样吗？

再多打一会儿，一万人就被人消灭了。或者对方高喊缴枪不杀，就有人要投降了。韩信还有两千奇兵，突入赵军营寨，拔了他旗帜，插上汉军旗帜。赵军看老窝没了，惊乱奔逃，他才能乘势掩杀。

所以这两千奇兵，才是关键。都学会了"背水一战"这个成语，下回布阵，你敢背水布阵吗？韩信也只布了这一回，下次他又变了。

学我者生，像我者死。大家表面看见的、讨论的，都不是关键的。关键的两条，一是当时的前提、条件、情况，二是人家过去十几年几十年的功力积累。跟人学的人，往往第二条不具备，第一条不知道，光学个热闹，当然是白搭。

还有一点是兵法要反着学。要多往坏处想，别想得太美。首先不是学怎么算计别人，而是要学会不被别人算计。不要老想着我无形，我形之、误之，然后因他的形而胜之。这样越学越美滋滋，上了战场就玩完。要反过来，每读一句，都把自己设想成那"被形之"的人，不要被误导，不要轻举妄动，先保得住自己，再去琢磨别人，那才是兵法之道。

读书是为了观照自己，总是想当然把自己带入胜利一方的角色和情绪，是人天生的习惯。要注意反过来，把自己假设成失败一方的角色，多想想如何避免失败，才更能学到东西。

学兵法，先学不败，再学战胜。而且兵法的出发点，首先就是不败，而不是胜利。

胜败往往是不对等的，胜利不过是得些战利品，失败却可能输掉人生

原文

夫兵形象水，水之形，避高而趋下；兵之形，避实而击虚。水因地而制流，兵因敌而制胜。故兵无常势，水无常形，能因敌变化而制胜者，谓之神。故五行无常胜，四时无常位，日有短长，月有死生。

华杉详解

这是最后一段总结《虚实篇》。

夫兵形象水，水之形，避高而趋下，兵之形，避实而击虚。

作战的方式，就像水一样。水的流动规律，是从高处往低处流。作战的规律，是避实击虚。梅尧臣注解说："水趋下则顺，兵击虚则利。"

水因地而制流，兵因敌而制胜。

水根据地形来决定奔流的方向，兵根据敌情来决定制胜的方案。

故兵无常势，水无常形，能因敌变化而制胜者，谓之神。

梅尧臣注解说："应敌为势"，敌人在变化，我也因敌而变，所以兵无常势，就像水无常形，遇到方，水就方，遇到圆，水就圆。能根据敌人的变化来制胜的，那就叫用兵如神。

故五行无常胜，四时无常位，日有短长，月有死生。

五行相克，金木水火土，没有哪一个固定常胜。春夏秋冬，四季更迭，没有哪一个季节能持续一整年。昼有短长，月有圆缺。孙子最后打个比方，五行、四季、日月都盈缩无常，何况兵形之变，怎能安定呢？

《虚实篇》到此结束。《虚实篇》的要义，曹操注解说："能虚实彼己也。"调动来调动去，都是要我实敌虚，这就是用兵如神。

不过，我们学习用兵如神，最重要是要知道自己不是神，所以就不可能有调动来调动去，都是我实敌虚，而更可能是我虚敌实，所以能倍加谨慎，这就算没白读兵法了。

胜败是智力问题、实力问题，也是概率问题。但就结果而言，胜败往往是不对等的，**胜利不过是得些战利品，失败却可能输掉人生。我们今天看这个进去了，那个进去了，都是用兵如神一辈子，输掉一次误终身。**

《唐太宗李卫公问对》里，专有一篇讲虚实。李世民说："我读所有的兵书，没有超过孙子的。《孙子兵法》，又以《虚实篇》为首。用兵能识虚实之势，则无往而不胜。诸将人人都会说避实击虚，但是到了战阵，却没有能看得出敌方虚实的。结果不是调动别人，是反被别人调动。你怎么看这个问题？"

李靖回答说："识虚实，要先懂奇正。诸将大多不知道以正为奇，以奇为正，怎么能识别实是虚、虚是实呢？奇正，就是用来致敌之虚实的。**敌实，我必以正，敌虚，我必以奇。**如果不懂得奇正之用，就算看出敌军虚实，也不会打。"

李世民说："以奇为正者，敌以为我是奇，而我却以正击之。敌以为我是正，而我却以奇击之。这样敌势常虚，我势常实。"

李靖最后总结说："千章万句，不出乎'致人而不致于人'。"

最后总结到"致人而不致于人"，和"因敌制胜"，是一对辩证关系。致人而不致于人，是我调动你，不是你调动我。做到极端，是"我不管你怎样，我只管我怎样"。首先是不被敌人调动，没机会就熬、等，甚至不打也行，一定是先胜后战，赢了再打。

因敌制胜，是根据你的调动来决定我的调动。这样做，就特别容易被敌人调动，因为你看到的敌形变化，正是人家设计来套你的。你看到的虚，恰恰是人家的实。这个危险性非常大，非常人可为。

所以能做到"致人而不致于人"，守得住寂寞，熬得住耐性者，是常胜将军；能"因敌变化而取胜者"，是用兵如神。

李世民确实是神。我们学习他，最重要的要点，就是知道自己不是神。

孙子曰：凡先处战地而待敌者佚，后处战地而趋战者劳，故善战者，致人而不致于人。能使敌人自至者，利之也；能使敌人不得至者，害之也，故敌佚能劳之，饱能饥之，安能动之。出其所不趋，趋其所不意。行千里而不劳者，行于无人之地也。

攻而必取者，攻其所不守也；守而必固者，守其所不攻也。故善攻者，敌不知其所守；善守者，敌不知其所攻。微乎微乎，至于无形；神乎神乎，至于无声，故能为敌之司命。进而不可御者，冲其虚也；退而不可追者，速而不可及也。故我欲战，敌虽高垒深沟，不得不与我战者，攻其所必救也；我不欲战，画地而守之，敌不得与我战者，乖其所之也。

故形人而我无形，则我专而敌分。我专为一，敌分为十，是以十攻其一也，则我众而敌寡；能以众击寡者，则吾之所与战者，约矣。吾所与战之地不可知，不可知，则敌所备者多；敌所备者多，则吾所与战者，寡矣。

故备前则后寡，备后则前寡，备左则右寡，备右则左寡，无所不备，则无所不寡。寡者，备人者也；众者，使人备己者也。

故知战之地，知战之日，则可千里而会战。不知战地，不知战日，则左不能救右，右不能救左，前不能救后，后不能救前，而况远者数十里，近者数里乎？

以吾度之，越人之兵虽多，亦奚益于胜败哉？故曰：胜可为也。敌虽众，可使无斗。故策之而知得失之计，作之而知动静之理，形之而知死生之地，角之而知有余不足之处。故形兵之极，至于无形。无形，则深间不能窥，智者不能谋。因形而错胜于众，众不能知；人皆知我所以胜之形，而莫知吾所以制胜之形。故其战胜不复，而应形于无穷。

夫兵形象水，水之形，避高而趋下；兵之形，避实而击虚。水因地而制流，兵因敌而制胜。故兵无常势，水无常形，能因敌变化而取胜者，谓之神。

故五行无常胜，四时无常位，日有短长，月有死生。

第七章

军争第七

兵法的设想都是完美的，只是一上了战场，兵法全忘了

原文

军争篇

孙子曰：凡用兵之法：将受命于君，合军聚众，交和而舍，莫难于军争。

华杉详解

"军争"，曹操注解说："两军争胜。"虚实已定，然后可以与人争利，所以在"虚实篇"之后。

合军聚众。

曹操注解说："聚国人，结行伍，选部曲，起营为军阵。"张预注解说："合国人以为军，聚兵众以为陈。"就是全国动员，征兵，然后成军出兵。

交合而舍。

与敌人两军相对，扎下军营。

曹操注解说："军门为和门，左右门为旗门，以车为营叫辕门，以人为营叫人门，两军相对为交合。"我们都知道吕布辕门射戟的故事，从曹操的注解就知道，不是军营的门都叫辕门，是以车结的营才叫辕门。军营的大门叫和门。何氏注解说："和门相对，将合战争利，兵家难事也。"

莫难于军争。

曹操注解说："从始受命，至于交合，军争难也。"梅尧臣注："自受命至此，最为难。"张预注解："与人相对而争利，天下之至难也。"

就是说，难！难！难！

前面《计篇》，运筹于帷幄之中，再难也是在帷幄之中，没啥危险。

之后《作战篇》《谋攻篇》，资源充足，还能吃敌人的，打得赢就打，打不赢肯定能跑掉；《形篇》《势篇》，讲形势，讲排兵布阵定计策；《虚实篇》，讲探他虚实，调动敌人，避实击虚。

说起来都挺爽，先是不战而屈人之兵，不用动手，他自己就投降。

即使要战，也是立于不败之地，先胜后战，赢了再打。

排兵布阵，奇正之变，变幻无穷，敌莫能测。

虚实之间，调动得敌人比亲儿子还听话，调动到敌虚我实，我以实击虚，以石击卵，打他个落花流水。

但是，你懂的，别人也懂；你会的，别人也会；你在做的，别人也在做，可能比你做得还好。所以要"争"，争勇斗智，争先恐后。到了战场了，两军对垒了，要开始军争了，那才是天下最难最难的啊！

毛泽东说："一上了战场，兵法全忘了。"该怎么打？有哪些原则、注意事项？《军争篇》就讲这个。

走弯路是走路的一部分，花冤枉钱是花钱的一部分，都必不可少

该认输得认输，该认栽则认栽，该服气得服气，别不服，别想捞回来，特别是不能下老本去捞。

原文

军争之难者，以迂为直，以患为利。故迂其途，而诱之以利，后人发，先人至，此知迂直之计者也。

以迂为直。

两点之间，不是直线最短，表面上迂回的弯路，实际上是最便利的直路。为什么呢，因为有地形，有敌形，走直线你过不去。

这复杂的地形和千变万化的地形中，哪一条路是最近的路呢？就要以迂为直，弯路就是近路。看足球赛就好了，没有人能从己方后场一路直线攻进对方大门，每一次带球传球，都是以迂为直。就算球王贝利，一路直攻，自己把球带进对方大门去，他的每一脚盘带，还是以迂为直。

"以患为利"，把困难变为有利。

迂其途，而诱之以利，后人发，先人至。

故意远远地迂回，让对方感觉我们不会过去，再用假动作，用小利牵制对方，然后突然间道插进去，就能后发先至。

曹操注解说："迂其途者，示之远也。后人发，先人至者，明于度数，先知远近之计也。"远远地迂回，是让对方感觉我很远，放松警惕。能后发先至，是因为我早已度量好地形，知道哪儿远哪儿近，从哪儿穿插过去。

战例是赵奢破秦军。

赵奢，就是那个著名的纸上谈兵的赵括的父亲，不过他是真名将。

秦伐韩，驻军在阏与。赵惠文王要去救。问廉颇，廉颇说，道远险狭，难救。问乐乘，看法跟廉颇一样。再问赵奢，赵奢说，狭路相逢勇者胜，我去。

秦国知道赵国发兵，于是再出一支军驻扎武安城西，和阏与成掎角之势。

这仗，更难打了。

赵奢受命于军，合军聚众，出邯郸城只三十里，扎下大营，不走了。传下军令："有来妄言军事的，斩！"

这时秦军势大，武安城外秦军中击鼓勒兵，城内屋瓦皆震。

赵军中有一将看主帅按兵不动，忧心如焚，冒死进谏，请战救武安！赵奢知他是个好人，但是正等他这样的好人送人头来一用，成其以迂为直之计，立即喝令把他推出去斩了。

赵奢一驻，就驻了二十八天，还在加固营垒，根本没有出战的意思。秦军派间谍来，赵奢更是倾情表演，让他死心塌地相信赵军不会出战。

秦将闻报大喜，认为赵军只是应付一下韩国的求救，并不愿也不敢真来作战。

赵奢这边，前脚送走秦国间谍，后脚就"卷甲而趋"，卷起盔甲轻装急行军，两天一夜，没遇到任何抵抗埋伏，就安全到达阏与。

他也没直接到达阏与城，离城还有五十里就停下来扎营，选择有利地形。这时又有一位军士，叫许历，冒死进言，说："先据北山者胜。"赵奢一听，说得对！派一万人，占了北山制高点。许历说："我话说完了，请受死。"赵奢问："受什么死？"许历说："您的军法呀！妄言军事者斩。"赵奢说："回邯郸再说。"回邯郸后许历得了封赏，受封为国尉。

秦军听说赵奢已经到了阏与，大惊失色，赶忙撤了武安军来救，赵奢占据有利地形，大破秦军，阏与之围遂解。

这一仗打得有味道。

"卷甲而趋"，是很危险的，两天一夜的急行军，远离后方，辎重没有，士卒疲惫，如果这么冲到阏与城下，和秦军直接遭遇，赵奢恐怕也要被人擒了。妙就妙在他离城五十里就扎营，工事阵地都弄好了，再等秦军来。这就符合了《虚实篇》说的："先处战地而待敌者佚，后处战地而趋敌者劳"。本来赵军是劳，劳累得不得了，但他不到城下，距离五十里停下来，留五十里给秦军跑跑马拉松，消耗消耗，把自己变成了以逸待劳。

在《虚实篇》里我们还学过，李靖点评的，千章万句不出那一句——"致人而不致于人"。调动别人，别被别人调动。秦军本来都给他安排好了，是要调动赵奢。秦军在阏与、武安成掎角之势，就等着围点打援，在半途消灭赵奢。结果他以迂为直，神兵天降，没逮到他。而他摆好战场后，变成秦军被他调动，他请客，秦军来吃饭了。

还有一句《虚实篇》里学的："故知战之地，知战之日，则可千里而会战。"赵奢把时间、地点都选好了。

但是，有一个问题——

秦军不来怎么办？

知道赵奢以迂为直得计，到了阏与，秦将其实还可以多想一想。你到了就到了呗。算算日子，一支孤军，没有粮草辎重，能怎么样？观察观察再说。但秦将慌了神，因为事情出乎预料，他就不知道赵奢其他还有什么动作，于是慌忙扑过来，打，就大败而回了。

别人不中计，这是个问题。之前学过王阳明平宁王之乱的战例。王阳明手里就一张牌，打南昌，等宁王回来救。这也是以迂为直。如果宁王不回来呢？宁王的谋士都向他进谏：南昌丢了就丢了，打下南京就做皇帝，那时候南昌还不传檄而定吗？但是宁王慌了神，回来了，回来送死。

都是慌不择路。

不能慌，要能认输，能认栽。前面我栽了，认了。在新形势下想想怎么办。别老想把前面的捞回来，并且下老本去捞，那就是要输得精光了。

最后说点题外话，以迂为直，还是想要直。但人生之路，成长之路，本来就是弯弯曲曲，进进退退，没有一帆风顺直的。所以要有一个基本认识。**弯路也是路，冤枉钱也是钱。不走弯路，就没有路。不花冤枉钱，就花不了对的钱。**

行军是战斗的一部分，宿营是战斗的一部分

再往前推，会发现训练也是战斗的一部分，甚至也是比战斗本身更重要的部分。最不重要的就是战斗本身，一切都在之前决定了。但我们平时听到的，都是战斗故事，部分行军故事，很少宿营故事，几乎没有训练故事，因为训练没故事。所以功夫都在没故事的地方。这就是《孙子兵法》说的，善战者，无智名，无勇功。真英雄，没故事。

原文

故军争为利，军争为危。举军而争利，则不及；委军而争利，则辎重捐。是故卷甲而趋，日夜不处，倍道兼行，百里而争利，则擒三将军，劲者先，疲者后，其法十一而至；五十里而争利，则蹶上将军，其法半至；三十里而争利，则三分之二至。是故军无辎重则亡，无粮食则亡，无委积则亡。

华杉详解

军争为利，军争为危。

曹操注解说："善者则以利，不善者则以危。"

张预注解说："智者争之则为利，庸人争之则为危。明者知迂直，愚者昧之故也。"

就是我们俗话说的，难者不会，会者不难。会争的，能争到利；不会争的，就反而把自己投入危急之地。比如上回说的赵奢两日一夜急行军去争利，因为他懂得迂直之计，能致人而不致于人，知战之日，知战之地。百里而会战，对于他来说，就是"军争为利"。如果他没有前面那么多铺垫表演，迷惑秦军，那他急行军过去，正中人围点打援之计，就是军争为危了。

所以很多同样的事，我们看别人得手那么漂亮，自己同样干一遍，就全折进去。那是因为人不一样，背后的准备不一样。

举军而争利，则不及；委军而争利，则辎重捐。

"举军"，"举"，就是全部，全军带着装备，兵马、盔甲、器械、粮草、辎重一起行动。"则不及"，那行动速度慢，赶不及。所以关键的时候，必须不带辎重，轻骑急行，这就叫"委军而争利"，"委"，就是抛弃，抛弃辎重轻装前进。"则辎重捐"，就捐给别人了，捐给谁不知道，总之就是丢了。

> 是故卷甲而趋，日夜不处，倍道兼行，百里而争利，则擒三将军，劲者先，疲者后，其法十一而至。

"卷甲而趋"，把盔甲卷起来，轻装前进。"日夜不处"，昼夜兼行不休息，急行军一百里去争利，那左中右三军将领都要被人俘虏。为什么呢？急行军一百里不休息的话，身体强壮的赶到了，体力差的掉队在后面。赶到的时候，大概十分之一的士兵能先到，那大部队变成小部队，到那儿就被敌人吃掉了。敌人还可以以逸待劳，等在那里，我们的疲兵疲将陆陆续续喂上去，他一口一口地吃。

前面学过的淝水之战，说是谢玄八万人，胜了苻坚八十万大军。事实上苻坚大军虽然总数是八十万，但八十万还没都到达，没集结完成，还有好多在路上。已经抵达战场的有多少，史书上没具体记载。但谢玄正是得了朱序情报，知道他大军还没到齐，才迅速出击的。

古代行军，三十里为一舍，就是一天的正常行军速度，是走三十里。倍道兼行，翻一倍，行军六十里。"日夜不处"，晚上通宵接着走，加四十里。百里而趋利，是一天一夜急行军一百里。前面说的战例，赵奢急行军两天一夜，可能达到一百六十里。那按兵法说，他就给人擒了。

怎么办呢？他离敌人五十里就停下来扎营布阵，一是等自己后面掉队的人，到了吃饭休息，二是留五十里给敌人走，等你来。

> 五十里而争利，则蹶上将军，其法半至。

这一条，赵奢就留给秦军了。秦军急行军五十里过来，其法半至，只有一半的人能先到，则蹶上将军，先头部队就要受挫折了。

> 三十里而争利，则三分之二至。

正常速度行军，三十里呢，也只能三分之二先到，还是有三分之一落在后面。

174

是故军无辎重则亡，无粮食则亡，无委积则亡。

"辎重"，装备、粮食、被服、物资，都叫辎重；"委积"，也是物资财货。所以这军队，实际上非常非常脆弱，没有辎重要死，没有粮食要死，没有物资要死。朝鲜战争，没有冬衣，没有被服，会整连整营地冻死在阵地上。

这一段有三个道理。

一是难者不会，会者不难。**对于智者是利益，对于愚者就是死路。**如果知其然不知其所以然，就不要以为别人行，我也能行。

二是行军是战斗的一部分，甚至是比交战更重要的一部分。兵法还讲宿营是战斗的一部分，在哪儿宿营，什么时候宿营，这甚至也比交战更能决定胜败。到交战的时候，胜败已经定了，由行军和宿营的决策定了。赵奢胜秦军，是行军和宿营决定的。

拿破仑有一句名言："行军就是战争，战争的才能，就是运动的才能。"他专门研究行军的速度，传统行军是一分钟走70步，他提高到一分钟120步。所以他打仗，不是靠士兵的枪，是靠他们的腿。还有一个特别能行军的将军，就是粟裕。他是最知道迂直之计的，脑子里装着整个战区的地图，穿过来插过去，总能神兵天降。

我们把行军是战斗的一部分，宿营是战斗的一部分，再往前推，会发现训练也是战斗的一部分，甚至也是比战斗本身更重要的部分。所谓平时多流汗，战时少流血。

这样推下去，我们会发现，最不重要的就是战斗本身，一切都在之前决定了。但我们平时读到、听到、看到的，都是战斗故事，部分行军故事，很少宿营故事，几乎没有训练故事，因为训练没故事。

所以功夫都在没故事的地方。这就是《孙子兵法》说的，"善战者，无智名，无勇功"。

真英雄，没故事。

第三个道理，就是军队的脆弱，非常非常地脆弱，一个不注意就得死。天下之至强，也是天下之至弱。**在我们觉得自己很强大的时候，更加要小心，看看自己，是不是其实很脆弱。**

"要知道地形"这句话背后是无数细节，无数人的努力、智慧，和无数人的生命

原文

故不知诸侯之谋者，不能豫交。不知山林、险阻、沮泽之形者，不能行军；不用乡导者，不能得地利。

华杉详解

不知诸侯之谋者，不能豫交。

豫，同"与"。曹操注："不知敌情谋者，不能结交也。"如果不知道各诸侯国的政治意图，就不能决定自己的外交方针，不能预结外援。

《孙子兵法》说，"上兵伐谋，其次伐交"。要搞好外交，就要知道各个利益相关方的利益和意图。这是一个博弈论思想，所以《孙子兵法》不仅是一本军事著作，也被博弈论学者推崇为最早的博弈论著作。

具有竞争或对抗性质的行为称为博弈行为。在这类行为中，参加斗争或竞争的各方各自具有不同的目标或利益。为了达到各自的目标和利益，各方必须考虑对手的各种可能的行动方案，并力图选取对自己最为有利或最为合理的方案。

在博弈策略中，很重要的一条，就是不要只看到双方的博弈和利益诉求，而是扩大游戏的参与方，甚至改造这游戏，把更多其他看似不相关的人和利益拉进博弈游戏中来，加大我方的博弈筹码。战争也不只是敌我双方的博弈游戏，可以通过扩大游戏的参与方，把其他国家、其他事，拉进来，从而获得奥援，增加自己的赢面。所以俄罗斯和乌克兰的克里米亚问题，就被和中日钓鱼岛问题联系起来，一个地域博弈游戏，就变成了全球博弈游戏。

> 不知山林、险阻、沮泽之形者，不能行军。

曹操注解说，高而崇者为山，众树所聚者为林，坑堑者为险，一高一下者为阻；水草渐洳者为沮，就是湿地；众水所归不流者为泽，就是湖泊。所以要所有的地形都非常清楚，才能行军。

> 不用乡导者，不能得地利。

"乡导"，就是向导。不重视用向导的，就不能得到地利。

对地形地利的研究，是非常细致的工作。都知道诺曼底登陆，登陆之前，盟军对诺曼底地形的侦察，那是细致到了极点。晚上派间谍潜水摸上沙滩去取沙子和泥土样本，调查沙滩沙有多厚，下面泥土多少，软硬如何，坦克能不能开上去。最后的结论是沙滩太松软，坦克会陷进去。怎么办呢？方案是先开上去一辆铺"地毯"的坦克，前面架一卷地毯，帆布和木板做成的，一路铺过去，后面的坦克跟着开上沙滩。

对付那些反坦克钢架呢？先开上去一辆坦克，近距离对着钢架各焊接点轰，轰垮后，人钻出坦克，下去给钢架系上钢缆，把这堆废铜烂铁拖走。

再往后是地雷阵，之前专门设计了排雷坦克，像个大怪物，前面顶一个大转轮，转轮上挂满流星锤，开起来，转起来，无数流星锤在地面上打，把地雷全引爆了，后面的部队就冲过去。

如果没有之前这些周密的侦察，和针对性的装备设计开发，去多少人都得死在海滩上。

所以说要知道地形，那就一句话，而这句话背后，是无数的细节，无数人的努力、智慧，和无数人的生命。

"兵以诈立"，是踢足球的假动作，不是兵法根本，更不是价值观

原文

故兵以诈立，以利动，以分合为变者也。

华杉详解

兵以诈立，这句话有点误导。有人把这当成《孙子兵法》的核心思想，以诈立嘛，立论就是诈。但是，从整个《孙子兵法》来看，"五事七计"，先胜后战，那都不是诈来的。

所以读书要联系上下文，听人说话要看他说话的语境。语言学家研究说，文本本身只能传达言语者意思的一小部分，结合说话时的语境才是完整意思。所以我们不能把别人的一句话，从那语境中抽离出来，孤立地解释，甚至放到别的语境中去放大，那就大大偏离了作者本意。

孙子讲"兵以诈立"，是在《军争篇》里讲的。前面计于庙堂、作战谋攻、形势虚实，都讲完了，开始两军争胜了，再开始讲诈。

诈是什么？还是用足球赛来解释最简单，就是假动作。可以说每一脚前面都是假动作。诈，就是隐藏自己的意图，欺骗敌人，调动敌人，"多方以误之"，想方设法引他失误。

以足球为例，诈是假动作，但你不能专练假动作。兵以诈立，但你若把这当成了价值观，认为诡诈之人才能成事，那就自欺欺人，把自己诈进去了。孙子讲诡诈，但他可不是诡诈之人。

以利动。

这句话又有歧义。利怎么解？是利益？见利而动，人家诱你，就是以利诱

178

之，去不就中计了吗。所以利是有利，根据胜利的原则，有利才行动。

这句话好像没什么呀！有利才行动，当然呐！这还用说吗？

当然要说，因为不能做到有利才行动，是我们最大的弱点。我们行动的原因，往往是因为焦虑、压力、贪欲或愤怒，而不是真正有利。

"有利原则"是我们行事最重要的一个原则。不要管之前怎么样，唯一需要把握的就是下一步怎么做对我有利。

"以利动"，不是见利而动，是有利才动。

就这一句话，绝大多数人一辈子都做不到，要不怎么叫《孙子兵法》呢！

以分合为变。

曹操注："一分一合，以敌为变也。"

分合为变，就是奇正为变。兵法又叫分战法，大战术就是分合奇正。李靖说："兵散则以合为奇，兵合则以散为奇。三令五申，三散三合，复归于正焉。"

兵以诈立，是踢足球的假动作，不是兵法根本，更不是价值观。兵以利动，不是见利而动，是有利才动。

风林火山，武田信玄的"孙子兵法"

原文

故其疾如风，其徐如林，侵掠如火，不动如山。

华杉详解

这四句，算是《孙子兵法》在日本影响最大的四句，因为日本战国大名武田信玄，将"疾如风，徐如林，侵掠如火，不动如山"十四个大字，用金泥书写在青色绢布上，作为武田军军旗，称为"孙子旗"。

先看这几句怎么解。

　　疾如风。

李筌注解说："进退也。其来无迹，其退至疾也。"

曹操注解说："击空虚也。"

张预注解说："其来疾暴，所向皆靡。"

所以"疾如风"，一是进攻，二是撤退，进攻则迅疾如风，撤退则去无影踪。曹操补充说是击空虚也，要能判断虚实，出其不意，攻其无备，避实击虚，才能所向披靡，迅疾如风。

　　徐如林。

指军阵，像树林一样整齐，徐徐而行，无懈可击。

李筌注解说："整陈而行。"你可以想象整个军队方阵，像树林一样整体移动，静静地、缓缓地前进，那种强大的压迫感。

杜牧注解说："徐，缓也。言缓行之时，须有行列如林木也，恐为敌人之掩袭也。"

曹操注解说："不见利也。"与前面说的兵以利动相呼应，就是说还没有看到虚实，没有见到攻击的有利条件，则徐徐而行。

杜佑注解说："不见利不前，如风吹林，小动而大不移。"

　　侵掠如火。

进攻的时候就像熊熊烈火。李筌注解说："如火燎原，无遗草。"加了一个"无遗草"，敌人无处可逃，不可抵御，一个也跑不掉。林彪的猛打猛冲猛追，三猛战术，就是相当于"侵掠如火"。

曹操注解还是一个字："疾也。"还是快的意思。

　　不动如山。

曹操注解说："守也。"不动如山是讲防守。军队不动的时候，就像山一样不可撼动。

《荀子·议兵篇》说："圆居而方正，则如磐石然，触之者角摧。"坚若磐石，谁来侵犯，哪只角来顶，就叫他哪只角粉碎！

"风林火山"，是讲迅疾和持重。《尉缭子》说："重者如山如林，轻者如炮如燔。"进退则如风如火，不动则如山如林。

武田信玄的"风林火山"怎么解呢。

"疾如风"，一是说武田家的骑兵。武田骑兵，日本第一，合战往往是骑兵先冲锋。另一个呢，是战略和基础设施建设，主要是两项，一是烽火台的信息系统，从甲斐为中心，向四周辐射一套密实的烽火台系统，边境一旦有事，就用不同颜色的狼烟通报，所以武田信玄总能最快速地作出反应，调动军队。二是被称为"棒道"的交通系统，像木棒一样直，就是著名的武田棒道。甲斐国所在是山区，武田信玄为军队行动方便，专门修建九条笔直的棒道，通向主要交战区。有了信息和交通的基础设施保障，他的军队就能疾如风。

"徐如林"，一是指武田的枪兵，每人一支四到六米的长枪，举起来像一片森林一样，徐徐前进，是对付敌军骑兵的利器。二是指军队整体行动的时候，如森林一样肃穆严整。

"侵掠如火"，一是冲锋陷阵，如烈火燎原，锐不可当；二是武田的军队编制组织和指挥系统，指挥起来能够像运用自己的手臂一样自如，指哪打哪。

"不动如山"，首先是说武田信玄自己，无论战况如何激烈，他在高处坐镇指挥，帅旗高高飘扬，他坐在板凳上纹丝不动。即便敌人攻到他脚底下，他也不会起身，自有身边卫士去厮杀。主帅不动，帅旗不动，则军心不动，奋勇杀敌。

其次是说武田的军阵和纪律，排兵布阵，各司其职，稍有违反，就军法从事，所以无论敌人怎么攻击，武田军人都不会动摇，不会受敌军影响，不会离开自己的阵地。从武田信玄，到整个武田军，都是不动如山。

三是在战略上，绝不轻举妄动，也不会回应对方的试探而行动，而是有自己的节奏，其徐如林，不动如山，一旦抓住机会，则迅猛出击，其疾如风，侵掠如火。

风林火山，可以说是武田信玄大大发挥了《孙子兵法》。

武田信玄极为崇拜孙子。在日本NHK拍摄的电视连续剧《武田信玄》里，有这样一个情节，甲斐国来了一个中国和尚。武田信玄把他请到家里来，对他说：

"その 疾（はや）きこと 风（かぜ）のことく、

その 徐（しず）かなること 林（はやし）のことく、

侵掠（しんぎゃく）すること 火（ひ）のことく、

动（うご）かざることの山やまの"

"用汉语怎么念，您能诵读给我听听吗？"

那和尚温良恭谨，轻声诵读：

"其疾如风，

其徐如林，

侵掠如火，

不动如山。"

武田信玄闭上眼睛，享受这天籁之音。

军队的抢劫之道：组织的"非正式福利"

组织总得有些福利。但正式的福利，都是该得的，一旦成为理所应当的，激励效果就差了，甚至养出些惰性来。总是要有一些非正式福利，时不时得一点小刺激，小惊喜，更有积极性。

原文

难知如阴，动如雷震，掠乡分众，廓地分利，悬权而动。先知迂直之计者胜，此军争之法也。

华杉详解

"难知如阴"，就像阴云蔽天，看不见日月星辰，其势不可测。

"动如雷霆"，姜太公说："疾雷不及掩耳，迅电不及瞬目。"

杜牧注："如空中击下，不知所避也。"

难知如阴，动若雷霆。满天乌云，看不见日月星辰，也不知道哪块云后面藏得有雷电。那云层背后猎手的眼睛，却居高临下，一目了然，突然一个闪电劈下来，哪里躲？又哪里有时间作出反应？

掠乡分众。

这句话的意思，简单说，就是有钱大家赚，有财大家抢。

"掠乡"，就是打土豪，也打敌国百姓。到了敌国，下乡去抢。抢什么？粮食物资，鸡鸭猪羊牛马都抢，还要抢子女金帛。粮食物资是军队要的，孙子不是说了吗，这叫因粮于敌，"故智将务食于敌，食敌一钟，当吾二十钟，其秆一石，当吾二十石。"子女金帛，是将士们抢来自己分的，钱财分给大家，奴隶和女人也分给大家。

"分众"，就是要分别去。分别去的意思，是要人人都有机会去。下乡抢东西，没什么危险，又有油水，这样的美差，不能交给一支部队干，要人人有机会参与，大家发财。

抢劫是古代战争的潜规则，也是重要的激励，这是军队的丑恶面。

凡是军纪好，秋毫无犯的，那都是政治上有大志的，把老百姓已经预设为自己的子民，要保护，预备未来统治他们。如果是两国交战，纯粹争利，对敌国百姓，就没必要客气，那就是将士们的胜利果实了。就像打土豪斗地主，已经定位你是阶级敌人，就没有什么秋毫无犯，而是要扫地出门了。分"胜利果实"，全村都参与，家家都分点，你就算只拿了一口铁锅，也算参加革命了。

中国和北方匈奴打了两千多年的仗，北方民族下来作战，抢掠是唯一目的。既然大家跟你出来抢，抢的机会，和战利品的分配，一定要公平合理。否则，抢掠团伙，分赃不均，会反目成仇的，军心就垮了。而历代战乱时期的名将，都是在分赃上特别公平的。

怎么做到公平呢，这很难，因为每个人都有"不公平错觉"，都觉得自己吃亏了，所以"公平"，根本就不存在。有将领就想出一个办法，我自己一分不取。我只拿皇上赏赐的，战场上抢来的全部你们分！那就谁也没话说了。

战争有两种性质：一种是"侵"，侵掠，或者说侵略；一种是"伐"，比如北伐，或诸葛亮九伐中原，性质也是伐。

"侵掠"，就是争利、抢东西、抢地盘，没有准备要推翻你的政权，取而代之，就是抢掠利益，或打得你跟我和亲，向我进贡。

伐就不一样了，伐是政治目的。伐，就是伐木的伐，伐哪里的木？伐你宗庙社稷的木。把你宗庙社稷祖陵的树都砍了，夷为平地，把你的政权推翻了，我来坐天下。所以，伐，是要伐你的政权，伐你的文化，伐你的符号，建立我的政权，我的符号。"文化大革命"，要去毁孔庙。就是政权已经取得了，还要接着伐。

历代战乱的时候，盗贼蜂起，群雄逐鹿。只要你看哪支队伍开始不抢东西，秋毫无犯了，就是有大志要得天下了，比如李自成，就开始有"迎闯王，不纳粮"的口号。但是他打下北京城之后，又旧病复发，忘了自己是来伐的，不是来侵的，大分子女金帛，吴三桂就引清兵入关了。

接着说掠乡分众。曹操注得很含糊："因敌而制胜也。"这真是什么也没说。大概他自己是带兵的，又是丞相，不想给大家说这些。

杜佑就注得很具体："敌之乡邑聚落无有守兵，六畜财谷易于剽掠，则需分番次第，使众人皆得往也，不可独有所往，则大小强弱皆欲与敌争利也。"要让大家都有机会去，不能一支部队吃独食，则大小强弱都有积极性。

曾国藩说将道，讲为将要廉。士兵不懂得谁战术高明，但是人人懂得盯钱盯得紧。将领若贪钱，或吃空饷，占大家的便宜，他就不给你卖命。你若自己廉洁，又时常能让大家得些好处，则个个奋勇跟你杀敌。

这里涉及组织的"非正式福利"。组织总得有些福利。但正式的福利，都是该得的，一旦成为理所应当的，激励效果就差了，甚至养出些惰性来。总是要有一些非正式福利，时不时得一点小刺激，又有积极性，又有乐趣。

廓地分利。

"廓地分利"，和掠乡分众意思差不多，都是分胜利果实。掠乡分众，是分给小兵的。廓地分利，是分给大将的。

廓，同"扩"，就是扩张领土，分割给有功者，裂土封侯的意思。曹操注解说："分敌利也。"

悬权而动。

曹操注："量敌而后动也。"

《尉缭子》说："权敌审将而后举。"

"悬权"，就是挂个秤砣，张预注解说，权量敌之轻重，审查将之贤愚，然后决定行动。

先知迂直之计者胜，此军争之法也。

权衡了敌军的轻重虚实，再策划地形迂直之计，就是军争争先的原则了。

军队之成为军队，在于指挥系统

没有指挥系统，多少人也不过是盲流，不是军队。所以听说过将在外君命有所不受，没听说过将在战场，军令有所不受，那是一定要斩首的。

原文

《军政》曰："言不相闻，故为金鼓；视不相见，故为旌旗。"夫金鼓旌旗者，所以一人之耳目也。人既专一，则勇者不得独进，怯者不得独退，此用众之法也。故夜战多火鼓，昼战多旌旗，所以变人之耳目也。

华杉详解

《军政》，是一本古兵书，已经失传。

《军政》说："言不相闻，故为金鼓；视不相见，故为旌旗。"

因为相互听不见说话，所以设置锣鼓来指挥。金和鼓，金是青铜的，锣，敲起来"当当当"的，声音尖脆震人。鼓，是牛皮的，擂起来"咚咚咚"的，让人血脉贲张。擂鼓进攻，鸣金收兵，这是最简单的。还有各种号、角等等，传递不同信息。

因为相互看不见，所以设旌旗来指挥。旗帜有各种不同的颜色和图案，用于传递指挥信息。还有旗语，不同动作代表不同敌情和指挥信息，属于视觉通讯工具和符号指令。

夫金鼓旌旗者，所以一人之耳目也。人既专一，则勇者不得独进，怯者不得独退，此用众之法也。

有了金鼓旌旗，就能统一军人的耳目，一致行动。勇敢的人，没有前进指令，不能独自前进；胆怯的人，没有撤退指令，不能独自撤退。这就是指挥大部队作战的方法。

军法很严："当进不进，当退不退者，斩之。"独自撤退要斩，独自进攻也要斩。吴起带兵，有一个故事，和秦国作战，两军对阵，还未合战，有一个军士，不胜其勇，自己先冲上去，斩了两颗首级回来。吴起就把他斩首。有军吏进谏说："这是人才啊！让他戴罪立功吧。"吴起说："军令没有分谁是人才。"

将在外，君命有所不受。但是，将在战场，军令绝对不可不受。这就是战场指挥的严肃性。所以你若带队追击，眼看要得手了，后面鸣金收兵，你就是放敌人逃走，也必须得收。因为指挥的责任不在你，战场全局你不晓得。

故夜战多火鼓，昼战多旌旗，所以变人之耳目也。

所以夜战多用火光和鼓声来指挥，白天则多用旌旗，适应人的视听而变动。

曹刿（guì）论战的故事我们都知道，齐鲁长勺之战，齐军败退，鲁庄公要追。曹刿说等等，爬到车上仔细观察一阵，说可以追了，一口气追杀了三十里。后来鲁庄公问他什么道理。他说敌军败退，但若追击，又怕他有埋伏。但我看他车辙乱了，旌旗也倒了，就可以追了。

旌旗倒了说明什么呢？说明指挥系统已经没了，都在各自逃命，这时候敌军可以说已经不是军队了，就是一股盲流，那就可追了。

当然他旌旗乱了，你也可能上当。你以为他指挥系统没了，其实他安排了金鼓暗号来指挥，故意乱旌旗来骗你的。

杜牧的注解里，还介绍了军营里夜晚火鼓的运用。"止则为营，行则为陈。"晚上扎营的道理，和白天布阵差不多。大阵之中，必包小阵。大营之中，也有小营。前后左右之军，各有营环绕。大将之营，居于正中，诸营环之，曲折相对，就像天上的星象。营与营之间的距离，在五十步到一百步之间，道路相通，中间的空地，足以出营列队。壁垒相望，足以弓弩相救。每于十字路口，则设一小堡，上面架上柴火，下面挖有暗道，令人看守。若敌人晚上来劫营，则放他进来，然后击鼓。诸营齐应，火堆全部点燃，亮如白昼。所有士兵不可跑动，全部壁立列阵，则乱哄哄到处窜的全是敌人，弓箭手登高四面射箭，多少人进来全给他灭了。

诸葛亮的军营规划，就有这番天罗地网。所以他撤退后，司马懿去观摩他的营垒，叹曰："此天下之奇才也！"

气势决胜。要有守气的意识，要有养气的办法

原文

故三军可夺气，将军可以夺心。

华杉详解

"三军可以夺气"，是打击敌军的士气，让他气势低落颓丧，让他没意

思，提不起劲。士气没了，力气就没了，战斗力就没了。

美国心理学家迈尔提出了一个"疲劳动机理论"，可以解释士气和战斗力的关系问题。该理论认为，人体的总能量是一个常量，每个人每天都根据自己的需要和动机水平对能量进行分配。动机强烈，分配的能量就高，动机强度低，分配的能量就低。

夺敌军之气，最著名的战例，还是昨天提到曹刿论战里的齐鲁长勺之战。齐军一鼓，鲁庄公要战。曹刿说："未可。"严摆阵势，擅自出战者斩！齐军冲不破鲁军军阵，退回去，重整旗鼓，再来。鲁军还是不战。等齐军击了三通鼓了，鲁军才击鼓冲锋，冲上去决战，大胜齐军。鲁庄公问他原因。他说："夫战，勇气也。一鼓作气，再而衰，三而竭，彼竭我盈，故克之。"

齐军一鼓作气，兴奋起来，鲁军却不搭理。搞了三次，他就兴奋不起来了，没气了。而鲁军将士则憋得气足足的。这叫彼竭我盈。

同样的战例，三国末期司马师也有过。

魏将文钦反，司马师去讨伐他。文钦的儿子文鸯，才十八岁，勇冠三军。跟他爸爸说："敌军远来，乘他立足未定，一鼓击之，可破。"他爹不吱声。文鸯就让他的部队鼓噪起来："冲啊！杀啊！"鼓噪了三次，文钦还是不下令。文鸯只得退下，跟他爹一起向东退军。

司马师这边看见，说："文钦要跑！快追！"诸将说："文鸯勇猛，未战而退，恐有埋伏。"司马师说："一鼓作气，再而衰，三而竭，文鸯部擂了三次鼓，文钦都不应，其势已屈，不走何待。"魏军追杀，文钦大败。

曾国藩也讲夺气。他说，守城之法，莫过于"妙静"。就是敌军来，在城下鼓噪。我们不搭理他，安安静静，城墙垛子上人影也不见一个，躲在后面监视。他也不敢往城墙上爬。鼓噪几次，没有响应。他自己没意思了，就走了。

《司马法》说："战以力久，以气胜。"

《尉缭子》说："气实则斗，气夺则走。"

这就是气势决胜。

什么叫气势呢？《淮南子》说："将充勇而轻敌，卒果敢而乐战，三军之众，百万之师，志励青云，气如飘风，声如雷霆，诚积逾而威加敌人，此谓气势。"

气势的关键在哪儿呢，在于"气机"。气机的关键，在于将领。吴起说：

"三军之重，百万之师，张设轻重，在于一人，是谓气机。"孙子讲将道，智信仁勇严，智排在第一。德国军事家，《战争论》的作者克劳塞维茨讲将道，专门提出来勇气是第一。哪个因素排第一姑且不论，狭路相逢勇者胜。勇者，气也。

李靖也有论述："守者，不止完其壁，坚其阵而已，必也守吾气而有待焉。"所以要有"守气"的意识，要有养气的办法，让自己的士气锐盛而不衰，再想办法夺敌人之气。

气势是篇大文章。**无论我们做什么事，气势都是成事的关键。**

领导内心强大，团队气势如虹

原文

将军可以夺心。

华杉详解

杜牧注解说："心者，将军心中所依赖以为军者也。"兵熊熊一个，将熊熊一窝。夺心，就是扰乱对方将领的决心。他的决心没了，他的队伍就散了。

战例是前面学"上兵伐谋"时学过的。后汉寇恂征讨隗嚣。隗嚣大将高峻守城。高峻派军将皇甫文为使者来见寇恂，皇甫文辞礼不屈。寇恂二话不说就把他斩了，把副使放回去，叫高峻投降。高峻第二天就开城投降了。

诸将问怎么回事。寇恂说："皇甫文是高峻的腹心，为他设谋定策的，辞气不屈，必无降心。放他回去，则皇甫文得其计。杀了他，则高峻丧其胆，他就降了。"

所以上兵伐谋，斩一皇甫文，就伐了高峻的谋。将领可以夺心，杀了他的主心骨，就夺了高峻的心。

第二个战例，五胡乱华十六国时期，北魏拓跋珪（guī）和后燕慕容宝作战，隔河对峙。慕容宝出兵时，他父皇慕容垂正生病。拓跋珪知道消息，派兵断了燕军后路，让他与国内消息断绝。然后俘虏了燕国使者，强迫他隔河对慕容宝喊："你父亲已经死了，快回去吧！"慕容宝兄弟听了，忧惧失心，因夜遁去。拓跋珪追击，大破燕军于参合陂。

司马法说："本心固，新气胜。"

李靖说："攻者，不止攻其城，击其陈而已，必有攻其心之术焉。"

要夺别人的心，首先自己要内心强大。领导者能养自己的心，才能养团队的气。这样领导内心强大，团队气势如虹。

战以力久，以气胜

力不能久，所以气没法总是满的。要随时有治气的意识，治自己的气，治团队的气。至于能不能治别人的气，我们也不打仗，最好还是集中管好自己，别自己没管好，老想琢磨别人。

原文

是故朝气锐，昼气惰，暮气归。故善用兵者，避其锐气，击其惰归，此治气者也。

华杉详解

朝气锐，昼气惰，暮气归。

简单地说，就是一日之计在于晨，早上起来精神头足，中午犯困，晚上想回家。

《司马法》说："新气胜旧气。"

陈皞（hào）注解说："初来之气，气方锐盛，勿与之争也。"对方初来气盛，避他一避，熬他一熬，别和他争。

孟氏注解说："朝气，初气也；昼气，再作之气也；暮气，衰竭之气也。"就是"一鼓作气，再而衰，三而竭"的意思。

梅尧臣注解说："朝，言其始也；昼，言其中也；暮，言其终。谓兵始而锐，久则惰而思归，故可击。"为什么敌军一撤退，就要追击，因为对方人人思归，没有斗志，正好灭他。

所以朝、昼、暮，也不是直接地对应早上、中午、晚上，而是三个阶段。

故善用兵者，避其锐气，击其惰归，此治气者也。

所以善于用兵的人，要避开敌人初来时的锐气，等他松懈思归时再攻击他，这就是治气的方法。

李世民讨伐王世充，窦建德怕唇亡齿寒，破了三足鼎立的均势，带大军来救。窦建德大军在汜（sì）水东岸列阵，横亘数里，兵势强盛。李世民在山上看了，对诸将说："贼度险而嚣，是军无政令。逼城而陈，有轻我心。我们按兵不出，等他列阵久了，士卒疲倦了，肚子饿了，必将自退。他一退，我们就出击，可一战而胜。"

窦建德列阵，从早上六点到中午十二点，兵士又累又饿，开始坐地上，又抢着喝水。李世民看了，说："可击也！"一战生擒窦建德。

窦建德被捆到李世民跟前。李世民问："我打王世充，关你什么事，你天远地远地跑来作甚？"窦建德回答："我自己给您送上门来，不劳您远取。"这话说出口，啥气也没了。

"战以力久，以气胜"。力不能久，所以气没法总是满的。要治气，持续地保持朝气、锐气，是个人、团队的关键。

我们观察自己，和团队里的人。初出茅庐时，没有放松自己的资格，个个努力拼命，这是朝气、锐气。

干了十几、二十年，财务压力没了，或小了，有了家庭，便要享受生活。这时候如果认识、能力、水平没有真正上台阶，不能找到自己新的价值，和新的价值释放方式，不能"转型升级"，就会有惰气。

惰气再发展，就成了暮气，这人就废了。

我们检讨自己，随时要保持自己的锐气，保持自己的本色，尽自己的本分。精力不如年轻的时候，就要把锐气集中，既不能离开一线，要保持接地气，又要转型升级，从成就自己，到成就他人。

要随时有治气的意识，治自己的气，治团队的气。至于能不能治别人的气，我们也不打仗，最好还是集中管好自己，别自己没管好，老想琢磨别人。

治自己的心，是一切的根本

原文

以治待乱，以静待哗，此治心者也。以近待远，以逸待劳，以饱待饥，此治力者也。无邀正正之旗，勿击堂堂之阵，此治变者也。

华杉详解

以治待乱，以静待哗，此治心者也。

用自己的严整等待敌人的混乱，用自己的镇静等待敌人的急躁喧哗，这是治心。

杜牧注解说："司马法曰，'本心固'。料敌制胜，本心已定，但当调治之，使安静坚固，不为事挠，不为利惑，候敌之乱，伺敌之哗，则出兵攻之也。"

什么叫"乱"，什么叫"哗"？陈皞注解说："政令不一，赏罚不明，谓之乱。旌旗错杂，行伍轻嚣，谓之哗。审敌如是，则出兵攻之矣。"

何氏注解说："夫将以一身之寡，一心之微，连百万之众，对虎狼之敌，利害之相杂，胜负之纷揉，权智万变，而措置于胸臆之中，非其中廓然，方寸不乱，岂能应变而不穷，处事而不迷，卒然遇大难而不惊，案然接万物而不惑？吾之治足以待乱，吾之静足以待哗，前有百万之敌，而吾视之，则如遇小寇。亚夫之遇寇也，坚卧不起；栾箴之临敌也，好以整，又好以暇。夫审此二人者，蕴以何术哉？盖其心智之有素，养之有余也。"

何氏注得精彩。领导者，一举一动，都关系着财产万千、人命关天、是非曲直、毁誉忠奸。领导者的情绪，影响着整个团队的士气，也会干扰自己的决策和行动。很多决策都是因为压力和焦虑作出的，为舒缓自己的压力和焦虑，而作出轻率的决策。或者在困难和危险面前，不能"卒遇大难而不惊"，慌不择路，走向灭顶之灾。

"亚夫之遇寇也，坚卧不起"。在平定七国之乱过程中，周亚夫曾经遇到军中夜惊，晚上军营里，士兵惊慌哗乱。他怎么办呢？他坚卧不起，继续睡觉，大家就平静下来了。

"治气""治心""治力""治变"，是保持队伍战斗力优势的四个要点。而治自己的心，是一切的根本。

> 以近待远，以逸待劳，以饱待饥，此治力者也。

先到战场，等敌人远道而来；自己安逸休整，等敌人疲劳奔走；自己吃饱，等敌人挨饿，这是"治力"，保持战斗力的方法。

前面说到李世民按兵不动，等窦建德部队列阵整整一上午，就是让敌方由治变乱，由静变哗，由逸变劳，由饱变饥，由不渴变渴，消耗他的战斗力。

李靖说兵法，千章万句，不出一条，就是"致人而不致于人"，掌握主动。这一句也是。

> 无邀正正之旗，勿击堂堂之阵，此治变者也。

曹操注："正正，齐也。堂堂，大也。"

"邀"，是要攻击的意思。

如果对方旗帜整齐，阵容堂皇，就不要去攻击。避他一避，耗他一耗。等他"朝气锐"没了、渴了、饿了、不兴奋了，变成"昼气惰，暮气归"了，再出战。

曹操围了邺城，袁尚带兵来救。曹操说："若从大道来，当避之。若循西山来，此成擒耳。"

为什么呢？他若从大道来，那是正正而来，堂堂而陈，无所畏惧，必有奇变，不可邀击。他若顺着山根溜溜地来，蹑手蹑脚，那是心中无数，手上无力，打他就是。

袁尚果然循西山而来，曹操逆击，大破之。

"治变"，是善治变化之道，以应敌人，根据敌人的情况来变通。曹操那么强，他也不轻视袁尚，若袁尚正正堂堂而来，他也准备避其锋芒。古兵书《军政》说："见可而进，知难而退，强而避之。"

要有政策、战略、大战术，也要有基础战术工具箱

原文

故用兵之法：高陵勿向，背丘勿逆，佯北勿从，锐卒勿攻，饵兵勿食，归师勿遏，围师必阙，穷寇莫追，此用兵之法也。

华杉详解

讲战略，19世纪瑞士军事战略家若米尼六个层次的划分，我觉得是最准确的，无论你的事业是什么，你都可以按这六个层次来对号入座，规划清晰。

一是政策，若米尼把政策放在战略之前，他也认为他是第一个在战略学上提出政策高于战略的。就战争而言，先有外交政策，后有战与不战，或与谁结盟，与谁战。

就经营而言，先有我们对社会，对消费者的政策，然后才有我们怎么做的战略。所谓政策，就是我是谁，我代表谁的利益，我的行事方针。

孙子讲政策，五事七计里面，"道"，就是政策。

政策和战略的区别是什么呢？战略是我的战略，政策是我对别人的政策。

先政策，后战略，就是先考虑别人，再考虑自己。先考虑利益相关方的利益，和各游戏参与方的机制。

政策之后，第二才是战略。

战略，是我在哪儿，我要去哪儿，怎么去，是获取胜利的路线图。孙子讲战略，先胜而后战，赢了再打，不战而屈人之兵，就是战略。

第三是大战术。一招鲜，吃遍天。每个成功的人，都有自己的一记绝活，就是那一招鲜，这就是大战术。

《孙子兵法》的大战术，就是以正合，以奇胜。无论怎么打，都是分战法，正兵、奇兵相互转换，奇正之变，无穷无尽。

第四是战争勤务。孙子《作战篇》重点讲这个，所谓驰车千驷、革车千乘、带甲十万、千里馈粮等等。没有后勤保障，再强大的军队也会不堪一击，非常脆弱。

第五是工程艺术，指对筑垒要点的攻守艺术。

第六是基础战术，什么情况怎么打，就是我们常说的战术工具箱，经常用来培训员工的。

《孙子兵法》这《军争篇》，讲到"高陵勿向，背丘勿逆，佯北勿从，锐卒勿攻，饵兵勿食，围师必阙，穷寇莫追"，就是进入到基础战术原则的层面。

兵法不能把所有情况都写全，所以害死人！

原文

故用兵之法，高陵勿向，背丘勿逆，佯北勿从，锐卒勿攻，饵兵勿食，归师勿遏，围师必阙，穷寇莫追，此用兵之法也。

华杉详解

高陵勿向，背丘勿逆。

敌人在高处，不可仰攻。敌人从山丘上下来，不可逆袭。

如果你仰攻，地势不便，有劲使不出，还容易有檑木滚石砸下来。

如果敌人背靠山丘冲下来，占了地利，没有后顾之忧，自高趋下，气势又顺，力量加倍，就不要逆击，把他引到平地再战。

战例是前面学过的，赵奢与秦军作战，离地五十里扎营。军士许历建议说："先占北山者胜。"赵军占了北山地利。秦军来，争山不得上，赵军纵军击之，大破秦军。

诸葛亮说："山陵之战，不仰其高。敌从高而来，不可迎之，势不顺也，引自平地，然后合战。"

不过万事都有两面性。著名的诸葛亮挥泪斩马谡（《三国演义》里斩了，正史里没斩，死在狱中；还有一个说法是干脆逃亡了，没回去报到），街亭之战，马谡就是先占了山，在山上扎营，准备等魏军来，"居高临下，势如破竹，置之死地而后生"。

副将王平谏阻他，说山上一无水源，二无粮道，若被包围，必自困而死。

这道理马谡如何不明白？他当然明白，但他要的就是"置之死地而后生"，而且他准备居高临下、势如破竹，一举把魏军拿下，压根没准备在山上久待，水源、粮道什么的问题，也就不存在。

不过马谡忘了一件事，韩信当年背水一战，置之死地而后生，并没有把全部兵马放在死地，而是有两千奇兵去取赵军大营，正奇配合。如果没有正奇分战，只那一支军背水而战，那就不是置之死地而后生，而是置之死地而死无葬身之地了。

马谡却没有分战法的安排，准备把全部兵马都放在死地。

王平见劝不动他，还被他骂文盲将军懂啥兵法，因为王平识字不超过十个，马谡大才子，自然瞧不起他。王平便说要不你在山上扎营，分一支兵给我，驻在平地，成掎角之势，有事也好相救。马谡同意了。

所以最后安排还是分兵了，马谡为正，王平为奇。

魏军大将张郃来，见马谡扎营在山上，第一件事，包围，第二件事，断水源、绝粮道。这都在马谡预料之内，这还想不到，就不是诸葛亮的爱徒了。但第三件事他没想到，《孙子兵法》上没写！就是张郃放火烧山。

兵法不能把所有情况都写全，所以害死人！

这火一上来，就不是"高陵勿向，背丘勿逆"了。马谡军队饥渴难忍，再加烟熏火燎，一时大乱，冲也冲不下去。张郃发动进攻，马谡大败。失了街亭，诸葛亮整个战局就败了。

还有一支奇兵，王平呢？王平作壁上观，没有来救。《三国志·王平传》记载说："谡舍水上山，举措烦扰，平连规谏谡，谡不能用，大败于街亭。众尽星散，惟平所领千人鸣鼓自持，魏将张郃疑其伏兵，不往逼也。"王平从此发迹，成为蜀中名将。

用自己作饵，对手才会咬钩

原文

故用兵之法，高陵勿向，背丘勿逆，佯北勿从，锐卒勿攻，饵兵勿食，归师勿遏，围师必阙，穷寇勿迫，此用兵之法也。

华杉详解

"佯北勿从"，假装败北的敌军不要追。后面有一句"饵兵勿食"，也有这意思，作诱饵的敌军，你不要上钩。

派一支部队上去打，假装败退，引敌人大部队过来，然后出奇兵灭他。这个标准战术，地球人都知道。

但是，到了战场，你还是没法判断他是不是假装败退，看见饵，还是不知道里面有没有钩。

所以才有"纸上谈兵"之说，你似乎什么都知道，但判断不了，就不是真知道。

"佯北勿从，饵兵勿食"，读了《孙子兵法》，咱们知不知道呢？正确答案是不知道。知道自己不知道，兵法就算没白读。

韩信破赵之战，著名的背水一战，就是用的佯北、饵兵。

韩信先在河边布了一万人的阵地，然后派饵兵出战。谁作饵呢？他自己作饵！这由不得赵军不咬钩！见了韩信你不咬，那还咬谁呢？

拿主帅，甚至拿皇上作饵兵，这在历史上不只一回，因为这个饵让人无法拒绝，知道是饵，也要咬钩，更别说一兴奋起来，哪管什么饵不饵的。不过这主意，只能老板自己拿，谋臣一般不敢建议老板当饵。

韩信亲率饵兵出战，大张旗鼓，战鼓喧天，帅旗飘扬，赵军都兴奋了，万马军中取韩信首级，大丈夫建功立业，就在今日！

打了一阵子，韩信开始败退——"佯北"——其实他不佯也得北，因为赵军人数比他多得多，直接就这么打，他是打不过的。所以他的佯北，妙就妙在是真的，真打不过，假装得真不像假装的了。

佯北的时候，韩信开始放饵、下钩，就是他的帅旗，一套仪仗、战鼓什么的。这是巨大的战利品，得了韩信帅旗，那是极丰厚的赏赐，赵军空营而出，抢夺战利品，争着咬钩。

"佯北勿从，饵兵勿食"，两个禁条赵军都犯了。前头韩信退到水边，与列阵的一万人合兵一处，再杀回来。后头两千奇兵夺了赵军大营。赵军前有劲敌，后丢老巢，就溃败了。

俗话说，舍不得孩子套不来狼。从韩信身上，我们看到了：还要舍得拿自己做饵去套狼。

长平之战的分析：我们自己就常常是赵括，也常常是赵王

原文

故用兵之法，高陵勿向，背丘勿逆，佯北勿从，锐卒勿攻，饵兵勿食，归师勿遏，围师必阙，穷寇勿迫，此用兵之法也。

华杉详解

"佯北勿从，饵兵勿食"，著名的"纸上谈兵"的赵括，在战国最惨烈一

战，赵国被坑四十万卒的长平之战，就犯了这两条。如果再加两条，"高陵勿向，背丘勿逆"，也有份。

秦军主帅白起呢，"归师勿遏，围师必阙，穷寇勿迫"——敌军退回本国不要拦截，包围敌人要留缺口，敌人到了绝境可能拼命，不要迫近——这三条，他一条也没遵守，全部违反了，把赵军围得死死的，全歼了。

战斗过程是这样的：秦军先派出饵兵，然后佯北，赵括即刻率大军追击。秦军将赵括引到预设阵地长壁，秦军主力已经布好阵地在那里，就等着赵括来。这就是"孙子曰：凡先处战地而待敌者佚，后处战地而趋战者劳。故善战者，致人而不致于人"，又是"知战之地，知战之日""能使敌自至者，利之也"。秦军知道在长壁决战，先布好口袋，引赵括来。赵括不知道。

"以正合，以奇胜"，秦军先以饵兵为正，长壁主力为奇。

赵括到了长壁，饵兵和主力合兵一处为正，该出第二支奇兵了。

赵括被阻于长壁，作战不利，准备退军，这时秦军预先埋伏在两翼的二万五千奇兵出击，穿插到赵军身后，占了西壁垒高地有利地形，挡住了赵括退路，并切断了赵括与大本营的联系。赵军被分割为二。

白起再派出五千精骑，插到留守大本营的赵军营垒间，牵制赵军行动，切断所有粮道，让赵军动弹不得。

赵括被围，只好筑壁坚守待援，白起一刻也不让他休息，轮番派出轻骑攻击骚扰。这叫"敌佚能劳之，饱能饥之"。

秦昭王接报白起得手，即刻出发，亲自到前线河内，发动当地十五岁以上男子全部参军，投入长平战场，彻底包围断绝赵军粮道和外援。

赵括断粮四十六日，赵军达到了相互残杀食人的地步，只得孤注一掷突围，结果赵括阵亡，赵军投降，四十万人被活埋。

有个问题：赵括熟读兵书，为什么会犯这么简单的错误呢？

因为自信。

初生牛犊不怕虎，但是牛犊还是要被虎吃掉。

在赵括心目中，廉颇老矣，赵国现在的将星就是我。廉颇在长平，跟秦军耗了三年，国家都要被他耗垮了，还得靠我来解决问题。

自信必然轻敌，一接战，果然得胜，证明自己是对的、是强的，马上追击。你说是"佯北勿从"，他认为是"击其惰归"，是乘胜追击，这一追出去，就不可挽回了。

第二个问题，为什么赵括他爹赵奢，跟儿子一谈兵，难不倒他，说不过他，却知道他不行呢？

赵奢对赵括他妈说："兵，死地也，而括易言之。使赵不将括即已，若必将之，破赵军者必括也。"军事是生死存亡的大事，而赵括说得轻松容易，没有他不知道的。如果赵国不用赵括为将便罢，用他为将，必破赵军。

有人说赵括熟读兵书，但不能活用。这不是本质。本质是熟读兵书，不等于懂得兵法。

俗话说："没吃过猪肉，还没见过猪跑吗？"这话大错！见过猪跑，不等于知道猪是怎么回事，一定要亲自吃过猪肉了，才知道猪是怎么回事。更何况赵括见的猪跑，是在书上跑。地里跑的猪他还没见过呢！

所以我们读书，每读到一条，是知道有这么一条，不是真会了这一条。一定要实践过了，练习过了，才算真知道了。知道的程度，还不一定，永无止境。

孔子说："学而时习之，不亦乐乎！"学"到"的时候其实不知道，一定是练习过了，实践过了，体会到了，才真知道了，才不亦乐乎！

上课没体会吗？老师一讲，你就听懂了，一做习题，又不会了。所以之前不是真懂，把题做会了才算学到一点点。

赵括他妈妈也知道赵括不行。一是赵奢身前跟她交代过，二是她劝阻赵王不要任赵括为将时说的："以前您任他爸爸为将，赵奢从得令之日起，不问家事，所得金帛，全部分给将士们。今天您任赵括为将，给他的赏赐，他全部交给家里收起来，叫家里看看哪里有好地好房子快买。他就不是当领导的样子。"

第三个问题：赵王为什么不听呢？他为什么一定要换掉廉颇，要用赵括呢？他真是中了秦国的离间计吗？秦国间谍来散布谣言，说廉颇不战，是要投降秦国。秦军不怕廉颇，就怕赵括。这他就上钩了？

非也！

赵王的决策错误，是因为焦虑，因为压力。太焦虑了，太郁闷了，压力太大了，他必须作出改变，就是死，他也要搏一把！

为什么？

看看这仗是怎么打起来的。

秦国打韩国，韩国顶不住，割上党郡给秦国求和。

上党郡守冯亭，不愿意跟秦国，把上党献给赵王。赵王贪心，大喜，马上派兵把上党占了。这叫虎口夺食。

夺了秦王嘴边的肉，秦王怎能罢休，战争机器就开到上党来了。接收上党那点赵军当然顶不住，退守长平。赵王也派大军，廉颇为将，双方在长平丹河，隔河相峙。廉颇知道打不过，占据有利地形，坚守不战。这一守，就守了三年！

双方百万大军在那儿耗了三年，两国都要被拖垮了，经济濒临崩溃。赵王本来是贪图上党之利，结果上党在屁股底下还没坐热，全国都要被拖垮。这样拖下去，肯定不行！这不是偷鸡不成蚀把米，是蚀了全国所有粮仓！

但是不拖又行不行呢？

他顾不上了。

赵王对廉颇的不满已经到了顶点，他必须改变！但却不知道改变并不等于解决问题，甚至可能更糟。连廉颇都不能打，其他老将，更不消说，只能用年轻人了。你们也许说赵括不行，但我清楚其他人没有行的，就赵括还没试过，我就赌他一把！

我们的很多决策，大抵也和赵王差不多。**我们总是想解决问题，却顾不上我们为解决问题而作出的举措，并不能解决那问题，反而会带来新的问题，甚至是灾难。**

如果让我们回到两千多年前，去做赵王，我们又应该如何决策呢？

猛将，就是对方猛的时候就躲起来。等对方没力气了，我就猛了

原文

故用兵之法，高陵勿向，背丘勿逆，佯北勿从，锐卒勿攻，饵兵勿食，归师勿遏，围师必阙，穷寇勿迫，此用兵之法也。

锐卒勿攻。

"锐卒勿攻"的"锐",和前面"朝气锐,昼气惰,暮气归"的"锐",是一个意思,避其锐气,击其惰归。敌军锐气正盛的时候,避他一避,熬他一熬,等他兴奋劲过了,饿了、渴了、累了、倦了、疲了,再打。

还是治气。

这是唐太宗李世民的强项。

前面学过他打窦建德的战例,就是"锐卒勿攻,击其惰归"。今天再学两个。

先看打刘武周,也是这么打的。

刘武周本是隋朝将领,隋末天下大乱,遂起兵造反,自称皇帝,又得了突厥外援,一路势如破竹,和唐交兵,连胜数阵,李元吉被他打得落花流水,弃晋阳城(太原)而逃,李渊集团的老巢都被他占了。黄河以东,尽归刘武周。

李渊被他打怕了,说:"贼势如此,难与争锋,宜弃大河以东,谨守关西而已。"李世民说:"太原,王业所基,国之根本;河东富实,京邑所资。若举而弃之,臣窃愤恨。"并主动请缨,亲率三万精兵,平刘武周以克复太原。

这就有了柏壁之战。

李世民率军乘坚冰渡过黄河,与刘武周部将宋金刚在柏壁对阵。李世民和李道宗登高观察,问李道宗:"敌人兵多,来邀我战,你看如何?"

李道宗回答:"群贼锋不可挡,易以计屈,难与力争。"

李世民说,咱俩想到一块儿了,"金刚悬军深入,精兵猛将,咸聚于是,武周据太原,依金刚为扦蔽,军无蓄积,以虏掠为资,利在速战。我闭营养锐以挫其锋,分兵冲其心腹,彼粮尽计穷,自当遁走。当待此机,未宜速战"。

"锐卒勿攻"。这时候,宋金刚的锐气,正在顶点。李世民就跟他熬,熬了他整整五个月,坚壁不战,只是派军骚扰,断他粮道。金刚粮尽,锐气全没了,只得退军。

他一退，李世民就"击其惰归"，猛追，一昼夜追了两百里，打了八仗，唐军三天没解甲，两天没吃饭，将领们说差不多了，不能再追了，让大家休息休息，等兵粮齐备，再打不迟。李世民说，我早就想透了，接着追，接着打，就这一战彻底打垮他！继续追击，抓住宋金刚主力，一战歼灭。刘武周见大势已去，弃太原城逃往突厥，不久为突厥所杀。刘武周政权就灭亡了。

李世民征薛仁杲（gǎo），还是一样。

薛仁杲十余万兵马，兵锋正锐。李世民还是那一招，锐卒勿攻。诸将请战，李世民下令："敢言战者斩！"相持六十多天，薛仁杲粮食吃完了。没了粮食，部下开始有来投降的，因为这边到点就开饭，那边没有饭啊。

李世民看敌军锐气已失，离心离德，说："可以战了。"

先派出饵兵，把敌军中还有斗志的人诱出来，再把他剩下的锐气泄一泄。

就派总管梁实分兵到浅水原设营。薛仁杲部下猛将宗罗睺（hóu），一贯骄悍，两个月求战不得，憋得都要炸了，尽出精锐攻打梁实。梁实坚壁不出，继续耗他，宗罗睺攻得更急。

李世民等宗罗睺锐气体力都耗得差不多，亲率大军投入战场，大败宗罗睺。宗罗睺一退，他就穷追猛打，一直追到薛仁杲城下，调集大军把他围了。薛仁杲心惊胆裂，开城投降。李世民把他押送到长安，斩了。

隋末英雄辈出，李密、窦建德、刘武周，都是牛人。可惜出了一个千年一遇的超级猛人，李世民，就都给收拾了。

李世民能打，主要是他知道什么时候不能打。李世民最猛，是他知道在对方猛的时候就躲起来。等对方没力气了，他就猛了。而且都不打第二仗，一次就收拾干净，都给他算绝了。

为什么很多人读书都白读了？因为不是学习型读书，是纠错型读书

读书之病，在于有胜心。读书要有收获，关键在于有正确的读书观。

原文

故用兵之法，高陵勿向，背丘勿逆，佯北勿从，锐卒勿攻，饵兵勿食，归师勿遏，围师必阙，穷寇勿迫，此用兵之法也。

华杉详解

饵兵勿食。

敌人下饵诱你，你不要咬钩。

梅尧臣注解说："鱼贪饵而亡，兵贪饵而败。敌以兵来钓我，我不可从。"

战例是曹操饵刘备、文丑。

曹操与袁绍作战，斩颜良，解白马之围后，亲率数百骑兵押送粮草辎重撤退，与刘备、文丑数千追兵遭遇。诸将震恐，以为敌骑太多，不如还营。荀攸说："此所以饵敌也，安可去之？"于是抛弃辎重，解鞍放马，引诱袁军。刘备、文丑果然争抢辎重。袁军士兵都忙着抢东西，没有战意。曹操率军上马，冲杀进去，又斩了文丑。

杜牧给了完全不同的注解，他说"饵兵勿食"的意思，是敌人丢下的食物你不要吃，小心有毒！"敌忽弃饮食而去，先需尝试，不可便食，虑毒也"。

他还讲了一个战例。

后魏文帝时，库莫奚侵扰，诏济阴王拓跋新成率军讨之。拓跋新成兑了很多坛毒酒放军营里，敌人来攻的时候，他就假装不敌，弃营而去。敌人攻入空营，得了许多酒，大喜，开怀畅饮，酒酣毒发。这时新成再杀回来，不费吹灰之力，俘虏万计。

杜牧注解得对不对？当然不对。孙子的原意，肯定不是提醒你不要吃不认识的叔叔给的食物。但是杜牧注解错也无所谓，错得有价值，让我们知道了还有毒酒破敌这个战例。

我们读书，或者跟人讨论问题，有一个非常非常普遍的毛病，就是有胜心。不是专注于我有什么体会，学到了啥，而是想胜过他。他说得很好了，但我想方设法，非要另立一说以胜之。或者换个角度，跟他讨论讨论，总之要让他站不住脚，显我的本事，至少显示我知道得多！

上课向老师提问题，不是真有问题，就是展示一下自己的"智慧"。听完老师的课，或读完某著名的书，跟人交流，不是交流学到了啥。而是一开口就是："我觉得他那个地方说得也不对嘛！"

胜心是读书学习的大病，跟同学讨论，要压倒同学；上老师的课，想挑战老师；读古人的书，还想胜过古人。一有胜心，读书就不是怀着学习的虔诚，而是抱着纠错的快感，不是"学习型读书"，是"纠错型读书"。

我读《十一家注孙子校理》，因为是历代十一人所注留下来，每个人都在前人的基础上注，这种感受就特别明显。第一个注的是曹操，他就是靶子了。谁的靶子呢？主要攻击他的是杜牧，几乎把曹操射成个刺猬。杜牧的注，常常第一句就是"曹说非也"——曹操说得不对！曹操死了，没法从坟墓里起来跟他辩论，所以每次论战当然都是杜牧获胜。杜牧为什么老说曹操说得不对呢？因为胜过曹操比较有快感。

那杜牧是个诗人，是个文人。他就特别喜欢标新立异。我想他在注《孙子兵法》的时候，他不太关心《孙子兵法》对自己有什么用，而是关心自己的文章，如果和前人注得一样，就没什么意思了。

孔子说："恭则不侮。"那不恭，就要受辱了。杜牧老说前人不对。后面自然就有人说他不对。所以《十一家注孙子校理》里，每一句"曹说非也"后面，都有一句"杜说非也"。"拨乱反正"比较多的，是梅尧臣。他是宋朝人，也是诗人，杜牧死了两百年了，他也没法起来论辩。

那么我们认为谁对呢？

首先，我们关心的不是谁对。我们关心的是自己学到了什么，有什么用。读书是观照自己，放自己身上体会，放实际事上琢磨，这才是真读书。搞些标新立异，徒事讲说，是读书的大病！

其次，错的也有价值。杜牧的注，也让我们知道不少新鲜事，不也挺好的吗？再说他下的工夫很大，是十一家里成就最大、影响最大的，我们也不必去纠他的错，得我所取就行了。

克劳塞维茨说："错误的意见不管多么荒谬，至少让我们知道了别人看问题的角度。"这也是价值。有时候别人跟你说个道理，你觉得他太荒谬了，简直不可忍受。这时候你要往好处想，他让你知道了，还有人是这么看问题的！

第三，到底谁对？这个问题我们当然是关心的，不是没对错，是有对错的。谁对呢？我基本一律是以曹操的意见为准。因为曹操才是吃过猪肉的嘛！其他人猪跑都没见过。

除了曹操，我还有一本注本作标准，就是郭化若译注的《孙子兵法》。郭化若是中国人民解放军中将，黄埔军校毕业，又多年在抗日军政大学教书。他的注本，可以作为标准答案。

关于《孙子兵法》，我也经常碰到人跟我讨论。比如两个问题，一是说孙子与孙膑是同一个人。这个讨论纯属无聊。孙子是春秋时期跟吴王一起的，《孙子兵法》里有的内容就是具体针对越国的。而孙膑是战国时期齐国人，那时候吴国已经亡了。两人差了一百多年，怎么可能是同一个人？无非是有人提出一些说法，显示自己学问。但是这些提法根本不值得采信，这就叫徒事讲说，不是真读书。

第二个经常被讨论的问题，是"小敌之坚，大敌之擒"。那上下文意思本来清楚明白到不能再明白。"故用兵之法，十则围之，五则攻之，倍则战之，敌则能分之，少则能逃之，不若则能避之。故小敌之坚，大敌之擒也。"

打得赢就打，打不赢就跑。你是"小敌"，打不赢别人，还非"坚"，坚持不跑，就要被人擒了。但国内某研究《孙子兵法》的大家，他说，大家都认为是这意思，但我认为不是，真正的意思是"如果弱小的一方能坚，那就一定能把大敌活捉"。如果孙子是这意思，那他前面的话都白说了。

对"小敌之坚"的解释，还有更过分的，也是一位大师。

206

他学问大呀！如果解得跟别人一样，就显不出学问了。他说这个"坚"，是财宝，是装备，敌人的财宝、装备，锁得再紧密，只要我们打败他，就可以归我们了！为了论证这个解释，他还以《庄子》为证，"庄子曰："将为胠箧（qū qiè）探囊发匮之盗，为之守备，则必摄缄縢（téng），固扃鐍（jiōng jué）。"人们把财宝锁起来有什么用呢？还不是引盗贼来罢了。

同学们一听，都震了！哇！还是老师学问大！

对于这些读书之病，王阳明说了很多："其说本已完备，非要另立一说以胜之。"不是真读书，而是有胜心，徒事讲说，求些虚荣。

读书只问对自己有什么益，有什么用，不要去文字上训诂纠结，自以为在做学问。

所以我读兵法还有一个体会，就是把自己代入进去，假如我是他，我怎么做？而且我们读书，跟看电影一样，自然就把自己代入胜利的一方。要再反过来，把自己代入失败的一方，假如我是他，我怎么办？

把自己代入书中，再把书代入自己工作生活中。这书上的道理、案例，在我的实际工作中有什么相应的情况，有什么启示。

"如切如磋，如琢如磨"，这才算书没白读。

治气，就是衡量意志力，较量意志力

原文

归师勿遏，围师必阙，穷寇勿迫，此用兵之法也。

华杉详解

这三条都是讲治气，还是"锐卒勿攻"的道理。

归师勿遏。

退回本国的军队，不宜去遏止他。因为那些人要回家，个个归心似箭，你去拦他，他跟你拼命。

前面不是说击其惰归吗？怎么又归师勿遏呢？那是方向不同。他要回家，你从后面追着打，他想赶紧跑掉到家，不想跟你打，那你在气势上就占便宜。这是"击其惰归"。

但如果你是在他前面的路上拦住他，挡了他回家的路。他回不去，便要跟你拼命。这时候他的气势就强过你了。

战例是曹操讨张绣，作战不利，要退。刘表又发兵来救，断了曹操退路。曹操前后受敌，便在夜晚悄悄运过了辎重，设了伏兵，等张绣来追。次日张绣追来，曹操伏兵出，步骑夹攻，大破张绣。战毕，曹操对荀彧说："贼遏吾归师，而与吾死地，吾所以知胜矣。"

杜佑注解说："若穷寇远还，依险而行，人人怀归，敢能死战，徐观其便，而勿远遏截之。"

围师必阙。

"阙"，同"缺"。包围敌人要给他留一个缺口，放一条生路给他跑。

《司马法》说："围其三面，阙其一面，以示生路也。"

这里的意图，是不要让他置之死地而后生，人人死战。而是让他跑，在跑的过程中再设伏兵击他。最好是在他的归路上多设伏兵，跑一段，吃他一口；再跑一段，又一支伏兵吃他一口，多吃几口就消化完了。

我们再回到前面曹操讨张绣的战例，刘表、张绣应该如何用兵呢？

首先他们不应该把曹操围死了，因为他们并没有能力吃掉曹操。围死了，曹操军队人人死战，他们更挡不住。应该是放他走，张绣在后面追，刘表在路上设伏。而刘表的做法是据险而守，挡住曹操归路。兵法说，"十则围之"，他哪有十倍于曹操的实力呢。

我们再回忆一下，前面从另一个角度学过这个战例。张绣的谋士贾诩在张绣去追击曹操时，他说不能追，必败，因为肯定有埋伏。张绣不听，追了，中伏了，败了，回来问："你知道我什么时候必败，能知道我什么时候必胜不？光知道败没用，知道胜才能打胜仗呀！"贾诩说："就是现在，赶紧再追，必胜。"张绣翻身上马，马上就追，果然得胜回来。

为何？

第一次追是"归师勿遏"。

第二次追是"击其惰归"。

气不一样了。

气不一样，是意志力不一样。意志力不一样，战斗力就大不一样。治气，就是衡量双方的意志力，较量双方的意志力。

穷寇勿迫。

困兽犹斗，狗急跳墙，敌人已到了绝境，不要急于迫近，不要逼得他无路可走，那样他会跟你死战的。

这"穷寇勿迫"，不知怎么的就传成了"穷寇莫追"。孙子可从来没说过穷寇莫追。"勿迫"，和"莫追"，是完全不同的两个概念。

要追，怎么不追呢？

毛泽东说："宜将剩勇追穷寇，不可沽名学霸王。"

孙子曰：凡用兵之法，将受命于君，合军聚众，交和而舍，莫难于军争。军争之难者，以迂为直，以患为利。

故迂其途，而诱之以利，后人发，先人至，此知迂直之计者也。军争为利，军争为危。举军而争利则不及，委军而争利则辎重捐。是故卷甲而趋，日夜不处，倍道兼行，百里而争利，则擒三将军，劲者先，疲者后，其法十一而至；五十里而争利，则蹶上将军，其法半至；三十里而争利，则三分之二至。是故军无辎重则亡，无粮食则亡，无委积则亡。故不知诸侯之谋者，不能豫交；不知山林、险阻、沮泽之形者，不能行军；不用乡导者，不能得地利。故兵以诈立，以利动，以分和为变者也。故其疾如风，其徐如林，侵掠如火，不动如山，难知如阴，动如雷震。掠乡分众，廓地分利，悬权而动。先知迂直之计者胜，此军争之法也。

《军政》曰："言不相闻，故为之金鼓；视不相见，故为之旌旗。"夫金鼓旌旗者，所以一人之耳目也。人既专一，则勇者不得独进，怯者不得独退，此用众之法也。故夜战多金鼓，昼战多旌旗，所以变人之耳目也。

三军可夺气，将军可夺心。是故朝气锐，昼气惰，暮气归。善用兵者，避其锐气，击其惰归，此治气者也。以治待乱，以静待哗，此治心者也。以近待远，以佚待劳，以饱待饥，此治力者也。无邀正正之旗，无击堂堂之阵，此治变者也。

故用兵之法，高陵勿向，背丘勿逆，佯北勿从，锐卒勿攻，饵兵勿食，归师勿遏，围师遗阙，穷寇勿迫，此用兵之法也。

第八章

九变第八

进步，就是不断地发现自己不会

什么叫学会？没法说。只有会的人才知道什么叫会。而且每过一阵子又发现自己不会了。这时候就是又要进步了，功力又要增长了。

原文

九变篇

孙子曰：凡用兵之法，将受命于军，合军聚众，圮（pǐ）地无舍，衢地合交，绝地无留，围地则谋，死地则战。途有所不由，军有所不击，城有所不攻，地有所不争，君命有所不受。

故将通于九变之利者，知用兵矣；将不通于九变之利者，虽知地形，不能得地之利也。

华杉详解

《九变》是《孙子兵法》最短的一篇，只有二百多字，但内容比较错杂，和其他篇内容有交叉，且先后次序也有点乱。特别是他总结说，如果不知道九变，虽然知道地形，也不能得地利。所以有研究者说，这部分内容，似乎应放在第十篇《地形》之后，讲完地形，再讲你要知道变通。而且一些地形的术语，也是在第十篇《地形》里才提出来，并给予定义的。

不管怎么说，我们还是按原书顺序学吧。

"变"，是变通。不按正常原则处置。"九"，中国人说数字，都是泛指，九，就是多，多种情况。所以"九变"，可译为"注意变通的几种情况"。

不过曹操注解说："变其正，得其所用者九。"明确了是九种情况。这大家就不好办了，往下一数，怎么数也不是九条。

1. 圮地无舍；
2. 衢地合交；
3. 绝地无留；
4. 围地则谋；
5. 死地则战；
6. 途有所不由；
7. 军有所不击；
8. 城有所不攻；
9. 地有所不争；
10. 君命有所不受。

十条呀！

于是又有学者提出，是"九变一结"，前面九条是九变，最后一条"君命有所不受"是总结。

关于《孙子兵法》，这类的研究非常非常多。我一般都不取，不讨论。管他九条还是十条，对我们学习他的思想关系不大。这些研究若钻研进去，一辈子都研究不完，那是学者专家的工作，不是我们学习的范围了，学这个，不能增加思想功力。

张预注解说："变者，不拘常法，临事适变，从宜而行之之谓也。凡与人争利，必知九地之变，故次军争。"

你若不懂兵法，则不会作战。你若按兵法行事，却败了，那是你不懂得九变。

所以什么叫学会，没法说。只有会的人才知道什么叫会。而且每过一阵子又发现自己不会了。这时候就是又要进步了，功力又要增长了。

进步，就是不断地发现自己不会。

宁肯找死，不可等死，陷入死地，要坚决奋战

原文

圮地无舍，衢地合交，绝地无留，围地则谋，死地则战。

华杉详解

圮地无舍。

"圮地"，曹操注："无所依也，水毁曰圮。"圮地，就是水网、湿地、湖沼等难行的地区，在这样的地形就不要宿营。因为水汪汪的，本身扎营住宿就困难，而且敌人如果打过来了，你一方面难以构筑防御工事，另一方面也进退困难，行动不便。

衢地合交。

"衢地"，四通曰衢。衢地，就是指四通八达的地方。浙江有衢州市，为什么叫衢州，就是四省通衢，浙江、福建、安徽、江西，四通八达，所以是兵家必争之地。

在四通八达的地方，和各诸侯国来往都方便，衢地合交，就要搞好外交。一来交结外援，二来至少大家不要以你为敌，或被敌人争取去。

绝地无留。

"绝地"，李筌注解说："地无泉井、畜牧、采樵之地，为绝地，不可留也。"没水喝，没东西吃，没柴火，赶紧走，不要久留。

214

贾林注解："溪谷坎险，前无通路，曰绝，当速去勿留。"走到死胡同，地形险要，赶紧撤，别被人堵了。

围地则谋。

"围地"，贾林注解："居四险之中，曰围地，敌可往来，我难出入。居此地者，可预设奇谋，使敌不为我患，乃可济也。"

四面皆险，前进的道路狭窄，退归的道路也险迂，敌人要来则方便，我要出入却困难。这种地形，是围地，必须预设奇谋，让敌人伤不到我，才度得过去。

比如前面学过的战例，韩信破赵之战，他要经过的井陉（xíng），就是险塞之围地。看名字都看得出来，"井"，是像井底一样；"陉"，是山脉中段的地方。所以韩信小心翼翼，不敢进兵。派出间谍，侦察清楚，没有埋伏，才大摇大摆出井陉口，演了一出背水一战的好戏。

死地则战。

"死地则战"，战例就是韩信出了围地，在水边布阵，背水一战，置之死地而后生。

梅尧臣注解说："前后有碍，决在死战。"

何氏注解说："速为死战者生，若缓而不战，气衰粮绝，不死何待也。"

到了死地，那就真是等死不如找死。宁肯找死，不可等死，陷入死地，要坚决奋战。

决策心理学：任何决策的背后，都是决策者的"个人需求"

> 这种需求，可能是个人和小集团利益，可能是个人抱负，可能是某种情绪，可能是某种焦虑，某种心结，某种心理阴影。都有可能。一定要从他个人的角度，去分析他的决策。而自己在决策的时候，则要有"无我"的意识，把自己的个人因素、情绪因素，从决策中剥离出来，才能作出正确的选择。

原文

涂有所不由。

华杉详解

"涂"，同"途"。道路有的虽可以走，但不走。反过来，有的不可以走的，也可能走。这就是变。

李筌注解说："道有险狭，惧其邀伏，不可由也。"险狭之地，怕有埋伏，所以不走。

曹操注解说："险隘之地，所不当从；不得已从之，故为变。"不该走的地方，有时候不得不走，这也是变。

前面学过几遍的韩信破赵的战例，就有一条不该走的行军路线——井陉口。韩信得到谍报，陈余不用李左车的计策，没有分兵在井陉口设伏，才敢通过。如果有伏，如他后来俘虏了李左车后对他说："陈余如果用您的计策，那我就被您擒了。"

汉伏波将军马援，最后一战，讨伐五溪蛮苗族叛乱，就败在走错一条路。

马援和副将耿舒出兵，初战得胜，蛮兵躲入山林，马援要去捣他老巢。有两条路选择，从充县走，路好走，但是路途远；从壶头走水路，则路近而水险。

马援认为走充县陆路，路远费粮，不如走水路，直捣匪巢，则充县不攻自破。

耿舒坚决不同意，说陆路虽然遥远，但比较安全，即使不能攻入苗境，撤退也方便。水路则太危险，除非能神不知鬼不觉摸到敌人老巢。否则，一旦被敌人发现行踪，两岸据险而守，居高临下，官军插翅难飞，山高水窄，那是真真正正的死无葬身之地！

马援不同意，陆路也不那么安全，到处都可能有埋伏。两人争执不下，上书朝廷，光武帝刘秀支持了马援的意见。

于是，汉军乘船逆流而上，进军壶头。形势发展果如耿舒所料。苗人很快发现汉军意图，乘高守隘。沅江水疾，船不得上，加之夏天暑湿，军中起了瘟疫，士卒大批死去，马援自己也病死军中。

马援为什么会犯这样的错误？

首先陆路也不一定对。我们都是从事后结果来论"对错"，实际上"对"不一定对，"错"不一定错。

但是，水路是条险路，风险更大，是毫无疑问的，马援这是舍命一搏。他为什么舍命一搏？马援出兵之前，他的心理、他的情绪，就已有征兆。

马援出征时已六十二岁。

五溪蛮抢掠郡县。光武帝遣武威将军刘尚征讨，"战于沅水，尚军败殁"。次年，遣谒者李嵩、中山太守马成征讨，仍无战绩。马援请求将兵征讨，光武帝担心他年事已高，不许。马援说："臣尚能被甲上马。"光武帝令他试骑。马援"据鞍顾眄，以示可用"。光武帝笑道："矍铄哉是翁也！"遂令马援率中郎将马武、耿舒、刘匡、孙永等，带领四万余众征讨五溪蛮。

马援夜与送者诀别，对友人杜愔说，我已年老，"常恐不得死国事。今获所愿，甘心瞑目"。

马援素有烈士之志，大家都熟悉的成语"马革裹尸"，就是他的典故，他的原话："男儿要当死于边野，以马革裹尸还葬耳，何能卧床上在儿女子手中邪？"他就想死在战场上，不想死在家里床上。

出征平苗叛的时候，他已经老了，六十二岁了，对死亡无所谓了，而这是最后一次为国家建立奇功的机会。水路之险，他如何不知？打了一辈子仗，当然一清二楚。但仗已经打了两年，换了三拨将领，陆路无非是方便撤退，利于自保，并非利于得胜。

这是我最后一仗了，再不建功，就没机会了，马援决定赌上一条老命。

而年轻人怎么愿意跟老家伙赌命呢？

汉军被困在河谷之中，进退不得，瘟疫横行，每天都一批一批死去。耿舒焦虑万分。人微言轻，皇上也不听他的。没办法，给他哥哥耿弇写信，述说情况，说你去跟皇上说。

耿弇感觉事态严重，即刻上奏皇上。耿弇的话分量不一样，加之军情确实紧急。刘秀派梁松去责问马援，并代理监军事务。梁松到时，马援已经死了。

这一仗的最后结局，不是打赢的。还是用计诱降，苗人自己杀了首领来降，叛乱平定。

马援赌命，赌得一个"马革裹尸"的千古美名，但被他所误，马革裹尸的，还有千千万万的汉军将士。对他决策的心理分析，或许是我的臆断。但是——

任何决策的背后，都是决策者的"个人需求"。

这种需求，可能是个人和小集团利益，可能是个人抱负，可能是某种情绪，可能是某种焦虑，某种心结，某种心理阴影，都有可能。一定要从他个人的角度，去分析他的决策。**而自己在决策的时候，则要有"无我"的意识，把自己的个人因素、情绪因素，从决策中剥离出来，才能作出正确的选择。**

无我，是客观的基础，决策的保障。

不战，是战斗的重要组成部分

原文

军有所不击。

华杉详解

敌军有的虽可以打，但是不打。

曹操注解说："军虽可击，以地险难入，留之失前利，若得之，则利薄。困穷之兵，必死战也。"发现敌军，虽然可以打，但是如果小股困穷之兵，又据险地死战，吃掉他没多大利益，而代价很大，甚至耽误整个战局进展，那就不要打。

杜牧注解说，前面说的"锐卒勿攻""归师勿遏""穷寇勿迫""死地不可攻"，都是军有所不击。还有一种情况，如果我强敌弱，敌人前军先至，也不可击，不要把他打跑了，等他后军到齐，一举全歼。

贾林注解说，"不战而屈人之兵，善之善者也"，如果可以招降，也不必击。还有，如"穷寇固险而守，击则死战"，也不要击，静观其变，等他心惰，再取之。

张预补充说，"纵之无所损，克之无所利"，也不必击。

莫贪小利，鸡肋、鸡肋，食之无味，弃之不必可惜。看见利就想取，反而耽误正事，坏了大局。

前面我们说过，行军是战斗的一部分，甚至是比战斗本身更重要的部分；宿营，也是战斗的一部分。这里，我们看到，不战，也是战斗的一部分。这是一个利弊衡量，也是一个全局观。利弊衡量，是杀敌一千，自伤八百，不值。全局观，是局部有利，全局可能不利，耽误时间，耽误决胜的战机。

"军有所不击"，这话看起来简单，一听就懂。但是，我们读书是为了观照自己。对照一下自己呢，就发现没有一天是做到的。没有做到事有所不干，没有做到应酬有所不去，没有做到酒有所不喝。

别认为勤奋光荣，别以为自己是战斗英雄，别一歇下来不干活就有负罪感，**如果你每天忙得要死，恨不得抓住所有机会，最后是猴子掰包谷，没有多大成效，也没有真正的积累，不如停下来，好好计划一下，到底要什么。**

造反兵法，关键是快

原文

城有所不攻。

华杉详解

城池有的虽可以攻下的，但是也不攻。

曹操注解说："城小而固，粮绕，不可攻也。操所以置华、费而深入徐州，得十四县也。"

这里曹操举了自己的一个战例。他说如果那城又小，又坚固，守军粮食又多，就不要攻，因为利益不大，代价却很大。所以他在攻打徐州的时候，放弃了华、费二城，得以兵力完全，直取徐州，得十四县地盘。

杜牧注解说，如果敌人在要害之地，深挖城壕，多积粮食，就是为了拖住我们的部队。如果攻拔他，不足为利；如果攻不下来，更是挫我兵势，这种情况，就不要去攻打他。

"城有所不攻"，这一条对于造反来说最重要，可以称为"造反兵法"。

但凡你要造反，上策就是最快的速度直捣京城，把皇上拿下，你就称帝了。一旦被拖住，全国动员，勤王大军集结，造反的事就没希望了。

前面我们学过王阳明破宁王之叛的战例，宁王猛攻安庆，安庆一下，则南京必然落入宁王手中。宁王进了南京，便有了称帝的资本，他若称帝，大臣们就得选边战，正德皇上本是个荒唐天子，宁王的机会不是没有。

但是王阳明乘虚取了宁王的老巢南昌，就赌他回师来救。宁王的幕僚嘴皮子都说破了："城有所不攻，南昌咱不要了，得了南京，得了天下，南昌不还回来吗？如果在南昌被拖住，失了战机，大事就完了。"

但宁王受不了老巢被端，放弃了马上就要攻下的安庆，回师来救。结果南昌他没能回去，半道在鄱阳湖就被王阳明擒了。

宁王造反，是受前辈明成祖朱棣造反成功的鼓舞，而朱棣成功的战略，恰恰是"城有所不攻"。开始时也战事胶着，主要在河北打，在山东打，燕军虽然胜仗多些，但损失也惨重，而朝廷兵源充足，要拖，燕军还是拖不过朝廷。

后来朱棣得到内臣密报，知道南京城防空虚，于是改变战略，亲率大军，直捣南京，一路攻到扬州，江防都督陈瑄以舟师降燕，燕师渡江，下镇江，直逼南京。谷王朱橞与李景隆开金川门降燕，朱棣就造反成功了。

唐朝徐敬业反武则天，有谋士劝他直取洛阳，这样兵锋所指，不服武则天的人多着呢，还有可能响应，这是造反成功唯一的希望。徐敬业却不往北边打，往南边打，想攻下常州，镇江，南京，以成帝业。那一看就是个割据的志气，就没人跟他了。

杜牧也讲了一个造反的战例。刘宋顺帝的时候，荆州沈攸之造反。他的本钱不小，史书说他素养士马，多积粮食，战士十万，甲马两千。叛军到了郢（yǐng）城，功曹臧寅说，攻守易势，郢城易守难攻，没有十天半月拿不下来。如果不能顺利拿下，锐气兵威就没了。造反这事，兵士们是被裹挟着干，一看不行，军心也有变。不如放弃郢城，顺流而下，直取建康（南京），拔了刘宋的根本，郢城不就传檄而定吗？

沈攸之不听，尽出精锐攻城。郢城郡守柳世隆拒之，攻不下来。跟着造反的士兵们看见第一仗就这么难，造反成功希望渺茫，都不想担这族灭之罪，纷纷当了逃兵，溃而走之。沈攸之见大势已去，自己走到树林里上吊了，造反大业就这么稀里糊涂结束了。

后世西方有战略家，总结为战略纵深，或战略瘫痪，一路攻到敌人中枢，把他中枢神经打瘫痪了，全国就投降了。不要步步为营，步步布防，甚至不要等补给线，关键是快。这就是希特勒、古德里安的闪电战。

万事都有代价

我们的社会有一种"狠话文化"，就是好说狠话，比如"不惜一切代价"如何如何。这世上没有什么事是不惜一切代价的，万事都有代价。

原文

地有所不争。

华杉详解

有的地方虽可争而不争。

曹操注解说："小利之地，方争得而失之，则不争也。"

杜牧注解说："言得之难守，失之无害。伍子胥谏夫差曰，'今我伐齐，获其地，犹石田也，不如早从事于越。'"伍子胥要夫差去争越国的地，不要去争齐国的地。因为吴国是南方人，灭了越国，得了越国的地，又能守住，也能耕种。取多了北方齐国的地，没什么用，也守不住。

不过此时夫差志得意满，又正被勾践伺候得舒服，每天搂着勾践送给他的西施，根本不认为有灭越的必要，北向中原，与齐晋争霸天下，才是他的志向。结果，他又中了勾践的离间计，杀了伍子胥。正在他举兵北上的时候，勾践乘他后方空虚，突然袭击，杀了他的太子。又过了几年，吴国为越所灭，夫差自杀。

读史者难免扼腕，伍子胥那么大功劳，对吴国那么重要，夫差怎么能杀他，自毁长城呢？这是旁观者的看法。在夫差看来，吴国的胜利和强大都是我自己的本事，怎么会是伍子胥的功劳呢？

杜牧还讲了一个战例：

东晋的时候，陶侃驻守武昌，长江北岸有邾城，诸将都说应分兵镇之，陶侃不回答，而诸将反复说。陶侃就带大家渡江去打猎，带他们到现场说："我之所以设险而御，凭借的是长江之险。邾城在江北，内无所依，外有群夷。贪图邾城的利益，不仅守不住，还招惹夷人来。所以得了邾城，无益于江南，反而招祸。"

后来庾亮守邾城，果然大败。

开疆拓土，代价最大，人民最苦。所谓"汉武大帝"，还有那句"明犯强汉者，虽远必诛"，今天很多人认为他是英雄，历史课本称他为伟大的政治家、军事家。但你若生活在他的时代，就注定逃脱不了悲惨的命运。要么在前方流血，要么在后方受苦，因为全中国都被他搞破产了。

汉武帝晚年，国家濒于崩溃的边缘，在巨大的政治压力下，他下了著名的轮台罪己诏，其中"狂悖"二字，作为汉武帝对自己的自我鉴定，算是恰当。

八百年后，唐代诗人杜甫，还留下一首千古名篇《兵车行》，就讲这汉武帝开疆拓土的：

> 边庭流血成海水，武皇开边意未已。
>
> 君不闻汉家山东二百州，千村万落生荆杞。
>
> 纵有健妇把锄犁，禾生陇亩无东西。
>
> 况复秦兵耐苦战，被驱不异犬与鸡。
>
> 长者虽有问，役夫敢伸恨？
>
> 且如今年冬，未休关西卒。
>
> 县官急索租，租税从何出？
>
> 信知生男恶，反是生女好。
>
> 生女犹得嫁比邻，生男埋没随百草。

"君命有所不受"这句兵法主要是说给国君听的，不是说给将领听的

前线将领要君命有所不受，就要先有牺牲自己的决心。

原文

君命有所不受。

故将通于九变之利者，知用兵矣；将不通于九变之利者，虽知地形，不能得地之利矣；治兵不知九变之术，虽知五利，不能得人之用矣。

华杉详解

国君的命令，有时是不应接受的，比如不符合前线实际情况的，可以不接受。

"君命有所不受"，这也算是《孙子兵法》里最有名的名句之一。曹操注解说："苟便于事，不拘于君命也。"只要有利于战事，不必拘泥于国君的命令。

《尉缭子》说："兵者，凶器也；争者，逆德也；将者，死官也。无天于上，无地于下，无敌于前，无主于后。"意思说这人在生死之间，为了生存，什么都可以干，没有道德标准，无法无天，也不存在什么主君了。

真是这样吗？

真这样，就没法指挥了。

因为大将对国君是君命有所不受，小将对大将也君命有所不受。每个人都自己判断，不接受上级的判断，那还怎么指挥呢？

所以这句话，有两个关键理解：

第一，这句兵法主要是说给国君听的，就是说您要让听得见炮声的人作决

策，尽量控制自己遥控指挥的冲动。

第二，这是九变之一，是讲变通。所谓变通，就是说这不是一般情况，是很特殊的情况。君命有所不受，意思是说不听国君的命令是死罪，但是遇到极特殊的情况，听了肯定得死，不听却可以为国家建功，这时候可以变通，不听。

"君命有所不受"，为将者千万不能当真。这句话本来就是带兵的人写在兵书里给国君看的，别国君没当真，自己当真了，以为自己有了至高无上的决策权力。

我们看看历史上的真实情况，是不是"君命有所不受"呢？不是！

唐代安史之乱，哥舒翰守潼关，坚壁不出，唐玄宗却催他出战。他知道出战必败，想不想"将在外，君命有所不受"呢？他想。但是，君命有所不受的下场就是被处死，前面高仙芝、封常清这样的名将，国家柱石，都被玄宗斩了。所以哥舒翰"恸哭出关"，率军出战。唐军大败，潼关失守，哥舒翰被俘，唐玄宗也丢弃长安逃往四川。

还有著名的岳飞，北伐功亏一篑，被宋高宗召还，他能不能"君命有所不受"呢？不受就是死，派一个监军带圣旨来，在军营中就斩了。

再复习一个我们之前学过的战例，讲小将对大将，"君命"受不受的。

战国时秦赵阏与之战，秦国重兵包围了阏与，赵奢率军去救。但他离邯郸三十里就停下扎营固守，假装无意进取，传军令说："有以军事谏者死！"

秦军在包围阏与的同时，为防止赵军来救，又分兵一支，直插武安，成掎角之势。赵军中一位小将，忧心如焚，向赵奢进谏，快去救武安，否则如何如何，赵奢立马把他斩了。

等把秦军麻痹够了，秦军相信赵奢只是应付一下，根本无意来战。赵奢突然轻兵连夜急进，插到阏与城外五十里扎营。这时军士许历看了地形，进言说："先占北山者胜，请在北山扎营列阵。"赵奢同意了他的意见。许历说："我的话已说完，请您行军法斩我吧！"赵奢说："回去再说吧。"

得胜还师后，许历被封为国尉，升官了。

从这个案例我们看到什么？第一个被斩的，他只看到局部，未看到全局；只看到现象，未看到本质；他的判断，并不如上级的判断，但他要"君命有所不受"，结果他被斩了，而他的人头，也成了赵奢战略的一部分。

第二个"君命有所不受"的，许历，首先他有必死之心。我这条命就是国家的，我的话能对国家有用，我说出来，死而无憾。

所以你要"君命有所不受"，就要先有牺牲自己的决心。

> 故将通于九变之利者，知用兵矣；将不通于九变之利者，虽知地形，不能得地之利矣；治兵不知九变之术，虽知五利，不能得人之用矣。

这一段是对前面的总结。将帅能精通以上变通的应用，就是懂得用兵了。如果不懂得变通，即便了解地形，也不能得到地利。如果指挥军队不懂得变通，则虽然知道五利，也不能充分发挥出军队的战斗力。

这里出现一个词，"五利"，其实和九变是一个意思，就是九变里面的五种情况。那五种？一说是"涂有所不由，军有所不击，城有所不攻，地有所不争，君命有所不受"。一说是"圮地无舍，衢地合交，绝地无留，围地则谋，死地则战"。

总之就是要懂得变通。

利害哲学：要能利中见害，要能害中见利

趋利莫忘避害。但人都有侥幸心理，一厢情愿。利中见到害，也认为那害发生几率很小，没事！害中见利，没有的利他也能看出来，并坚信一定会发生！

原文

是故智者之虑，必杂于利害。杂于利，而务可信也；杂于害，而患可解也。

华杉详解

> 智者之虑，必杂于利害。

智者能兼顾利、害两方面的考虑，既看到有利条件，也看到不利条件。

这有点像我们现在常用的SWOT分析，优势、劣势、机会、威胁。利就是机会，害就是威胁，你两方面都得分析到，不能只顾一头。

曹操注解说："在利思害，在害思利，当难行权也。"

看到利，就多想想它有什么隐患，藏着什么危险。看到害，就多想想它有什么积极的一面，能转害为利。遇到困难或突发事变，要懂得变通。

曹操注得深刻。我们自己呢？在害思利易，在利思害难！

因为人们的心理，总是一厢情愿，总是贪利而避害，总是侥幸心理。

贪利是真贪，避害却不是真避，而是在心理上逃避，侥幸而疏于防范。见到利的时候，心里知道背后有害，但却认为那不会发生。见到害的时候，坚决相信背后有利，并且一定会发生！

看看人们对"危机"的解释就知道了。人人都同意，危机=危险+机会，我们要化危险为机会，危机的"机"，就是机会的"机"。

实际上危机的"机"，是扳机的"机"，你不要去扣那个扳机，该买单的时候买单，低调买单认赔，就是最积极的处理。谁不遇到点坏事呢？不要老想"坏事变好事"，试图在坏事上还能另外捞一笔。

认输才会赢。不认输，不买单，就继续投入进去，害没能转化为利，反而越来越大，那就不是《孙子兵法》教给我们的本意了。

贾林注解："利害相掺杂，智者能虑之慎之，故能得其利也。"

张预注解："智者虑事，虽处利地，必思所以害；虽处害地，必思所以利。此亦变通之谓也。"

> 杂于利，而务可信也。

"杂于利"，是以害杂于利。把不利的一面、有害的可能，都放进去考虑过，都能够应对，则我们对要做的事就有了信心，就能够实现。

曹操注解说："计敌不能依无地而为我害，所务可信也。"

把敌人可能害我的地方都考虑过，怎么算他都害不到我，则我们的计划就可以实行了。

杜牧注解说："信，申也。言我欲取利于敌人，不可但见敌人之利，先需以敌人害我之事掺杂而计量之，然后我所务之事，乃可申行也。"

要取利于敌人，不能只见到利。要把敌人可能害我的地方都考虑到，要做的事才能成功。

张预注解说："以所害而掺所利，可以伸己之事。"

张预讲了一个案例。郑国出兵打败了蔡国，国人皆喜，唯有子产很忧惧，说："小国无文德而有武功，祸莫大焉。"果然，很快楚国就兴兵发郑了。因为楚国历来将蔡国视为他的势力范围，你打我的小兄弟，我就打你！

　　　　杂于害，而患可解也。

"杂于害"，是以利杂于害。在害中能发现有利的一面，发挥出有利的一面，则可解除患难。

杜牧注解说："我欲解敌人之患，不可但见敌人能害我之事，亦需先以我能取敌人之利，掺杂而计量之，然后有患乃可解也。比如敌人围我，我若但知突围而去，志必懈怠，即必为追击。未若励士奋击，因战胜之利以解围也。"

杜牧说，我想解敌人之患，不能只看到敌人能害我的一面，还要看我能取利于敌的一面，掺杂对照衡量，才能解患。比如我们被敌人包围了，如果只想着突围而去，那就斗志懈怠，最终被人追杀。不如以战胜之利鼓舞将士，拼死一战，则更能解围。

贾林注解说："在害之时，则思利而免害。故措之死地则生，投之亡地则存，是其患解也。"

张预讲了一个战例，西晋八王之乱，张方入洛阳，连战皆败，有人劝他宵遁，逃跑。他说："兵之利钝是常，贵因败以成耳。"当夜潜进逼敌，遂至克敌。

张方的话，前一句，意思是胜败乃兵家常事，后一句，很有味道，"因败以成"，贵在因败以成，一路失败，最后把事办成了。这就像搞科学发明实验，或经营创业，全部是因败以成，顺着失败，一路总结，最后成功。

害人兵法，教你不要被人害

> 这段是教怎么害人的。简单看看就行了，不要被人害，更不要去害人。

原文

是故屈诸侯者以害，役诸侯者以业，趋诸侯者以利。

华杉详解

屈诸侯者以害。

想办法让他自己去做对自己不利的事，使他的力量不得伸展。

曹操注解说："害其所恶也。"对他不利的事，想办法让他自己干。

李筌注解说："害其政也。"损坏他的政治。

贾林注解说："为害之计，理非一途，或诱其贤智，令彼无臣；或遗以奸人，破其政令；或为巧诈，间其君臣；或遗工巧，使其人疲财耗；或馈淫乐，变其风俗；或与美人，惑乱其心。此数事，若能潜运阴谋，密行不泄，皆能害人，使之屈折也。"

这都是教怎么害人，我们看看就行。

"诱其贤智，令彼无臣"，把他的贤良智慧之人拉走，让他没人用；扶持他的奸人，让他政令败坏；以巧诈之计离间他们君臣。

这样的案例太多了，之前学过的战例，长平之战，秦国使间谍去邯郸散布谣言，说廉颇不出战，是要投降秦国。秦国根本不怕廉颇，最怕的就是赵括，目的就是让赵国撤换廉颇，让赵括来送死。

"馈淫乐，变其风俗；或与美人，惑乱其心"。著名的西施，就是去完成这救国任务的，惑乱夫差之心，再加上买通奸臣伯嚭（pǐ），破其政令，吴国就亡了。

"遗工巧，使其人疲财耗"。送给他能工巧匠，让他花钱。钱都拿去修颐和园了，军费自然就没了。日本战国，丰臣秀吉死后，德川家康为了灭丰臣家族，就用了这招，让淀夫人和丰臣秀赖大修佛寺，就是为了让他们把金子用完，没有军费招募武士。

役诸侯者以业。

"业"，就是事，找点事来折腾他，劳役他，让他疲惫。

曹操注解说："业，事也。使其烦劳。如彼入我出，彼出我入也。"

折腾他，比如他回去我就出来，他出来我又回去。战例是前面学过的，春秋时吴国折腾楚国。伍子胥把吴军分为三军，一军出击，楚国全国动员，吴军又回去休息了。楚军解散，吴军二军又去骚扰，楚国全国动员，吴军又休息了。楚军解散，吴军第三军又上。车轮战搞了几轮，楚国精神崩溃了，吴国三军齐出，就攻陷了郢都，成为春秋时期攻陷国都的第一战。

战国时韩国为了劳役秦国，诱使秦国把人力物力消耗在水利建设上，无力进行东伐，派水工郑国到秦国执行疲秦之计。郑国给秦国设计兴修引泾水入洛阳的三百余里的灌溉工程。在施工过程中，韩王的计谋暴露，秦要杀郑国，郑国说："当初韩王是叫我来做间谍的，但是，水渠修成，不过为韩延数岁之命，为秦却建万世之功。"秦王政认为郑国的话有道理，让他继续主持这项工程。

郑国渠修成后，大大改变了关中的农业生产面貌，雨量稀少，土地贫瘠的关中，变得富庶甲天下。韩国"役诸侯以业"之计，反而让秦国成就了千古伟业。

趋诸侯者以利。

用利诱让敌人自己送上门来。

曹操注解说："令自来也。"

张预注解说："动以小利，使之必趋。"

这些都是教怎么害人的。简单看看就行了，不要被人害，更不要去害人。

居安思危，在治思乱，戒之于无形，防之于未然

居安思危，在治思乱，戒之于无形，防之于未然，每天都在解决困难，随时都在准备出事，因为出事是必然的，不出事是不可能的。当领导，就是解决困难和平事儿的。

原文

故用兵之法：无恃其不来，恃吾有以待也。无恃其不攻，恃吾有所不可攻也。

华杉详解

用兵的法则，不指望敌人不来，而要依靠我有充分的准备来应对他。不要指望敌人不向我们进攻，而要依靠我们有敌人进攻不下的力量和办法。

梅尧臣注解说："所恃者，不懈也。"所依靠的，就是自己永不松懈。

曹操注解说："安不忘危，常设备也。"时刻都防备着，准备着。

吴起讲将道，有一句话，叫"出门如见敌"。就是保持高度戒备。

《左传》说："不备不虞，不可以师。"

王皙注解说："凡兵之所以胜者，谓击其空虚，袭其懈怠。"所以你一空虚，一懈怠，马上就有巨大的危险，因为敌人严阵以待，就等你懈怠。所以"严整终事，则敌人不至"。

有人常说，白准备了，敌人也没来。事实上，你有准备，正是敌人没来的原因。你一旦没准备，他马上就到。

所以有事，要解决困难。没事，要防着随时会出事，领导人没法不焦虑，每天都在精神高度紧张和焦虑中度过。

王晢举了几个例子：

　　昔晋人御秦，深垒固军以待之，秦师不能久。楚为陈，而吴人至，见有备而返。程不识将屯，正部曲行伍营陈，击刁斗，吏治军簿，虏不得犯。朱然为军师，虽世无事，每朝夕严鼓兵，在营者咸行装就队，使敌不知所备，故出则有功。

晋人御秦，深沟高垒，严阵以待，秦军找不到空虚懈怠之机，就拖不起，撤回去了。吴攻楚，到了那儿发现楚军列阵等着，占不到便宜，转头就撤回去了。

程不识这段很有意思。程不识是汉代和李广同时代的名将，因为两人是两个极端，所以也常被放在一起比较。

不过今天，飞将军李广的故事还妇孺皆知，知道程不识的就太少太少了。因为李广的故事太多，而程不识的故事根本没有，他可能就没打过什么仗，为什么呢？因为敌人不敢来打他。他可能打不败你，你却肯定打不败他。

程不识为什么打不败呢？因为他太严谨！他的部队，首先"正部曲"，层级指挥系统非常严格。

然后是"正行伍营陈"，安营扎寨很有章法。行动起来，全军一起行动；扎下营来，敌人冲不动。

击刁斗，刁斗是古代一种器具，哨兵巡查的时候敲击来自我防卫。唐代杜甫有诗云："念彼荷戈士，穷年守边疆……竟夕击刁斗，喧声连万方。"程不识行军，前面有斥候，后面有后卫，宿营有警戒，防得铁桶一般。

"吏治军簿"，每天晚上还处理文件，军簿文书一件件处理到天亮。所以他从未让匈奴人得逞，但他自己也没有取得过重大的胜利。跟他的士兵，不得休息，非常紧张艰苦。

李广则恰恰相反，没有什么"正部曲"的层级指挥系统，和手下将领恩义相结，大家都是兄弟。行军是也没有什么部伍行陈，宿营是哪有水源就在哪儿宿营，人人自便，你怎么舒服就怎么来，也没有击刁斗警戒那回事。所以士兵都喜欢跟着李广，不喜欢跟着程不识。匈奴人也一样，都喜欢找李广交手，不去程不识那里讨晦气。所以程不识是永远不败，他防备得连敌人都不愿意来，想起他都郁闷。

李广则不是大胜就是大败，还被敌人俘虏过，又很精彩地装病夺马逃回来，被判了死罪，交罚款赎罪为平民，后来又得到起用，最终还是在战场上迷路不能建功，羞愤自杀。

李广这种做法，就不是正规部队，没有正式的管理。所以他带不了大部队，只能带兄弟伙。这就是为什么皇上始终不让他带主力大部队，都是打侧翼配合。他那么多战功，那么有名，却始终不得封侯，以至于"冯唐易老，李广难封"都成了笑话。

该学程不识，还是学李广呢？伏波将军马援点评最准确："效程不识不得，犹为谨敕之士，所谓刻鹄不成尚类鹜者也；效李广不得，陷为天下轻薄子，所谓画虎不成反类狗者也。"

司马光也有评论："效不识，虽无功，犹不败；效李广，鲜不覆亡。"学程不识，即便不能建功，也能不败。学李广，没有不灭亡的，因为你不是李广。

王晳还举了一个人的例子是朱然，三国时孙权的大将。朱然没有周瑜那么有名，但他的地位可不低，最后官至左大司马右军师，是东吴政治军事的最高决策人之一，一生战功赫赫，活了六十八岁，在乱世中可谓善终。他就是没有战事的时候，也每朝每夕擂鼓演兵，在军营中全副武装，随时都可能开拔出去。敌人也不知道他在备战什么，所以他每次出兵都能建功。

所以居安思危，在治思乱，戒之于无形，防之于未然，每天都在解决困难，随时都在准备出事，**因为出事是必然的，不出事是不可能的。当领导，就是解决困难和平事儿的。**

领导者的五个性格缺陷最危险

领导力，很大程度上是一种性格。反之，领导者的灾难，往往也是一种性格缺陷。将领有五种性格缺陷，是最危险的。

原文

故将有五危：必死，可杀也；必生，可虏也；忿速，可侮也；廉洁，可辱也；爱民，可烦也。凡此五者，将之过也，用兵之灾也。覆军杀将，必以五危，不可不察也。

华杉详解

领导力，很大程度上是一种性格。反之，领导者的灾难，往往也是一种性格缺陷。

将领有五种性格缺陷，是最危险的：

一、不怕死，一味死拼，就会被敌人所杀。

二、贪生怕死，没有必死之心，又会被俘虏。

三、愤怒急躁，经不起刺激，会中人激怒之计，愤而出战送死。

四、廉洁，爱惜名誉，受不得污辱，会为了维护自己的名誉，洗清别人泼自己身上的脏水，而不顾巨大的风险出战，中计。

五、爱护居民，也会被人利用，或让他为掩护居民而烦劳，或驱使人民为炮灰，让他不忍作战，而敌人就藏在里面。

这五种性格缺陷，都是将领的过错，用兵的灾害。军队覆灭，将领身死，都是由于这五种危险造成的，不可不警惕！

性格即命运

故将有五危：必死，可杀也；必生，可虏也；忿速，可侮也；廉洁，可辱也；爱民，可烦也。凡此五者，将之过也，用兵之灾也。覆军杀将，必以五危，不可不察也。

华杉详解

必死，可杀也。

曹操注解说："勇而无虑，必欲死斗，不可曲挠，可以奇伏中之。"

遇到那有勇无谋，拼死要斗的，不跟他正面争锋，引他来，设伏兵吃掉他。

《司马法》说："上死不胜。"就是说如果将领没有谋略，只是知道身先士卒去冒死作战，那就没法取胜。

黄石公，就是传说中送《太公兵法》给张良的那位神仙，说："勇者好行其志，愚者不顾其死。"勇者好行其志，勇敢的人，就喜欢按自己的意愿行事，不愿意因为危险而放弃自己的计划。如果他正好又愚蠢，他就不顾其死，看不到死亡的危险。

吴起说："凡人之论将，常观于勇；勇之于将，乃数分之一耳。夫勇者必轻合，轻合而不知利，未可将也。"

吴起说，一般人论将，都把勇敢放在第一。其实，勇敢的品质，对于将领来说，不过占几分之一。因为勇敢的人，必然轻于合战。没有把怎么做对自己有利想清楚，就挥师合战，那是不能做将领的。

孙子讲将道，排序是智信仁勇严。克劳塞维茨讲将道，专门强调勇敢是第一。吴起则干脆说勇敢只占将领必备品质的几分之一。

必生，可虏也。

曹操注解说："见利畏怯不进也。"

《司马法》说"上死不胜"，也说"上生多疑"。贪生怕死，就疑神疑鬼，放大危险，害怕损失。没有斗志，那也是兵家大患。

东晋时，桓玄篡晋称帝。晋将刘裕起兵讨伐，溯江而上进击桓玄，战于峥嵘洲。那时候刘裕只有几千兵，而桓玄兵马颇盛。但是桓玄怕失败，怕死。在他的战船旁总系着轻舟，随时准备跑。他的士兵看在眼里，也就都没有斗志。结果刘裕乘风纵火，尽锐争先，桓玄大败。

孟氏注解说："将之怯弱，志必生返，意不亲战，士卒不精，上下犹豫，可急击而取之。"

这几句很深刻，如果你怯弱，志必生返，心里想着一定要活着回来。那你不能去打仗，**因为打仗没有一定要活着回来这一说，一定要活着，只能逃跑或投降。**

"意不亲战"，不准备亲自上阵作战，让手下在前线冲杀，那也不行。因为要打仗，是你的事，大家是跟你办事，帮你办事。不能你不去办，都让别人办，那就不用你了。

今天我们做任何工作都一样，你不能脱离一线，脱离了一线，从思想上来说，你不接地气，脱离实际，领导力会削弱；从组织上来说，你没有跟战士们在一起，没有亲自带兵，那么就会"士卒不精，上下犹豫"，就会被别人"急击而取之"。

忿速，可侮也。

杜牧注解说："忿者，刚怒也。速者，偏急也，性不厚重也。"
王晳注解说："将性贵持重，忿猾则易挠。"
曹操注解说："疾急之人，可忿怒侮而致之也。"

为将者，性格一定要持重，要厚重，要稳重。如果刚急易怒，心胸偏狭，敌人就会利用你的性格弱点，激怒你，侮辱你，引你上钩。

五胡乱华十六国时期，姚襄攻黄落。前秦苻生派苻黄眉、邓羌讨伐。姚襄深沟高垒，固守不战。邓羌对黄眉说："姚襄性格刚狠，容易激动。如果我们大张旗鼓，长驱直进，直压他的营垒，他肯定受不了我们的嚣张气焰，一定要出来决个高下，可一战而擒之。"黄眉依计而行，姚襄果然受不了，忿而出战，被黄眉等所斩。

李世民斩隋将宋老生，也是一例。宋老生率精兵两万守霍邑城。李渊来攻。李世民说宋老生有勇无谋，肯定出战。于是李渊在城外埋伏，李建成、李世民带几十骑到城下去辱骂宋老生。宋老生果然受不了，率军出城。结果中了李渊埋伏，后面又被李世民夺了城门，断了归路，被击斩于阵。

　　廉洁，可辱也。

这廉洁，不是说不贪污，是洁身自好，极端爱惜自己的羽毛，爱惜名声，容不得自己身上有一点污点，一滴脏水。你坏他名声，他觉得跳进黄河也洗不清，那么他一要找你拼命，二是宁死也要证明自己清白，就会乖乖地中计送上门来，甚至明知是计，也甘愿来上当。

受不了污名，是一大性格弱点；沽名钓誉，追求自己的清名，也是一大毛病。因为你越是清清白白闪闪亮亮，就是害周围的人得强迫症，每个人都想揭你污点，泼你脏水，因为你太刺眼。所以中国古代有"君子自污"之说，我自己给自己洒点无伤大雅的污垢，不要那么刺眼，作为一种避祸之道。

　　爱民，可烦也。

这就跟绑架一样。你看电影上的大英雄，最后都是把他女朋友抓住了，他就是刀山火海也得来。将领如果爱惜人民，就以人民为人质去胁迫他。大家熟悉的就是《三国演义》的故事，赤壁之战前，曹操打来了，刘备带着人民走，所以走得慢，被曹操追上了。

但是有的人不吃这一套，比如周亚夫，七国之乱，叛军攻打梁国，非常紧急，危若累卵。梁王苦战求救，他根本置之不理，任由梁国挣扎在生死边缘。实际上他压根就是让叛军的士气、粮草都在梁国耗尽，他最后以逸待劳收拾残局。最后结果如他所算，梁国顶住了，叛军粮食没了，撤退，周亚夫"击其惰归"，一举平叛。不过梁王恨他也恨透了：苦战的是老子！平叛的是周亚夫！

周亚夫不顾梁王，比他更狠的是刘邦，他连自己的父亲、妻子、儿女，统统都不顾。项羽捉了他的父亲和妻子吕雉，把他爹剥光了衣服捆在案板上，旁边架一口大锅，说你不出战，就把你爹烹了，把你老婆杀了。刘邦站在城墙上大声回应说："咱俩在怀王面前约为兄弟，我爹就是你爹，你要烹了咱爹，那也分一碗汤给我喝。至于我老婆，你要杀便杀，无所谓。"项羽在他这流氓嘴脸面前，气得脸色铁青，但最终还是没伤害他家人。

又一次，刘邦被项羽打得大败，落荒而逃，夏侯婴驾车，他和一对儿女在车上，也就是后来的汉孝惠帝和鲁元公主。后有追兵，情况紧急，刘邦嫌车上人太多，跑得不够快，两脚把一对儿女蹬下车不要了，自己跑。夏侯婴赶紧停下车，把两个小孩抱上来，"如是者三"，搞了三回。而且每次夏侯婴把孩子们抱回来，惊恐的孩子紧紧搂着他脖子，他还不马上催马狂奔，而是慢慢地哄孩子们平复一下，才快马走。刘邦气得想杀掉夏侯婴，但杀了他又没人赶车了。最终还是安然无恙逃离了险境。

像刘邦这样，"不必死，不必生，不忿速，不廉洁，不爱民"，就是人至贱，则无敌了。

附录：《九变篇》全文

孙子曰：凡用兵之法，将受命于君，合军聚众。圮地无舍，衢地交合，绝地无留，围地则谋，死地则战。涂有所不由，军有所不击，城有所不攻，地有所不争，君命有所不受。故将通于九变之地利者，知用兵矣；将不通于九变之利者，虽知地形，不能得地之利者矣。治兵不知九变之术，虽知五利，不能得人之用矣。

是故智者之虑，必杂于利害。杂于利，而务可信也；杂于害，而患可解也。是故屈诸侯者以害，役诸侯者以业，趋诸侯者以利。故用兵之法，无恃其不来，恃吾有以待也；无恃其不攻，恃吾有所不可攻也。

故将有五危：必死，可杀也；必生，可虏也；忿速，可侮也；廉洁，可辱也；爱民，可烦也。凡此五者，将之过也，用兵之灾也。覆军杀将必以五危，不可不察也。

第九章

行军第九

侥幸是决策者最可怕的心态

懂兵法，不一定会用兵法，因为具体时候心态不一样。

原文

行军篇

孙子曰：凡处军、相敌：绝山依谷，视生处高，战隆无登，此处山之军也。绝水必远水，客绝水而来，勿迎之于水内，令半济而击之，利；欲战者，勿附于水而迎客，视生处高，无迎水流，此处水上之军也。

华杉详解

《行军篇》，王皙注解说："行军当据地便，察敌情也。"行军，包括行军、宿营、布阵，一是要利用地形便利，二是要注意侦察敌情。所以《行军篇》，就是讲不同地形的注意事项，和观察敌情判断的要诀。

曹操注解说："择便利而行也。"

张预注解："知九地之变，然后可以择利而行军，故次九变。"懂得九地之变，才懂得行军，所以放在《九变篇》后面。

处军、相敌。

"处军"，就是驻军、宿营，安营扎寨。

"相敌"，就是观察敌人，判断征候，出现什么现象，说明什么问题。

王皙注解说："处军凡有四，相敌凡三十有一。"本章内容，讲了四种地形的扎营方法，和三十一种敌情表征判断。

绝山依谷，视生处高，战隆无争，此处山之军也。

这是第一种地形——山地的行军要诀。

"绝山依谷"，杜牧注解说："绝，过也。依，近也。"绝，就是通过；依，就是靠近。行军通过山地，要靠近山谷。

山谷有什么呢？曹操注解说："近水草便利也。"山谷才有水源，又有草可以放牧。因为军队有马，要吃草。炊事班还带着猪、羊，也要吃草。

李筌注解说："夫列营垒，必先分卒守隘，纵畜牧，收樵采，而后宁。"宿营要在险要地方分兵把守，然后能放牧牲畜，打柴煮饭。

后汉时期，武都羌族叛乱，马援去征讨。羌族在山上，马援占据山谷，夺其水草，坚守不战。羌人水源断绝，粮食吃尽，穷困不堪，就都投降了。

视生处高。

曹操注解："上者，阳也。"生，就是阳面，就是朝南。

李筌注解："向阳曰生，在山曰高。上高之地，可居也。"

所以绝山依谷，要靠近山谷，但可不能在谷底扎营，要在高处向阳的地方。在高处，视野开阔，便于防守。如果在山谷里扎营，就容易被人包围，居高临下攻击。

为什么强调要在阳面呢，因为阳面相对干燥、温暖、舒适，不易生病。如果在阴湿的阴面，那士兵就很容易感冒了，若流感横行，在缺医少药的古代，则可能造成大规模的死亡。拿破仑说，再残酷的战斗，也没有营地不卫生对士气的打击大。瘟疫流行的非战斗减员，也远比战斗减员来得可怕。因为战斗减员，你的人战死，敌人也在战死。而非战斗减员，是你自己病死，一点没伤到敌人。

前面说马援在平定羌族叛乱的时候，是占据有利地形，困死了羌人。但之前我们学过的，他人生中最后一战，讨伐湖南苗族叛乱，则是冒险从水路进军，被困在山高林密的河谷里，扎营在阴湿的河岸边，苗人从河岸高处鼓噪攻打，而他的部队瘟疫流行，他自己也病死了。马援决策的时候知不知道有这危险呢？当然他一清二楚，但他老了，最后一次立功机会，不在乎自己的危险生死，想冒险一搏，心态不一样，犯了上一章讲的"将有五危"中的第一条："必死，可杀也。"这一条，他肯定也会背的。但为什么违反呢，**因为他这时有了决策者最可怕的心态——侥幸。**

侥幸心理，人人常有。所以决策前，一定要作"侥幸检查"——我这样决定，有没有侥幸心理？

> 战隆无登。

杜牧注解说："隆，高也。言敌人在高，我不可自下往高，迎敌人而接战也。"仰攻总是吃亏的，不要硬上。

> 此处山之军也。

以上就是在山地行军扎营作战的处置办法。

水战兵法，也是陆战兵法

原文

> 绝水必远水，客绝水而来，勿迎之于水内，令半济而击之，利；欲战者，勿附于水而迎客，视生处高，无迎水流，此处水上之军也。

华杉详解

"绝"，过。上条说"绝山依谷"，通过山地要靠近山谷。这条说"绝水必远水"，渡河之后要远离河流。

客绝水而来，勿迎之于水内，令半济而击之，利；欲战者，
勿附于水而迎客。

敌军渡河来攻，首先我们列阵要远水，不要"附水"，依附在水边。也不要在水上迎击敌人，等他渡过一半再击。

所以孙子的水战法，还是陆战法，如果都在水上打，就是水军了。

不在水边列阵，水边列阵可以阻止敌军渡河，但他不渡过来，我们也没法打他。

我们放弃河岸防守阵地，引他渡河。他渡河，也不在水面上迎击他。等他渡过一半的时候打。这样敌军只有一半的兵力能投入战斗，而且他们在河滩，在低处，我们从自高往低冲击他，对我们有利。

这和我们平时想象的防守和登陆作战不一样。比如诺曼底登陆，德军如果不在海岸上设防，还等盟军"半渡"再打，那真是不可想象。所以这个做法有个前提——"欲战者"，就是我方的目的是作战消灭对方，而不是防守，才适用这一条。

宋襄公东施效颦，是荒唐，不是仁义

原文

绝水必远水，客绝水而来，勿迎之于水内，令半济而击之，利；欲战者，勿附于水而迎客，视生处高，无迎水流，此处水上之军也。

华杉详解

杜牧讲了一个战例：

三国时，魏将郭淮在汉中，刘备欲渡汉水来攻。郭淮部下将领认为刘备势大，众寡不敌，应该依水为阵，不让他渡河。郭淮说："不对。如果我们依水为

阵，那是示弱，刘备一看就知道我们不敢跟他打，那他就敢过来。不如远水为阵，引他过来，等他渡过一半，再攻击他。"于是远水为阵。刘备在对岸看了，知道这是"半济而击"的套路，不敢过来，撤兵了。

春秋时，齐桓公死后，天下没了霸主。宋襄公想继承齐桓公的地位，又没有那个实力，便东施效颦，以"仁义"为标榜，希望天下服他，于是留下了泓水之战的笑话。

宋襄公要称霸，柿子拣软的捏，讨伐不服他的弱国郑国。郑国向楚国求救，楚国即刻发兵讨伐宋国。宋襄公看事态严重，回师在泓水布防。

宋楚战于泓。宋军已经列阵，楚军还没渡过河来。右司马公孙固向宋襄公建议："彼众我寡，可半渡而击。"襄公不同意，说我们是仁义之师，"不推人于险，不迫人于阨（è）"。

楚军安然渡河，开始列阵，公孙固又请宋襄公乘楚军列阵混乱、立足未稳之际发起进攻，襄公又不允许，说："不鼓不成列"。直待楚军列阵完毕后方下令进攻。结果宋军大败。宋襄公亲军全部被歼，襄公自身亦伤重而死，宋的霸业梦也不做了。

世人都笑宋襄公"蠢猪式的仁义"，哀叹人心不古，三代以前的君子之战传统没了，仁义已死，诡诈当立。

事实上宋襄公哪有什么仁义，他就是一个传统的老贵族，梦想恢复祖先的荣耀，宋国是殷商后裔，周灭殷后将殷商王室，封在宋国。宋襄公看齐桓公死了，天下共主应该轮到我了。

但是他长于深宫妇人之手，没出过门，根本不知道天下是怎么回事，更别说政治军事了。

他知道自己没有军事实力，以为齐桓公是以仁义霸天下，我只要仁义，天下就会推举我为霸主。

但大家不买他的账。特别是楚国在他发起的会盟大会上居然把他绑架了，在鲁国协调下才放回来。他吃了楚国的大亏大羞辱，却不敢报复楚国，找楚国的小兄弟郑国出气。楚国打过来，他又演了那么一出荒唐闹剧。

所以宋襄公和仁义没半点关系，甚至用愚蠢来形容他，都把他抬高了。他就是荒唐而已。

学习兵法的痛苦是对方也懂兵法，学习博弈论的痛苦是对方不懂博弈论

因为兵法是要我赢，对方也懂，就不容易赢。博弈是追求共赢，对方不懂博弈论，你能算出双方共同的最优解，他却不懂，不会算，结果把你拖下水两败俱伤。

原文

绝水必远水，客绝水而来，勿迎之于水内，令半济而击之，利；欲战者，勿附于水而迎客，视生处高，无迎水流，此处水上之军也。

华杉详解

刘备看见郭淮远水而陈，就不敢渡河。唐朝初年则有个类似战例，结局相反。

薛万均与罗艺守幽燕，窦建德率众数十万寇范阳。薛万均对罗艺说："众寡不敌，我们如果出战，百战百败，只能计取。我们可以羸兵弱马阻水背城为阵，引诱他渡河来战，您率精骑数百在城侧埋伏。等他渡了一半，出击破他。"罗艺依计而行，窦建德果然渡河，半渡而击，大破之。

张预注解说："贼若引兵渡水来战，不可迎之于水边，待其半济，行列未定，首尾不接，击之必胜。"

欲战者，勿附于水而迎客。

想和敌人交战，就不要在水边列阵迎敌。因为你若列阵在水边，敌人就不

敢渡河来战。

张预注解说："我欲必战，就不要近水迎敌，因为怕他不渡河。反之，我不想战，则阻水拒之，让他渡不了河。"

不过由于双方都懂得这道理，我们看见前面的战例对这一条的运用都是反的。郭淮不想跟刘备打，他知道根据兵法，不想打的话，就在水边列阵，挡住他不让渡河。但是他知道，刘备也知道兵法，如果他近水列阵，刘备就知道他实力不济，不想打，则刘备反而要渡河来打他，在水边那点兵力也不一定挡得住。而郭淮远水列阵，根据兵法，刘备认为这是郭淮实力在手，自信，必欲战，准备半渡而击，刘备就不敢来了。

结果郭淮赌赢了，刘备判断错了。

张预还讲了一个有意思的战例。春秋是晋楚交战，晋将阳处父与楚将子上夹泜水而军。阳处父想让楚军渡河，半渡而击，于是退军一舍。子上也想到了半渡而击之计，要诱使晋军渡河，他也退军一舍。大家想到一块儿去了，相互都不中计，越退越远，没意思了，干脆各自退回国内去了。

所以学习兵法的痛苦是对方也懂兵法，学习博弈论的痛苦是对方不懂博弈论。因为兵法是要我赢，对方也懂，就不容易赢。博弈是追求共赢，对方不懂博弈论，你能算出双方共同的最优解。他却不懂，不会算，结果把你拖下水两败俱伤。

我们常说"形势比人强"，就这两败俱伤的形势，咱们合作吧！但对方对形势的判断跟你不一样，他认为他能赢，你就只能陪他败了。

视生处高。

前面讲到在山地宿营要"视生处高"，在水边也要视生处高，在高处，在向阳面。

曹操注解说："水上亦当处其高也。前向水，后当依高而处之。"

要向阳面，前面说了，干燥卫生不生病。

居高处，一是视野辽阔便于观察敌情；二是不要被人放水淹了，或夜间大雨山洪暴发河水上涨什么的；三是若敌人来袭击，还是高处势便。

无迎水流。

曹操注解说:"恐溉我也。"怕敌人放水淹我,跟前面"视生处高"一个意思。

贾林注解说:"水流之地,可以溉吾军,可以流毒药。"这是除了水淹,还有被敌人在水中放毒的危险。

诸葛亮说:"水上之陈,不可逆其流。"这是讲水战了。水战是顺流而下的占便宜,占大便宜。若逆流去攻敌,则还要和水流作战,胜算就很低了。所以历代襄阳和安庆是军事重镇,襄阳或安庆一陷落,顺流而下,南京基本就守不住。

此处水上之军也。

这就是在水上用兵的方法。

盐碱沼泽地和平原地带的用兵之法

原文

绝斥泽,惟亟去无留。若交军于斥泽,必依水草而背众树,此处斥泽之军也。平陆处易,而右背高,前死后生,此处平陆之军也。

凡此四军之利,黄帝之所以胜四帝也。

凡军好高而恶下,贵阳而贱阴,养生而处实,军无百疾,是谓必胜。丘陵堤防,必处其阳,而右背之。此兵之利,地之助也。

华杉详解

"斥",盐碱地;"泽",沼泽地。

"绝斥泽,惟亟去无留",部队通过盐碱地、沼泽地,要快速通过,不可久留。

陈皞注解说："斥，碱卤之地，水草恶，渐洳不可处军。《新训》曰'地处斥泽，不生五谷'是也。"

王晳注解说："斥，卤也，地广且下，而无所依。"

张预注解说："以其地气湿润，水草薄恶，故宜急过。"

这些注释，讲了斥泽——盐碱沼泽——的四大威胁：

一、不生五谷，没有食物，得不到补给。

二、水草薄恶，难以宿营。

三、地势宽广而低下，防守无所依靠，难以构筑工事。

四、地气湿润，容易生病疫。

所以，"惟亟去无留"，赶紧走，不要留。这里我们也看到当年红军长征过草地的苦处。

若交军于斥泽，必依水草而背众树。

万一和敌人在斥泽之地遭遇，一定要靠近水草而背靠树林。

近水草，是必须要有水源。如果盐碱地，没有水喝，军队就支持不了。

背靠树木，一是背靠险阻，不至于四面对敌。二是沼泽地你不知深浅，说不定哪个地方一个泥塘，一脚踩进去就出不来，我们在电影里都看过，红军过草地，走着走着一个战士突然就陷进水中没了顶。沙漠也有这种情况，某些地方沙是松的，一个深坑，你一旦踩进去，自己爬不出来，一点点陷进去被沙埋了。去拉你的人也危险，说不定给一起陷下去。而长有树木的地方，地面就比较坚实，没有这种危险。

李筌的注释讲到了这一点："急过不得，战必依水背树。夫有水树，其地无陷溺也。"如果不能快速通过，比如这沼泽地太大，一天走不完，宿营、备战，一定要寻找有水有树的地方。

此处斥泽之军也。

这就是在盐碱沼泽地区用兵的办法。

平陆处易。

杜牧注解说："言于平陆，必择其中坦易平稳之处以处军，使我军车骑得以驰突。"

曹操注解说："车骑之利也。"

张预注解说："平原旷野，车骑之地，必择其坦易无坎陷之处以居军，所以利于驰突也。"

军队在平原驻扎，要选择平坦的地方，没有沟沟坎坎，便于车骑奔驰往来。

所以古代为了防止北方游牧民族南侵，不仅有长城，还在平原地带大量种树，就是因为北方匈奴是骑兵为主，我们是步兵。要用树林来减缓他们的速度，否则"突突突"地就长驱直入了。

而右背高，前死后生。

平陆处易，要找平坦的地方，但不是四面都平坦。四面都平坦，我们就四面受敌了。最好要"右背高"，右边背靠着高地，左边平坦。这样我们后有屏障，前可杀敌。前死后生，前面是战场，是死地；后面有靠山，没危险，是生地。这样我们打起仗来就便利了。

所以两军交战，谁先到达战场，先占了有利地形，谁就多了很大胜算。

曹操注解说："战便也。"这么安排，我比较方便。

为什么是右背高，不是左背高呢？

李筌注解："夫人利用，皆便于右，是以背之。"都是用右手，端枪也是左手在前，右手在后，所以右边方便。

贾林注解说："岗阜曰生，战地曰死。后岗阜，处军稳；前临地，用兵便；高在右，回转顺。"山冈是生，战地是死。背靠山冈，军形稳定。前临平地，用兵方便。高处在右，回转比较顺。比如喊口令"向后转！"，都是向右顺时针转，也有向左反着转的，那大家就要哄笑了。

姜太公说："军必左川泽而右丘陵。"右边靠山，左边临水。那最好了，我们要啥有啥，敌人只有一条路可以来，我军防守的压力也轻些。

> 此处平陆之军也。

这就是在平原地区的用兵之法。

> 凡此四军之利，黄帝之所以胜四帝也。

这是最后总结，这四种情况，山、水、斥泽、平陆的处军之法。

诸葛亮说："山陆之战，不升其高；水上之战，不逆其流；草上之战，不涉其深；平地之战，不逆其虚。此兵之利也。"

山陆之战，不要仰攻高处；水上之战，不要逆流而上；草泽之战，不可深入；平地之战，要背靠实地。

> 黄帝之所以胜四帝也。

黄帝就是靠这些办法战胜四方诸侯的。

这四帝是谁？上古时代，只有三皇五帝，没有四帝之说。曹操注解说："黄帝初立，四方诸侯无不称帝。"那就是泛指当时的各个诸侯王。

孙子从哪儿学的兵法，是从天上掉下来的吗，是他自己想出来的吗？都不是，他也和孔子说自己一样，"述而不作"，只是叙述，不是创作，是从古人那里学来的。

天下兵法，始于黄帝，黄帝兵法，作于他的大将风后。前面我们说过，"以正合，以奇胜"之道，源自黄帝风后兵法的《握奇文》。由黄帝而姜太公，由姜太公而孙子，终于集中国兵法之大成，《孙子兵法》，直到今天，其战略思想，还在时代的最前沿。

英国著名战略家李德哈特评论说："世上只有两部军事战略书籍，超越所有其他兵书战策，就是《孙子兵法》和克劳塞维茨的《战争论》，而《战争论》比起《孙子兵法》来，还是过时了。"

《战争论》比《孙子兵法》晚了两千多年，李德哈特还说《战争论》过时了，《孙子兵法》才是前沿。这就是孙子的价值。

凡军好高而恶下，贵阳而贱阴，养生而处实，军无百疾，是谓必胜。丘陵堤防，必处其阳，而右背之。此兵之利，地之助也。

最后再概括一下。

军队驻扎，总是选择干燥的高地，而避开潮湿的洼地。要向阳面，不要背阴。

"养生"，是靠近水草，便于放牧战马，放牛放羊喂猪，打水砍柴，粮道便利。

"处实"，"实"，是虚实的实，占高地，有靠山，就是实。背后是空的，没有屏障，就是虚。

"养生处实"，就是生活条件有保障，后防屏障没有后顾之忧，就留一面杀敌。

在高处，在阳面，养生处实，军中不容易生病，这样战斗力才强，才能保证必胜。

　　丘陵堤防，必处其阳，而右背之。

杜牧注解说："凡遇丘陵堤防之地，当居其东南也。"
所以驻军也和买房子差不多，要选好朝向，朝向好，住起来才舒服。
王晳注解说："处阳则人舒以和，器健以利也。"

孙子给驴友的救命兵法

原文

上雨，水沫至，欲涉者，待其定也。

华杉详解

这是开始讲各种可能遇到的情况。

上雨，水沫至，欲涉者，待其定也。

渡河的时候，如果发现河水浑浊，水面有泡沫，那就说明上游有大雨，一会儿河水可能会暴涨。如果此时渡河，可能渡一半，河水暴涨，就给淹死了。所以不要渡，等一等，等水面平静了，水势稳定了，再渡。

我经常看到报道，因为上游水库放水，淹死下游民众的新闻。大家只是愤怒，却没有提出一个技术解决方案。为什么不能先放下一些信号标呢？比如你一开始，水不要放那么大，放下一些红色警示彩球，隔十分钟放一批，一小时后再正式放水，这样不就给下游河边的人准备时间了吗？否则你就是挨村通知，也必然有没通知到的，突然排山倒海的大水放下来，还是误了人的性命。

这条兵法，对我们一些喜欢户外驴友运动的人也有用。出去登山，在水边宿营，山洪暴发，被淹死的事情也时有发生。台湾阿里山下也发生过这样的悲剧，游客在河滩上钓鱼，上游洪水下来，河水暴涨。救援人员到了，电视转播车也到了，就是救不下来，最后游客在电视直播下被洪水淹没了。

你记住孙子这条救命兵法：如果看见水开始浑浊并有水沫，那就是上游有雨，水势随时会暴涨！下雨引起的涨水，毕竟和水库放水不一样，是有时间逃生的。

六种危险地形

凡地，有绝涧、天井、天牢、天罗、天陷、天隙，必亟去之，勿近也。吾远之，敌近之；吾迎之，敌背之。

华杉详解

这是六种危险地形，近不得。

"绝涧"，梅尧臣注解说："前后险峻，水横其中。"

曹操注解说："山深水大者为绝涧。"

总之是一条深沟，前面水还不小，你过不去。

"天井"，梅尧臣注解说："四面险峻，涧壑所归。"

曹操注解说："四方高，中央下者为天井。"

杜牧引了《军识》的解释："地形坳下，大水所及，谓之天井。"

天井是四面都高，下面还有水，是个天然的大井。

"天牢"，梅尧臣注："三面环绝，易入难出。"

曹操："深山所过，若蒙笼者，为天牢。"

杜牧："山涧迫狭，可以绝人，谓之天牢。"

三人注解有区别，《十一家注孙子校理》以梅尧臣注解为准。天牢是三面环绝，有一面可以进去，但进得去出不来，那就是天然牢狱。

"天罗"，梅尧臣注："草木蒙密，锋镝莫施。"

就是草木深密，行动困难，刀枪施展不开，弓也拉不开，箭也射不出来。就像你打高尔夫球，进了树林，你挥不了杆。

"天陷"，梅尧臣注："卑下泥泞，车骑不通。"

地势低洼，道路泥泞，车马过不去，天然陷阱。

"天隙"，梅尧臣注："两山相向，洞道狭恶。"

就是我们经常去旅游景区碰上的"一线天",大家都喜欢去看。不过旅游是好玩,如果是打仗、行军在一线天里面,就凶多吉少了。

> 必亟去之,勿近也。

遇到这六种地形,必须迅速离开,不可靠近。

> 吾远之,敌近之;吾迎之,敌背之。

我们离这六种地形远远的,让敌人靠近它。如果在这六种地形附近和敌人交战,则对我们有利的阵地,是我们面对这六种地形,而敌人背靠着它。

曹操注:"用兵常远六害,令敌近背之,则我利敌凶。"

杜牧注:"迎,向也;背,倚也。言遇此六害之地,吾远之,向之,则进止自由;敌人近之,倚之,则举动有阻。故我利而敌凶也。"

所以用兵的关键,是抢先占据有利地形,若碰见六害绝地,我们离得远远的,面向它,等敌人来,把他挤进去。

三十二种敌情观察法(一)

原文

军行有险阻、潢井、葭苇、山林、翳(yì)荟者,必谨覆索之,此伏奸之所处也。

敌近而静者,恃其险也;远而挑战者,欲人之进也;其所居易者,利也。

众树动者,来也;众草多障者,疑也;鸟起者,伏也;兽骇者,覆也。尘高而锐者,车来也;卑而广者,徒来也;散而条达者,樵采也;少而往来者,营军也。

华杉详解

> 军行有险阻、潢井、葭苇、山林、翳荟者，必谨覆索之，此伏奸之所处也。

曹操注："险者，一高一下之地；阻者，多水也；潢者，池也；葭苇者，众草所聚；山林者，众木所居也；翳荟者，可屏蔽之处也。"

进军路上遇到险要之地，湖泊沼泽、芦苇、山林等等容易隐蔽的地方，要仔细搜索，防止敌人有伏兵或斥候。

以下开始讲相敌，一共三十二种敌情观察法。

1. "敌近而静者，恃其险也"

敌人离我们很近，却不动，那是占据了险要、有利地形，有恃无恐。"静"，是静止不动，不一定安静不出声。前面学过马援讨伐湖南苗族叛乱的战例。马援被困在河滩上，苗人就在峡谷高处对他鼓噪，因为知道他上不去，奈何不得。

2. "远而挑战者，欲人之进也"

敌人离我们很远，又派少数部队来挑战，那是要引诱我们前进。

上一条说敌军相近而不动，是恃险无惧。这一条相反，敌军相远而挑战，是要诱我前进。《尉缭子》说："分险者，无战心。挑战者，无全气。"若敌人先占了险地，我们不要与他作战。若敌人隔得远又来挑战，我们不要全气击之，留一手，打打看看。

3. "其所居易者，利也"

如果敌人占据开阔地带，地形肯定对他有利，他想诱我们过去决战。

张预注解说："敌人舍险而居易者，必有利也。"他放着险要地形不占，要在平坦开阔的地方布阵，那是他根本不怕我们，就等我们去决战。那我们就要谨慎了。这和前面《军争篇》说的"勿邀正正之旗，勿击堂堂之阵"差不多一个意思。

4. "众树动者，来也"

看见树木摇动，那就是敌人来了。

张预注："凡军，必遣善视者登高观敌，若见林木动摇者，是斩木除道而来也。或曰，不只除道，亦将为兵器也。"

大部队开来，要一路伐木开道，或伐木制作兵器，搭建营盘。总之看见树木摇动，就是敌军来了。

5. "众草多障者，疑也"

曹操注："结草为障，欲使我疑也。"

如果在草丛中设置障碍，那是布下疑阵。敌人可能已经跑了。

杜牧注："言敌人或营垒未成，或拔军潜去，恐我来追，故结草使往往相聚，如有人伏藏之状，使我疑而不敢进也。"

敌人可能是营垒工事还未完成，怕我们袭营，或者已经拔营撤退，怕我们追击，往往就会把草结成一堆，假装好像藏了人一样，吓唬我们，不让我们过去。

6. "鸟起者，伏也"

曹操注："鸟起其上，下有伏兵。"

张预注得更形象："鸟适平飞，至彼忽高起者，下有伏兵也。"

那鸟本来飞得挺正常，到那儿突然高高飞起，那就说明下面有伏兵。

7. "兽骇者，覆也"

陈皞注："覆者，谓隐于林木之内，潜来掩我。"

曹操注："敌广陈张翼，来覆我也。"

所以这"覆"，一是敌人藏在林木之中，偷袭过来；二是"广陈张翼"，兵相当多，攻击面相当大，倾覆式掩杀，所以树林里野兽都藏不住，全赶出来了。这问题严重！

8. "尘高而锐者，车来也"

尘土高而尖的，是战车来了。

张预注解说："车马行疾而势众，又辙迹相次而进，故尘埃高起而锐直也。"

9. "卑而广者，徒来也"

若尘土低而宽广的，是步兵来了。

战车是排成一行前后走，所以扬尘比较窄。步兵列队比较宽，所以扬尘也宽，但人步行扬起的尘土，没有车扬得那么高。

所以古代交兵，专门有人负责望敌尘。三国时期，曹操追刘备，张飞为了疑惑曹操，派一队骑兵，马尾巴上拖一根树枝，来回奔驰，扬起冲天尘土。不知曹操看了那尘，能看出是假的不？

10. "散而条达者，樵采也"

尘土分散而成条状的，是敌人在砍柴。

为什么分散而成条状呢？首先砍柴是到处去砍，所以是分散的；砍完拖回去，所以烟尘呈条状。

李筌注解说："晋师伐齐，曳柴从之；齐人登山，望而畏其众，乃夜遁。"晋军把柴火拖着行军，扬起大尘。齐军看了，以为人很多，吓跑了。

11. "少而往来者，营军也"

尘土很少，有来有往，时起时落，那是在扎营。

张预注："凡分栅营者，必遣轻骑四面近视其地，欲周知险易广狭之形，故尘微而来。"要扎营，一定派轻骑四面观察地形敌情，所以灰尘少，疏疏落落。

三十二种敌情观察法（二）

原文

辞卑而益备者，进也；辞强而进驱者，退也；轻车先出，居其侧者，陈也；无约而请和者，谋也；奔走而陈兵车者，期也；半进半退者，诱也。

杖而立者，饥也；汲而先饮者，渴也；见利而不进者，劳也；鸟集者，虚也；夜呼者，恐也；军扰者，将不重也；旌旗动者，乱也；吏怒者，倦也。

华杉详解

12. "辞卑而益备者，进也"

曹操注："其使来辞卑，使间视之，敌人增备也。"

敌军使者来，言辞谦卑。我们派斥候去侦察，发现他正加紧战备。这是敌人在麻痹我们，让我们骄傲，给我们放松，他准备进攻了。

杜牧讲了一个战例，就是我们之前学过的，赵奢救阏与之战。赵奢去邯郸只三十里，就扎营不进了。秦军使者来，都好吃好喝好招待。秦将就以为赵奢不敢来。秦使一走，赵奢倍道兼行，掩秦不备，大败秦军。

张预讲了一个战例，田单守即墨，燕将骑劫围城。田单把自己的妻妾都编进队伍里守城，自己也亲自上阵，都安排好了，派女子登上城墙求降。骑劫大喜。

田单又收民金千镒，让城中富豪拿去献给骑劫，说："城要降了，希望您的士兵不要抢掠和伤害我的妻妾。"燕军就更加松懈了。

这时田单率军出击，大破燕军。

其实骗人的招，就那几招，书上都写着，但是人们还是会上当，以至于有人感叹：傻子太多，骗子都不够用啊！

人们为什么会上当呢？西方有谚语说："人们相信一些事情，只是因为他们希望那是真的。"别人制造的假象，如果符合你的期望，你就会信心满满，甚至得意洋洋地认为："果然不出我所料！"

比如秦将认为：赵奢小子，他怎么敢来跟我大秦军队交战呢？他肯定不敢来！他果然不敢来！

燕将骑劫则认为：田单怎么是我的对手呢？果然不是对手！不过他还算识时务。你看，城里的土豪都来交保护费了。

13. "辞强而进驱者，退也"

卑辞而来的是要进攻，反之，来使措辞激烈，摆出前进架势的，就是色厉内荏，要跑了。

杜牧讲了一个战例，吴王夫差北伐，和晋国争霸，与晋定公在黄池对峙。两军还没接战，越王勾践乘虚伐吴。夫差害怕，要回师去救。但跟晋军对峙着，不战而退，一怕折了士气，二怕对方追击，和手下大夫们商议，问："不战而退，和战而争先，怎么做有利？"

王孙雒（luò）说："今天必须挑战，振奋人心，然后才能退。"

于是，吴王带了甲士三万，去到离晋军一里的地方列阵，声动天地。晋定公派董褐出使，来问啥意思。夫差亲自接见，厉声对他说："孤之事君在今日，不事君亦在今日！"要战要和，今日了断！

董褐回去见了晋定公，说："我看吴王那脸色，似乎有大忧之事，今天如果作战，就是要拼命，不能跟他作战。"于是晋定公让步，先同意讲和。

夫差占了先，得了合约，保了面子，马上撤兵回国。

14. "轻车先出，居其侧者，陈也"

曹操注："陈兵欲战也。"

杜牧注："出轻车，先定战陈疆界也。"

轻车先出来，是要列阵作战，派轻车到两边定下列阵的边界。车定好位，插上旗，各个部队在自己旗下集结。这是摆好阵势准备开战了。

15. "无约而请和者，谋也"

没有实质性的谋约就请和的，一定是有阴谋。

前面讲的田单向骑劫请和，先是女子登城示弱请和，然后是城里土豪以私人身份来交保护费。没发现田单自己开出什么实质性的投降条件来，这就一定是有阴谋。如果他真要投降，肯定要认真讲讲价钱，不是吗？

纪信诳项羽，也是一样。

刘邦在荥阳被项羽包围，十分危急。纪信献计，说我跟主公您长得像，我假扮成您从东门出降，您从西门逃走。刘邦依计而行，给项羽送了降书，说汉王今天晚上出降。项羽大喜。

到了半夜，先是大批妇女陆陆续续从东门涌出，楚军都来围观，等刘邦出来。妇女们走完，天已经亮了，纪信卧在一乘龙车上施施然出来，楚军看刘邦降了，都喊"项王万岁"。等项羽发现这"刘邦"是假的，真刘邦早已从西门跑远了。

项羽就没想一想，刘邦怎会啥条件也不谈，送封信来就说今晚出降？这不科学啊！但是他太骄傲了，认为刘邦就该无条件向我投降。

唐德宗年间，平凉劫盟，也是一个著名案例。

吐蕃首领尚结赞因侵掠河曲，遇瘟疫，人马死者过半，怕回不去了，于是遣使到唐侍中马燧军中，卑辞厚礼，请求会盟议和。马燧同意了。

当时河中节度使浑瑊（jiān）说："如果国家勒兵境上，以谋伐为计，吐蕃请盟，也许可以听信。现在吐蕃无所求于国家，莫名其妙请盟，一定有阴谋。"

唐德宗不听。

浑瑊和尚结赞在平凉会盟，浑瑊带了三千人去。尚结赞预先埋伏骑兵于盟坛西部，数万吐蕃骑兵一起杀出，唐军的外围部队被吐蕃擒获。浑瑊迅速跳上身边一匹马，逃出平凉川。结果唐朝除了主盟官员外，其余六十多名官员，包括副使崔汉衡和宦官俱文珍等其他会盟大员，全部被吐蕃擒获。唐军死五百多人，被俘一千多人，史称平凉劫盟。

陈皞注解说，两国之师，或侵或伐，如果双方都没有屈弱，无缘无故来请和，那要么是敌人国内有忧危之事，欲为苟且暂安之计。要么是知道我有可图之事，欲使我不疑，先求和好，然后突袭害我。

张预注解说，"无故请和，必有奸谋。"汉高祖刘邦欲击秦军，先派郦食其持重宝去见秦将贾竖请和。这仗还没打呢，怎么就送礼讲和呢？贾竖却信了。刘邦乘他懈怠放松，一举击破了秦军。

16. "奔走而陈兵车者，期也"

敌军士兵奔走，展开兵力，摆开兵车列阵的，是期待着和我们交战。

杜牧注解说，这与上文"轻车先出，居其侧者，陈也"相应。轻车出来，两边列界，是要摆阵。轻车划好界竖好旗了，就"奔走而陈兵"，士兵开始奔走各就各位。

《周礼》说："车骤徒趋，及表乃止。""骤"，是骤雨的骤，奔驰的意思，车奔驰过去，步兵就要跟上。"及表乃止"，"表"，就是"立旗为表"，是个标志。车先开过去，插上旗，步兵赶紧跟上，跑到自己的旗下就位。

对"期"的解释，也可说"期"的对象是自己的士兵。

张预注解说："立旗为表，与民期于下，故奔走以赴之。"把旗插好，期待大家来就位。

17. "半进半退者，诱也"

半进半退，就是进退不一，有的在进，有的在退；有时在进，有时在退，队形杂乱不整，那就是要引诱我们前进。他进，怕我们跑了；退，又怕我们不追。所以半退半进。

18. "杖而立者，饥也"

斥候去侦察，如远远看见敌军都倚仗矛戟而立的，证明他们饥饿疲惫，军粮没了。

19. "汲而先饮者，渴也"

如果看见敌军出来打水的人，打了水自己先咕咚咕咚喝一通的，证明敌军营中没水了，都渴得不行了。

20. "见利而不进者，劳也"

敌军来，见我有利可图而不能进取的，证明他们士卒疲劳，没有战斗力了。

21. "鸟集者,虚也"

张预注解说,敌人如果已经偷偷撤退,还留下营帐在那儿虚张声势,而鸟儿看见营中没人,必鸣集其上。所以看见鸟儿在敌营聚集,就知道那已是一座空营了。

楚伐郑,郑军顶不住,准备逃走。斥候来报,说楚营有鸟。原来楚军也顶不住,他们先跑了。

晋伐齐,叔向说:"城上有鸟,齐师其遁。"城墙上都有鸟站着,肯定没人守城了,都跑了。

后周齐王宪伐高齐,将班师,就以柏叶伪装成营幕,拿牛粪马粪烧些烟起来。齐军看了两天,才知道是空营,想追也追不上了。

22. "夜呼者,恐也"

"夜呼",也称"惊营",军心不稳,夜间惊慌。

曹操注:"军士夜呼,将不勇也。"士兵夜间惊叫唤,肯定是大将自己不勇敢,压不住,军队没有主心骨,草木皆惊。

张预注解说:"三军以将为主,将无胆勇,不能安众,故士卒恐惧而夜呼。若晋军终夜有声是也。"

陈皞说:"十人中一人有勇,虽九人怯懦,恃一人之勇可自安。今军士夜呼,盖是将无勇。"有一人勇敢,就能让九人镇定。都镇不住,证明是将领无勇。

惊营不仅是惊叫,慌乱间晚上看不清甚至会互相攻打、自相残杀,以为对方是敌人。所以前面关于扎营的规矩,相聚多远,何处举火,讲得很细致。如果敌军来袭,或有惊营之事,各营出营在自己的位置列队,都不许动,火堆全部点燃,亮如白昼,则敌我自分。再有弓箭手在高处射箭,则射杀入侵之敌。

周亚夫平七国之乱,也遇到惊营之事,乱到互相攻扰,甚至闹到他的中军帐下。他的办法是高卧不起,睡觉。大家就自然平息了。

23. "军扰者,将不重也"

"军扰",军中扰乱,那是将领没有威望,不稳重。杜牧注解说:"言进退举止轻佻率易,无威重,军士亦扰乱也。"

三国时张辽屯长社,夜,军中忽乱,一军尽扰。张辽说,一定有敌军奸细作乱，大家都不要动。于是令军士安坐，张辽在中阵肃立。过了一会儿，军营中就安静了。

24. "旌旗动者，乱也"

张预注："旌旗所以齐众也，而动摇无定，是部伍杂乱也。"

旌旗是用来指挥的，如果旌旗乱动，那就证明已经没有指挥系统了，部伍乱了。齐鲁长勺之战，齐军败退，鲁庄公要追，曹刿说："等等！"登上车远望观察，说："可以追了。"

鲁庄公问："你看啥？"

曹刿说："我看他旌旗乱不乱，如果旌旗没乱，证明有人指挥，不一定是真败，可能有埋伏。旌旗乱了，证明各自奔逃，没有指挥，所以可以追了。"

鲁军追击，果然又得胜。

25. "吏怒者，倦也"

贾林注："人困则多怒。"军吏无故发怒，表明敌人已经厌倦了。

张预注："政令不一，则人情倦，故吏多怒也。"或统帅无方，政令不一，或赏罚不均，人人怨愤。军吏就拿下面人出气，无故发怒。这样的队伍，军心已失，很多人都反而会希望自己方失败，借以报复主帅。

典型战例是晋楚争霸，邲（bì）城之战。开始时双方都并无战心，准备讲和。晋军主帅荀林父一心与楚定盟，也不太积极备战。荀林父手下将领魏锜（qí）、赵旃（zhān），曾向荀林父要求公族大夫和卿之职未得，挟私怨欲败荀林父之功，先后向荀林父请命出使赴楚营挑战，荀林父不许。又请命赴楚营约盟，荀林父许了。这两个家伙到楚营后，都并不请盟，而是向楚王挑战。

二人走后，晋将郤（xī）克说："二憾往矣，不备必败。"两个心怀怨愤的家伙去了，不会干什么好事，不积极备战必然失败。荀林父却还是不重视。

楚军本来也有战和两派，楚王发现了晋军的将帅矛盾，就坚定了战心。楚军挥师大进，结果晋军被打得大败。楚国就成了中原新霸主。

三十二种敌情观察法（三）

原文

粟马肉食，军无悬瓴（fǒu），不返其舍者，穷寇也；谆（zhūn）谆翕翕（xī）翕，徐与人言者，失众也；数赏者，窘也；数罚者，困也；先暴而后畏其众者，不精之至也；来委谢者，欲休息也。兵怒而相迎，久而不合，又不相去，必谨察之。

华杉详解

26. "粟马肉食，军无悬瓴，不返其舍者，穷寇也"

"粟马"，把人吃的粮食拿来喂马。

"肉食"，把运粮的牛杀来吃了。

"军无悬瓴"，树枝架着煮饭的陶锅没了，砸了，不要了，不准备煮饭了。

"不返其舍者"，不回军营。

这是破釜沉舟，"穷寇"，准备与咱们以死决战，拼命了。

《史记·项羽本纪》："项羽乃悉引兵渡河，皆沉船，破釜甑，烧庐舍，持三日粮，以示士卒必死，无一还心。"

遇到这样破釜沉舟的穷寇，怎么办？张预注解说："敌如此者，当坚守以待其弊也。"你跟他打，他锐气盛得很。坚守不战，熬他一熬，他所有家当粮食都没了，饿也把他饿死了。

27. "谆谆翕翕，徐与人言者，失众也"

曹操注："谆谆，语貌；翕翕，失志貌。"

"谆谆"，老师的谆谆教导，很恳切的样子。"翕翕"，是闭合状，嘴巴翕动，嘴巴得巴得巴的。

266

这"谆谆翕翕，徐与人言"，跟人讲话的，可能是上对下，也可能是士卒相互之间。总之，若斥候看见敌营中总是有人站着谈心的，就是敌将已经失去众心了。如果是将领找人谈，那是军心不稳，他在做工作。如果是士卒之间相互谈，那是他们在诽议他们的主将。

28. "数赏者，窘也"

李筌注："窘则数赏以劝进。"

拼命地赏赐将士，那是已经非常窘迫了，大家都不愿干，对主帅也没有什么敬畏，那主帅喊谁也喊不动了，只有把家底拿出来，期待重赏之下必有勇夫了。

29. "数罚者，困也"

赏得多是问题，罚得多也是问题。杜牧注解说："人力困弊，不畏刑罚，故数罚以惧之。"大家都疲了，宁愿被处罚也不愿干了，就会以加大处罚来胁迫他。

30. "先暴而后畏其众者，不精之至也"

先是粗暴严厉，之后又害怕部下，这是最不精明的将领了。

贾林注："教令不能分明，士卒又非精练，如此之将，先欲强暴伐人，众悖则惧也，至懦之极也。"

贾林注得深刻，有这样毛病的领导还真不少！首先他自己并没有负起领导的责任，教令不能分明，士卒又缺乏训练，上上下下能力都不够。这时候他怎么办呢？他不是精心规划，也不能辅导士卒，带领大家解决问题，而是态度很强硬地要求部下，比如说："我只要结果！给我上！"做不到则处罚部下。

部下自然不服，知道自己不能让领导满意，而自己对领导也不满意，觉得你丫自己行吗？光在这儿让我们卖命！大家看出他的色厉胆薄，就不干了，开始反抗了。他一看手下不听他的，压不住阵，又害怕了。

贾林说，这就是"至懦之极"，最懦弱的将领了。

31. "来委谢者，欲休息也"

贾林注："气委而言谢，欲求两解。"

敌军来使态度委婉谦逊的，是想休兵息战了。

不过前面说过："辞卑而益备者，进也。"气委而言谢，不就是辞卑么？怎么一个是要战，一个是要和呢？前面辞卑，加了一个益备，实际上是在加紧战备。那么他来"委谢"，我们怎么知道他背后没有益备呢？

所以对"委谢"，还有一个解释，是"委质来谢"，送来了人质。

杜牧注："所以委质来谢，此乃势已穷，或有他故，必欲休息也。"

张预注："以所亲爱委质来谢，是势力穷极，欲休兵息战也。"他最亲爱的人都被送来做人质，那是已经穷极无路了。

32. "兵怒而相迎，久而不合，又不相去，必谨察之"

敌军盛怒出阵，但搞了半天，既不接战，又不退去，必有蹊跷，一定要仔细侦察。

曹操注："备奇伏也。"要防备他有埋伏。

张预注："勇怒而来，既不合战，又不引退，当密伺之，必有奇伏也。"

打仗靠自己的子弟兵，别指望"友军"

> 很多人每天跑各种场子希望"认识人"。其实，你要是自己有点本事，有点自己的正事，根本没时间，也没动力去"认识人"，不如在家带孩子。在孩子身上投资时间不够，才是职场人士的通病和战略投资的重大错误。

原文

兵非益多也，惟无武进，足以并力，料敌，取人而已。夫惟无虑而易敌者，必擒于人。卒未亲附而罚之，则不服；不服，则难用也。卒已亲附而罚不行，则不可用也。

华杉详解

> 兵非益多也，惟无武进，足以并力，料敌，取人而已。

兵力不在于越多越好，而在于不盲目冒进，又能集中力量，判明敌情，就够了。而要能"并力、料敌"，关键在于选拔人才。

> 兵非益多也。

曹操注："权力均。"

王皙注："权力均足矣，不以多为善。"

"权力均"怎么解？是说你能驾驭。如果兵多到超出了你的权能，超出了你的驾驭，那就不是多多益善了。

韩信说他带兵是多多益善，十万、百万，他都能驾驭，但刘邦就只能带十万兵。对于刘邦的带兵才能来说，十万就是临界点，超过十万，就权力不均，驾驭不了了。不过他也说刘邦不善将兵，但善于将将，所以把韩信驾驭了。

> 惟无武进。

王皙注："不可但恃武也，当以计智料敌而行。"不能只凭勇猛而冒进。

> 足以并力、料敌，取人而已。

曹操注："厮养足也。"

"足以并力、料敌"，在于取人，在于选拔人才。选拔人才在哪儿选拔呢？曹操说了："厮养足也。"不假外求，就在我自己养的兵里面。厮养的，就是自己的子弟兵。那自己的兵该怎么厮养呢？后面的内容就讲厮养之道。

这是一个重大的战略和组织观念，就是依靠自己内部的力量，从内部选拔人才，不依靠外援。因为兵本来就不贵多，又要权力均，能团结兵力，能驾驭指挥，所以不靠别人。

《尉缭子》说："天下助卒，名为十万，其实不过数万。其来兵者，无不谓其将曰：无为天下先战。"凡是友军来支援的，都是号称十万，实际就几万。而且来之前，君主都对将领谆谆教诲：咱们别打头阵哈！让他们先打！

秦灭六国，就是这情况。秦军就是秦军，为秦国而战，打赢了是自己的，打输了也是自己的。而六国联军，谁也不想先战，打输了是自己的，打赢了可能还是自己是输家。

企业发展战略也是一样，要靠自己力量去发展。如果要和别的企业"优势互补"，搞企业联盟，都指望对方能帮助自己发展，那最好死了这个心吧！

个人也同理。我们常说，多个朋友多条路。但是，朋友可以帮你，你不能指望朋友。很多人每天跑各种场子希望"认识人"。其实，**你要是自己有点本事，有点自己的正事，根本没时间，也没动力去"认识人"，不如在家带孩子**。在孩子身上投资时间不够，才是职场人士的通病和战略投资的重大错误。

夫惟无虑而易敌者，必擒于人。

没有深谋远虑而又轻敌的人，一定会被敌人俘虏。

《左传》说："君其无谓邾小。蜂虿（chài）有毒，而况国乎？"您不要轻视邾是个小国。蜜蜂虿一下都有毒，何况一个国家？虿，也是一种毒虫，类似蝎子。

兵不在多，祸患也不在多，有一点小问题都可能让你灭亡。所以如果有勇无谋，轻敌大意，就一定会为敌所擒。

春秋时宋楚交战，宋军主将华元，煮了一锅羊汤，给部下们一起其乐融融分着吃了，但是忘了分给他的车夫。车夫流了一夜口水，也流了一夜怨恨的眼泪。第二天上战场，还没有下令出战，他二话不说，突然驾着车猛冲，单车一直冲进楚军阵里，华元就被俘虏了。

这就是小蜜蜂都虿死人。

卒未亲附而罚之，则不服。

这是讲厮养之道了。

相互驯养，是人与人之间关系最深刻的本质

原文

卒未亲附而罚之，则不服；不服，则难用也。卒已亲附而罚不行，则不可用也。故令之以文，齐之以武，是谓必取。令素行以教其民，则民服；令不素行以教其民，则民不服。令素行者，与众相得也。

华杉详解

曹操说："厮养足也。"要用自己厮养的兵。"厮养"这个词，大有意思。

"厮"，厮磨，厮混，厮守。总之是打成一片，混得精熟。

厮养和豢养差不多。豢养有点贬义，但一骂人，说谁是谁豢养的走狗，便知这走狗，对主子是死心塌地的。

反过来想，如果不是骂人，是用自己身上，如果自己带的兵都跟自己豢养的犬一样，对自己死心塌地，那不是挺好的吗？

看来这豢养，也挺不错的。

那我们懂得如何豢养人吗？我们豢养过某人吗？

再反过来，我们希望被人豢养吗？我们懂得被人豢养吗？

有时候我们会说某人："唉！这人，养不家！"是说你对他怎么好，他也不知道你的心，跟你不一条心，你就放弃他了。

反过来想，有没有别人认为我是"养不家"的人呢？恐怕也有过，别人对我们好，好到我们自以为常了，理所当然了，反而放松了对自己的要求，结果把对方伤害了。

这思想太深刻了，学问太大了。不过豢养这个词有点不好听，我们换一个中性的词，叫"驯养"。

有一本影响深远的世界文学名著，被称为写给成年人的童话，叫《小王

子》，就专讲这驯养之道。

《小王子》是作家安东尼·德·圣艾修伯里于1942年写成的著名法国儿童文学短篇小说。本书的主人公是来自外星球的小王子。书中以一位飞行员作为故事叙述者，讲述了小王子从自己星球出发前往地球的过程中，所经历的各种历险。

其中小王子遇到狐狸这一段，狐狸要求小王子驯养他，道出了驯养关系的本质：爱与责任。领导者对下级的厮养、豢养、驯养，就是爱与责任。

我们先来读读这一段吧，很长，但绝对值得反复读，仔细想：

"来和我一起玩吧，"小王子建议道，"我很苦恼……"

"我不能和你一起玩，"狐狸说，"我还没有被驯养呢。"

"啊！真对不起。"小王子说。

思索了一会儿，他又说道：

"什么叫'驯养'呀？"

"你不是此地人。"狐狸说，"你来寻找什么？"

"我来找人。"小王子说，"什么叫'驯养'呢？"

"这是已经早就被人遗忘了的事情，"狐狸说，"它的意思就是'建立联系'。"

"建立联系？"

"一点不错，"狐狸说，"对我来说，你还只是一个小男孩，就像其他千万个小男孩一样。我不需要你，你也同样用不着我。对你来说，我也不过是一只狐狸，和其他千万只狐狸一样。但是，如果你驯养了我，我们就互相不可缺少了。对我来说，你就是世界上唯一的了；我对你来说，也是世界上唯一的了。"

"我有点明白了。"小王子说，"有一朵花……我想，她把我驯养了……"

"这是可能的。"狐狸说，"世界上什么样的事都可能看到……"

可是，狐狸又把话题拉回来：

"我的生活很单调。我捕捉鸡，而人又捕捉我。所有的鸡全都一样，所有的人也全都一样。因此，我感到有些厌烦了。但是，如果你要是驯养了我，我的生活就一定会是欢快的。我会辨认出一种与众不同的脚步声。其他的脚步声会使我躲到地下去，而你的脚步声就会像音乐一样让我从洞里走出来。再说，你看！你看到那边的麦田没有？我不吃面包，麦子对我来说，一点用也没有。我对麦田无动于衷。而这，真使人扫兴。但是，你有着金黄色的头发。那么，一旦你驯养了我，这就会十分美妙。麦子，是金黄色的，它就会使我想起你。而且，我甚至会喜欢那风吹麦浪的声音……"

狐狸沉默不语，久久地看着小王子。

"请你驯养我吧！"他说。

"我是很愿意的。"小王子回答道，"可我的时间不多了。我还要去寻找朋友，还有许多事物要了解。"

"只有被驯养了的事物，才会被了解。"狐狸说，"人不会再有时间去了解任何东西的。他们总是到商人那里去购买现成的东西。因为世界上还没有购买朋友的商店，所以人也就没有朋友。如果你想要一个朋友，那就驯养我吧！"

"那么应当做些什么呢？"小王子说。

"应当非常耐心。"狐狸回答道，"开始你就这样坐在草丛中，坐得离我稍微远些。我用眼角瞅着你，你什么也不要说。话语是误会的根源。但是，每天，你坐得靠我更近些……"

第二天，小王子又来了。

"最好还是在原来的那个时间来。"狐狸说道，"比如说，你下午四点钟来，那么从三点钟起，我就开始感到幸福。时间越临近，我就越感到幸福。到了四点钟的时候，我就会坐立不安，我就会发现幸福的代价。但是，如果你随便什么时候来，我就不知道在什么时候该准备好我的心情……应当有一定的仪式。"

"仪式是什么？"小王子问道。

"这也是一种早已被人忘却了的事。"狐狸说，"它就是使某一天与其他日子不同，使某一时刻与其他时刻不同。比如说，我的那些猎人就有一种仪式。他们每星期四都和村子里的姑娘们跳舞。于是，星期四就是一个美好的日子！我可以一直散步到葡萄园去。如果猎人们什么时候都跳舞，天天又全都一样，那么我也就没有假日了。"

就这样，小王子驯养了狐狸。当出发的时刻就快要来到时：

"啊！"狐狸说，"我一定会哭的。"

"这是你的过错，"小王子说，"我本来并不想给你任何痛苦，可你却要我驯养你…"

"是这样的。"狐狸说。

"你可就要哭了！"小王子说。

"当然啰。"狐狸说。

"那么你什么好处也没得到。"

"由于麦子颜色的缘故，我还是得到了好处。"狐狸说。

然后，他又接着说："再去看看那些玫瑰花吧。你一定会明白，你的那朵是世界上独一无二的玫瑰。你回来和我告别时，我再赠送给你一个秘密。"

于是小王子又去看那些玫瑰。

"你们一点也不像我的那朵玫瑰，你们还什么都不是呢！"小王子对她们说。

"没有人驯养过你们，你们也没有驯养过任何人。你们就像我的狐狸过去那样，它那时只是和千万只别的狐狸一样的一只狐狸。但是，我现在已经把它当成了我的朋友，于是它现在就是世界上独一无二的了。"

这时，那些玫瑰花显得十分难堪。

"你们很美，但你们是空虚的。"小王子仍然在对她们说，"没有人能为你们去死。当然啰，我的那朵玫瑰花，一个普通的过路人以为她和你们一样。可是，她单独一朵就比你们全体更重要，因为她是我浇灌的。因为她是我放在花罩中的。因为她是我用屏风保护起来的。因为她身上的毛虫（除了留下两三只为了变蝴蝶而外）是我除灭的。因为我倾听过她的怨艾和自诩，甚至有

274

时我聆听着她的沉默。因为她是我的玫瑰。"

《小王子》被称为成年人的童话，因为他揭示了人与人之间关系最深刻的本质，就是相互驯养。

上下级之间相互驯养，夫妻之间相互驯养，企业和消费者之间相互驯养，官府与百姓之间相互驯养。驯养，就是建立联系，咱们之间有联系，我知道你会对我怎样，在什么条件下会怎样，在什么情况下会怎样，在什么时间会怎样。我也知道，我该对你怎样。

驯养，就是爱与责任，期待与依赖。

驯养关系是深刻的，但又是越深刻，越脆弱！经不起任何一丁点儿背叛。

驯养是没有意外的，一切都很踏实，比如马戏团驯兽，训练海豚顶球，顶一次一定会得到一条小鱼，绝不会落空，如果有一次落空，这马戏就演不起来了。

回到兵法，西点军校对领导人的训诫有一条：

"心里要装着手下人的利益，并且有能力让对方知道这一点。"

驯养关系，你心里一定要装着对方，不能只装着你自己的目的。并且要让对方知道、信赖你心里替他想着。**如果你觉得对方"养不家"，恐怕还是你心里替他想得不够，或没有能力让他知道你替他想着。**

一个团队，就要有相互驯养的意识、精神和仪式。

这本事一辈子都修炼不完。

接着读孙子：

卒未亲附而罚之，则不服；不服，则难用也。

如果在士卒对你还没有亲近依附之前，就用处罚去管理，他们就会不服。不服，就很难使用了。

杜牧注："恩信未洽，不可以刑罚齐之。"

梅尧臣注："德以至之，恩以亲之，恩德未敷，罚则不服，故怨而难使。"

所以你一定要先对大家有恩德，你的处罚，才是令人信服的。要先让人们敬爱你，人们才会敬畏你。一去就想让大家都怕你，那当不了领导。

卒已亲附而罚不行，则不可用也。

反过来，如果大家对你已经亲附，但你却不能严格执行纪律，那这队伍也不能用于作战。

曹操注："恩信已洽，若无刑罚，则骄惰难用也。"

只有恩，没有威，只有爱，没有罚，则骄兵惰将，不可用也。

这都是厮养之道。厮养不是厮混，打成一片没问题，纪律严格也不含糊。

故令之以文，齐之以武，是谓必取。

曹操注："文，仁也。武，法也。"

"文"是怀柔安抚，是胡萝卜；"武"是军纪军法，是大棒。胡萝卜加大棒，才能打造必胜之军。

晏子举荐司马穰苴，说他"文能附众，武能威敌"。

吴起说："总文武者，军之将；兼刚柔者，兵之事也。"

令素行以教其民，则民服；令不素行以教其民，则民不服。

令素行者，与众相得也。

"令素行"，"素"，平素、平时。军令不是上了阵才开始执行，说："现在开始要打仗了哈！军令要开始执行，不像平时那么随便了哈！"而是平时就严格执行，让大家养成服从执行的习惯。

如果平时很放松，不给大家养成好习惯，要上战场了才开始宣布要严格，那大家就会不服，因为没有服从的习惯。

只有平时就令行禁止的军队，才能兵将相得，上下协调一致。

杜牧注解说："居常无事之日，需恩信威令先著于人，然后对敌之时，行令立法，人人信伏。

"令要在先申，使人听之不惑；法要在必行，使人守之，无轻信者也。三令五申，示人不惑也。法令简当，议在必行，然后可以与众相得也。"

法令的关键，一在事先申明，人人明了；二在有法必行，没有例外。

"三令五申"，是我国古代军事纪律的简称。

"三令"：一令"观敌之谋，视道路之便，知生死之地"；二令"听金鼓，视旌旗，以齐其耳目"；三令"举斧，以宣其刑赏"。

"五申"：一申"赏罚，以一其心"；二申"视分合，以一其途"；三申"画战阵旌旗"；四申"夜战听火鼓"；五申"听令不恭，视之以斧"。

三令五申都搞清楚，法令简单恰当，而且议在必行，没有例外，这就大家都踏踏实实，清清楚楚，明明白白。

如果三令五申，都是空话；人人犯错，选择性执法，那就个个侥幸，人人焦虑，心里都不踏实。

《尉缭子》说："令之之法，小过无更，小疑无申。故上无疑令，则众不二听，动无疑事，则众不二志，未有不信其心而能得其力者也，未有不得其力而能致其死战者也。"

这是讲制定法令的方法，你制定的法令，如果之后发现有问题，有些小的缺点，如果不是要命的，也不要变更，就这么执行。有些小的不明白的地方，也不要重申补充。这样法令就是法令，下了就执行。

法令的严肃性、权威性、稳定性，比法令的现实性更重要。诸葛亮和魏军作战，以寡敌众。但是，正在此时，有一批士兵的服役时间到了，按法令应该回家。诸葛亮说："信不可失。"没有留他们打完这仗再走，照样到时间就放他们回去。结果人人愿意留下一战，上下相得，士气暴涨，大败魏军。

这就是诸葛亮和士卒之间的相互驯养。

孙子曰：凡处军相敌：绝山依谷，视生处高，战隆无登，此处山之军也。绝水必远水；客绝水而来，勿迎之于水内，令半济而击之，利；欲战者，无附于水而迎客；视生处高，无迎水流，此处水上之军也。绝斥泽，惟亟去无留；若交军于斥泽之中，必依水草而背众树，此处斥泽之军也。平陆处易，而右背高，前死后生，此处平陆之军也。凡此四军之利，黄帝之所以胜四帝也。

凡军好高而恶下，贵阳而贱阴，养生而处实，军无百疾，是谓必胜。丘陵堤防，必处其阳，而右背之。此兵之利，地之助也。

上雨，水沫至，欲涉者，待其定也。

凡地有绝涧、天井、天牢、天罗、天陷、天隙，必亟去之，勿近也。吾远之，敌近之；吾迎之，敌背之。

军行有险阻、潢井、葭苇、山林、翳荟者，必谨覆索之，此伏奸之所处也。

敌近而静者，恃其险也；远而挑战者，欲人之进也；其所居易者，利也。

众树动者，来也；众草多障者，疑也；鸟起者，伏也；兽骇者，覆也；尘高而锐者，车来也；卑而广者，徒来也；散而条达者，樵采也；少而往来者，营军也。

辞卑而益备者，进也；辞强而进驱者，退也；轻车先出居其侧者，陈也；无约而请和者，谋也；奔走而陈兵车者，期也；半进半退者，诱也。

杖而立者，饥也；汲而先饮者，渴也；见利而不进者，劳也；鸟集者，虚也；夜呼者，恐也；军扰者，将不重也；旌旗动者，乱也；吏怒者，倦也；粟马肉食，军无悬甂，不返其舍者，穷寇也；谆谆翕翕，徐与人言者，失众也；数赏者，窘也；数罚者，困也；先暴而后畏其众者，不精之至也；来委谢者，欲休息也。兵怒而相迎，久而不合，又不相去，必谨察之。

兵非益多也，惟无武进，足以并力、料敌、取人而已。夫惟无虑而易敌者，必擒于人。

卒未亲附而罚之，则不服，不服则难用也。卒已亲附而罚不行，则不可用也。故令之以文，齐之以武，是谓必取。令素行以教其民，则民服；令不素行以教其民，则民不服。令素行者，与众相得也。

第十章

地形第十

六种地形的用兵之道（一）：先占有利地形

我们读兵法，会发现很多时候，等待都是最好的策略。你一定要懂得等，等得起。有的人不能等，总以为等待就是不作为，那就容易"胡作非为"。

原文

地形篇

孙子曰：地形，有通者，有挂者，有支者，有隘者，有险者，有远者。我可以往，彼可以来，曰通。通形者，先居高阳，利粮道，以战则利。可以往，难以返，曰挂。挂形者，敌无备，出而胜之，敌若有备，出而不胜，难以返，不利。

华杉详解

"地形篇"，曹操注："欲战，审地形以立胜也。"

地形是作战的关键，所以作战前，要先熟悉审查地形，才是"立胜"之道。

张预注："凡军有所行，先五十里内山川形势，使军士伺其伏兵，将乃自行视地之势，因而图之，知其险易。故行师越境，审地形而立胜，故次行军。"

五十里之内，斥候先去打打前站，有没有敌人伏兵，然后将领要亲自去查看地形，知道地形险易，哪里可以作战。

李世民打仗，每战必亲自去查看地形，甚至观察敌营，多次遇到危险，他也绝不把这活派给别人，一定自己去。因为一切答案都在现场，"现场有神灵"，只有到了现场，才知道在什么地方怎么用兵，一路打好腹稿，作战时就胸有成竹。

三国时率军攻灭蜀汉的魏国大将邓艾，出身贫寒，曾在屯田部队里当一个看管稻草的小吏，他很有才学，又喜欢军事。每到高山大川，便四处勘察，谈论哪里可以宿营，哪里可以设伏，敌人会从哪里来，周围的人都讥笑他，他也毫不介意。

就像画家说搜尽奇峰打草稿，看见什么都在打腹稿，邓艾是搜尽奇峰打演习，看到什么地形他心里都在演兵。这样平平淡淡过了二十年，终于被提拔当了一个管理屯田的典农都尉的小官，有机会去洛阳汇报，见到了司马懿，一次谈话，就改变命运，进了太尉府，最后建立奇功。

下面讲"六形"，六种地形：

> 地形有通者、有挂者、有支者、有隘者、有险者、有远者。

有六种基本地形：通、挂、支、隘、险、远。

1. 通形

> 我可以往，彼可以来，曰通。

梅尧臣注："道路交达。"四通八达之地。
杜佑注："俱在平陆，往来通达。"都是平原地带，往来通达便利。所以我来得，敌人也来得，谁也挡不住谁。

> 通形者，先居高阳，利粮道，以战则利。

遇到这谁也挡不住谁的通形，如何作战呢？就是先占据视野开阔的高地，占据向阳面，并保障粮道的畅通，这样作战就比较有利。
曹操注："宁致人，无致于人。"我占据有利地形等他来，或引他来，别到他哪儿去。
杜牧说，"通形"，是四战之地，四面八方都可能有敌人来。要先占据高处、阳面，不要让敌人先得，而我后至。因为这平原地区找一处能驻下大部队的高地不容易。

"利粮道"，如何利粮道呢，就是在关键的要冲地方，修筑堡垒或甬道，把粮道保护起来。甬道，就是两边筑墙的通道。刘邦和项羽对峙，刘邦就是靠修筑甬道连接敖仓，保障粮食供应。

张预说，先处战地以待敌人，则能致人而不致于人。但是我占了有利地形等他来，他老不来，我天天要吃饭，所以必须保证粮饷不绝，然后才有利。

我们读兵法，会发现很多时候，等待都是最好的策略。**你一定要懂得等，等得起。**有的人不能等，总以为等待就是不作为，那就容易"胡作非为"。

再补充说一下刘邦和项羽对峙的大结局，刘邦占了粮仓，每天吃饱。项羽则粮道被汉军截断，供应不上，饥疲不堪。所以项羽同意讲和，划定楚河汉界。等项羽签完合议一撤兵，刘邦马上撕毁合议"击其惰归"，就在垓下把项羽打得乌江自刎了。

六种地形的用兵之道（二）：真英雄都懂得等待

原文

可以往，难以返，曰挂。挂形者，敌无备，出而胜之，敌若有备，出而不胜，难以返，不利。我出而不利，彼出而不利，曰支。支形者，敌虽利我，我无出也，引而去之，令敌半出而击之，利。

华杉详解

2.挂形

可以往，难以返，曰挂。

可以前进，难以返回的地形，叫挂。有去无回，就挂了。杜牧注："挂者，牵挂也。"这牵挂不是惦记，是有东西把你牵扯住了，挂起来了。

> 挂形者，敌无备，出而胜之，敌若有备，出而不胜，难以返，不利。

遇到挂形，要看敌人有没有防备。他若没有防备，则出兵突然袭击胜他。他若有防备，我们攻击不能得手，就进退两难。

杜牧注："挂者，险阻之地，与敌共有，犬牙交错，动有挂碍也。往攻敌，敌若无备，攻之必胜，则虽与险阻相错，敌人已败，不得复邀我归路矣；若往攻敌人，敌人有备，不能胜之，则为敌人守险阻，邀我归路，难以返也。"

地形险阻，如敌人没防备，我们去突袭得手，敌人已经败了，地形也就对我们无所谓。如果敌人有防备，攻不下来，敌人就会断了我们退路，我们恐怕就要挂了。

如果陷到这种情况怎么办呢？陈皞注解说："不得已陷在此，则须为持久之计，掠取敌人之粮，以伺利便而击之。"如果不得已被人断了退路，则须有持久之计，抢夺敌人粮食，等待时机再攻击他。

陈老师这是安慰人，更是害人！陷到那挂形里，前面攻不下来，后面被断了退路，哪里还能抢得了粮食打持久战！遇到这种情况，只有三种选择，一是有援军来救，万事大吉；二是拼死一战，以图万一，但拼死的结局基本上是全部战死，否则那就不叫挂形了；三就得认输投降。兵法不教投降，是个大问题，该认输的时候不认输，那就只有送命了。

为什么说陈老师害人呢？人家孙子没教怎么办，因为他没办法，陈老师却想出了"办法"。

这挂形，你不能去，去了就回不来，百分之九十九回不来。一旦被断了退路，那就是绝人之路。但陈老师告诉你天无绝人之路，还是有办法的，就鼓起了你本来就蠢蠢欲动的侥幸心理。再一翻历史，确实有成功的，就更有信心了。其实历史上这种情况发生过一千次，九百九十九次都死了，不值得写书里，就那一个活的，你却坚信自己会跟他一样，甚至比他还强。

然后就去了，挂了。

3. 支形

> 我出而不利，彼出而不利，曰支。

敌我双方处在隘路的两端，谁先出动，就对谁不利，这就叫支形。

比如两军之间相隔一个峡谷，谁去攻打，都要先经过峡谷，经过峡谷，就容易中对方埋伏。或者两军隔河对峙，谁要进攻，都得渡河，这就给对方半渡而击的机会，所以谁都不想先进攻。

> 支形者，敌虽利我，我无出也，引而去之，令敌半出而击之，利。

遇到这种支形，敌人虽然利诱我，我也不出击。我们应引军离开，让敌人出击，出了一半我们出伏兵再攻击他。

陈皞注解说，若彼此出军，地形不便，敌人若来诱我，我们一定不要追击。我们引军离开，敌人如果不来追，就算了；敌若来追，等他出来一半，急击之。

前面我们学过那个战例，晋楚交战，晋将阳处父与楚将子上夹泜水而军。阳处父想让楚军渡河，半渡而击，于是退军一舍。子上也想到了半渡而击之计，要诱使晋军渡河，他也退军一舍。大家想到一块儿去了，相互都不中计，越退越远，没意思了，干脆各自退回国内去了。

这也是一种支形，支形就是谁先出击对谁不利，所以都想引对方先出击，又相互都不上当，干脆就打不起来，各自回家了。

有人会觉得这算什么兵法呢，都没打胜仗！

其实兵法最重要的，不是打，而是不打。我们为什么会失败呢，为什么会损兵折将呢，就是因为我们打了。

如果不打，就不会失败。

不打，永远有机会打。打败了，死了，就什么机会也没有了。

所以孙子讲先胜后战，赢了再打，没有赢就不要打。可见打的情况是少数，大多数情况下都是选择不打。打，就一战而定。仔细看看那些重大的战例，比如周亚夫平七国之乱，都是"不战而等，一战而定"。

学会等待，学会不打，才是真英雄。从头打到尾，是电影里的英雄，为了电影好看。

真英雄都懂得一个最通俗的道理——

不作死，就不会死。

六种地形的用兵之道（三）："必败的判断"比 "必胜的信心"更重要

原文

隘形者，我先居之，必盈之以待敌。若敌先居之，盈而勿从，不盈而从之。险形者，我先居之，必居高阳以待敌；若敌先居之，引而去之，勿从也。远形者，势均，难以挑战，战而不利。凡此六者，地之道也，将之至任，不可不察也。

华杉详解

4.隘形

隘形者，我先居之，必盈之以待敌。

"隘"，就是狭隘。"隘形"，曹操注："隘形者，两山之间通谷也，敌势不得挠我也。"两边高山，中间有谷，我若占了，敌人只有一条路可以进来，我守住谷口，他就没法攻击我。

遇到这种地形，如果我军先到，"必盈之以待敌"。盈，就是满，像把水装满一样，兵力部署要把山谷填满。怎么填满呢？就是两头都要布阵。曹操说"前齐隘口"，阵地与隘口平齐。隘形一前一后有两个口，两个口都要与隘口平齐布阵，这样敌人才进不来。

若敌先居之，盈而勿从，不盈而从之。

如果敌人先占了隘形，盈之以待我，那就别去。如果他只占了一头，或者没占隘口，那咱们就攻进去。因为如果他没有把守两头，他就没有地利，胜败就取决于敌我双方，而不取决于地形了。

前面我们学过韩信破赵之战，赵军没有守井陉口，韩信就大摇大摆通过了。

5.险形

险形者，我先居之，必居高阳以待敌。

"险形"，就是险要的地形，易守难攻之地。我们如果先到达，就占领高处、阳面以等敌人来。这是要先抢占制高点。

若敌先居之，引而去之，勿从也。

如果制高点被敌人占了，咱们就不打了，撤。

杜牧注："险者，山峻谷深，非人力所能作为，必居高阳以待敌。若敌人先据之，不可以争，则当引去。阳者，南面之地，恐敌人持久，我居阴而生疾也。若于崤渑（miǎn）而遇敌，则先据北山，此乃是面阴而背阳也。高、阳二者，止可舍阳而就高，不可舍高而就阳。孙子乃统而言之也。"

敌人占了险要地形，不是人力能攻下的。明摆着打不过，咱们就不要打，引兵撤退。咱们撤退，他若来追，他就离开了险要地利，我们就可以设伏兵打他。他若不来追，那就让他自己在那山上待着吧，咱们回家了。

曹操注："地形险隘，尤不可致于人。"碰到又险又隘的地形，尤其不能去攻打。

李靖说，兵法千章万句，不出一句："致人而不致于人。"就是我摆好战场等你来打，你摆的战场我不去。

288

杜牧的注还有内容，占阳面，是怕敌人持久，我们如果驻军在阴面，容易生病。但是如果碰到崤渑这样的地形，就要占北山，是阴坡，因为没有阳坡给你占。所以高和阳，如果不能兼得，舍阳而取高，不能舍高而取阳。孙子是统而言之，你不要看见只有阴坡没有阳坡，就不会了。

6. 远形

> 远形者，势均，难以挑战，战而不利。

"远形"，指敌我相距较远。敌我相距较远，兵力又相当，则不宜主动挑战。

杜牧注解说，比如我与敌垒相距三十里，如果我们去攻打敌营，走了三十里大家都累了，是我劳敌佚。如果等他们来挑战，我们就以逸待劳了。

如果你一定要战怎么办呢，杜牧说："欲必战者，则移相近也。"你就把军营往前移。

杜牧这是自己想象，孙子没给这解决方案。他只是原则性地讲远形特点，具体解决方案，只有上了战场才知道，每一地、每一战都不一样。

> 凡此六者，地之道也，将之至任，不可不察也。

这就是六形，地形之道，是将领的至关重要的重大责任，不能不知道。

打仗，我们都愿意鼓起必胜的信心。**但对于将领来说，"必败的判断"比"必胜的信心"更重要**。知道自己失了先机，丢了地利，就不要打。最怕的就是不知道自己会失败，盲目去打。诸葛亮的中国梦，就是统一中国，所以他明知自己国力不如魏国，还是矢志不渝，六出祁山，九伐中原。但每次他一旦看见胜机已失，马上撤兵回家。

世上没有"必胜"这回事，我们要追求的，是"不败"。

六败（一）：败，都是败给自己，都是主帅的责任

原文

故兵有走者，有弛者，有陷者，有崩者，有乱者，有北者。凡此六者，非天之灾，将之过也。夫势均，以一击十，曰走；卒强吏弱，曰弛，吏强卒弱，曰陷；大吏怒而不服，遇敌怼（duì）而自战，将不知其能，曰崩；将弱不严，教道不明，吏卒无常，陈兵纵横，曰乱；将不能料敌，以少合众，以弱击强，兵无选锋，曰北。凡此六者，败之道也；将之至任，不可不察也。

华杉详解

故兵有走者，有弛者，有陷者，有崩者，有乱者，有北者。凡此六者，非天之灾，将之过也。

这是讲"六败"。军队有"走、弛、陷、崩、乱、北"六种必败的情况。这六种情况，不是天灾，都是将领的过错。

1. 走

夫势均，以一击十，曰走。

双方其他条件都相当，却用十分之一的兵力去和敌人作战，那就一定会败走。

曹操注："不料力。"

李筌注："不量力也。若得形便之地，用奇伏之计，则可也。"以一敌

十，是自不量力。除非你得了地利，一夫当关，万夫莫开，才能和对方打。

2. 弛

> 卒强吏弱，曰弛。

兵士强悍，将领懦弱，指挥不动，纪律松弛，叫"弛"。

吴楚鸡父之战，楚军是纠结了一些附庸小国的七国联军，其中还有小国国君，又碰上楚军主帅阳匄（gài）病亡。吴公子光说："楚军多宠，政令不一；帅贱而不能整，无大威命，楚可败。"最后楚军果然大败。

唐穆宗时期，镇州军乱，朝廷派田布为魏博节度使平叛。田布从小在魏博长大，魏博镇的人都轻视他，不听他的。数万人在军营中骑驴而行，田布也管不住。过了几个月，要合战，军士们都不愿出战。田布无奈，给皇上上了一封遗表，陈述军情，并说自己无能为力，只能以死相谢，自杀了。

所以用人，他不仅要有才能，还要有威望，有驾驭人的手腕。只有才能，没有威望，只能做副手。

3. 陷

> 吏强卒弱，曰陷。

"陷"，陷落。曹操注："吏强欲进，卒弱则陷。败也。"将领很强很勇敢，士卒跟不上。将领说："跟我冲！"他冲进去了，后面兵都没跟上，他就陷进去了。

张预注："将吏刚勇欲战，而士卒素乏训练，不能齐勇同奋，苟用之，必陷于亡败。"

"齐勇同奋"很重要。将领的责任是训练带领士卒，不是单打独斗。如果平时不能训练士卒，上了战场自己一个人刚勇，那就把自己陷进去了。

4. 崩

> 大吏怒而不服，遇敌怼而自战，将不知其能，曰崩。

"崩"，崩溃。曹操注："大吏，小将也。大将怒之，心不厌服，忿而赴敌，不量轻重，则必崩坏。""大吏"，就是小将。小将对大将不服、怨恨，遇敌时，擅自率自己的部属出战，大将不能控制，这样的军队，就会崩溃。

陈皞注："此大将无理而怒小将，使之心内怀不服，因缘怨怒，遇敌使战，不顾能否，所以大败也。"那小将气急败坏，看见敌人他就要打一场，也不管自己死活，更不顾整体战略了。

那小将怨恨在心、情绪失控，他不仅自己要乱打一气发泄，而且很可能更糟，希望己方失败，让主将蒙羞。你不是骂我吗？看看你自己怎么样！

前面学过一个战例，晋楚争霸，邲城之战。晋军与楚军对峙于黄河，晋楚决战在即，是战是和，晋军内部分歧。主帅荀林父要守，中军佐先縠则要战，激烈争论，没有结果。中军佐先縠（gǔ）就来了个"怒而不服，怼而自战"，擅自带着先氏亲兵渡河，荀林父闻讯后大惊，司马韩厥提议全军出动，防止先氏被歼灭。就这样，晋国全军被动应战。

晋军内部还有两个混蛋，比先縠还坏。先縠主观上是要为国建功，而这两人，魏锜和赵旃，因为向荀林父要升官被拒绝，心怀怨恨，希望晋军大败，好让荀林父倒霉。二人向荀林父领了出使楚营和谈的任务，去了却根本不谈和，而是挑战。故意让荀林父没准备，被楚军突袭。

这样的晋军，自然大败，晋国就此让出了霸权。

荀林父的孙子，荀偃，也曾做过晋军主帅，率军伐秦。荀偃行令说："鸡鸣而驾，惟吾马首是瞻。"旁边栾书大怒，说："晋国之命，未是有也。"晋国能跟我这么下命令的人还没生出来呢！自己率所部回师了，不跟你玩了。

这栾书本是晋国权臣，年纪比荀偃大，辈分比他还高。

看来晋国风气如此，难怪最后有三家分晋之事，分成韩、赵、魏，战国七雄居其三。如果晋国不分裂，战国七雄变五雄，秦国就不一定能统一天下了。

再讲一个晋国的骄兵悍将，赵穿。赵穿是个不折不扣富二代，靠着他伯父赵衰（cuī）和哥哥赵盾。秦国来攻打晋国，赵盾是主帅。赵盾亲信上军佐臾骓献计，说秦军不能持久，咱们坚守不战，他熬不住了，必定撤退，咱们再"击其惰归"，可获全胜。赵盾深以为然，下令坚守，不许出战。

晋军不战，秦康公急了，问流亡到秦国的士会，怎么回事？士会说，一定是臾骓的主意。晋军主帅赵盾的弟弟赵穿，对赵盾提拔臾骓非常不服气："我们去挑战赵穿的部队，他肯定出战。"

秦军依计而行，派军骚扰赵穿部，赵穿果然出战。赵盾正在开会，听说赵穿杀出去了，为了弟弟安危，只好全军出动，混战一场。

六败（二）：选锋之道

5.乱

> 将弱不严，教道不明，吏卒无常，陈兵纵横，曰乱。

将领懦弱，管理不严格，教导不明确，则吏卒没有规矩章法，出兵列阵纵横不整，横冲直撞，这叫"乱"。

张预注："将弱不严，谓将帅无威德也。教道不明，谓教阅无古法也。吏卒无常，谓将臣无久任也。陈兵纵横，谓士卒无节制也。为将若此，自乱之道。"

"将领懦弱"，是没有威德。

"教道不明"，是没有方法。

"吏卒无常"，是军中什么职位都没有任职时间长的。就像一个公司，没有几个老员工，所有职位都是新人，谁也干不长，那公司不乱才怪。

出阵横冲直撞乱走，那是没有人节制士卒，都没人管。

这就是乱军了。

6. 北

将不能料敌，以少合众，以弱击强，兵无选锋，曰北。

"北"，就是败北。将领不能判断敌情，用少数去打多数，用弱兵去打强敌，用兵也不懂得选择精锐，这就叫"北"。

这里关键是"兵无选锋"的"选锋"，用兵一定要"选锋"，把最精锐的士卒选拔出来，组成先锋队，像一把尖刀，插向敌人。可以说，没有选锋，就只有兵，没有锋，没有兵锋。

齐威王问孙膑，两军相向，"地平卒齐，合而北者何？"战场是平的，人数也差不多，为什么一方会战败，孙膑回答说失败的一方必然是因为"其阵无锋也"。

《尉缭子·战威》也讲："武士不选，则众不强。"

这个思想给我们一个启示：你的选锋在哪儿？ **带队伍，一定要选锋。**

杜牧注解说：李靖兵法有战锋队，就是拣选勇敢强健的士卒，每战都做先锋。

何氏注得很详细："夫士卒疲勇，不可混同为一，一则勇士不劝，疲兵因有所容，出而不战，自败也。故《兵法》曰，'兵无选锋，曰北。'昔齐以伎击强，魏以武卒奋，秦以锐士胜。汉有三河侠士剑客奇材，吴谓之解烦，齐谓之决命，唐谓之跳荡，是皆选锋之别名也。兵之用术，无先于此。凡军众既具，则大将勒诸营各选精锐之士，须矫健出众、武艺轶格者，"部为别队"，大约十人选一人，万人选千人。所选务寡，要在必当，择腹心健将统率，自大将亲兵、前锋、奇伏之类，皆品量配之也。"

士卒参差不齐，不能混在一起。如果混在一起，勇健的没有得到重视，没有荣誉感，没有战斗欲。疲弱的呢，天塌下来有高人顶着，上了战场，他躲在强者后面，出而不战。所以兵法说，兵无选锋，就要失败。

所以打仗一定要选出大刀队、先锋队、敢死队什么的，这才是兵锋。

历代都重视"选锋"军的建设，各有专门的命名。如春秋时晋国称"前行"，秦国称"锐士""陷阵"，战国时齐称"伎击""诀命"，魏国称"武卒"，唐朝时称"战锋""跳荡"，等等。

从这些名字我们可以看出选锋军的意义。所以兵之用术，无先于此，用兵首先是用锋。部队动员集结后，大将要首先选各营精锐之士，大约十人选一人，万人选千人，部为别队，一是用于自己的亲兵，二是用着先锋，三是用于出奇设伏之类。兵锋，是战胜的关键力量。

明代于谦说："御侮之道，莫先于练兵，练兵之要，必分其强弱。故兵法曰，'兵无选锋曰北'，又曰'兵以治为胜'，百万之众不用命，不如万人之斗；万人之众不用命，不如百人之奋，此言兵不贵多，贵乎精；多而不精，莫若少而精。"

东晋时，面临前秦强大军事压力，东晋大将谢玄选拔北方流民中勇劲之士，以刘牢之为参军，领精锐，每战用着先锋，百战百胜，号称北府兵。淝水之战，破苻坚百万之众，北府兵一战成名，始终是东晋最强劲的军事力量。后来建立刘宋帝国的刘裕，起家就是北府兵参军。他登基后，北府兵又成为刘宋的军事力量核心。

孙子的职业道德观：进不求名，退不避罪

郭子仪代表了中国人民几千年的终极梦想：荣华富贵，健康长寿，子孙满堂。

原文

夫地形者，兵之助也。料敌制胜，计险阨、远近，上将之道也。知此而用战者必胜，不知此而用战者必败。

故战道必胜，主曰无战，必战可也；战道不胜，主曰必战，无战可也。故进不求名，退不避罪，唯人是保，而利合于主，国之宝也。

夫地形者，兵之助也。料敌制胜，计险阨远近，上将之道
也。知此而用战者必胜，不知此而用战者必败。

地形是用兵的辅助条件。判明敌人企图、研究地形险易、计算道路远近、
制定用兵计划，这是上将之道。懂得这些道理去指挥作战的，有胜的把握；不
懂得这些道理的，必败。

地形很关键，所谓天时不如地利。但也只是辅助条件，因为地利不如人
和。人才是根本。不是说得地利不如得人，而是说得"道"之人，才能审地
利、料敌情、决战得胜。

故战道必胜，主曰无战，必战可也；战道不胜，主曰必战，
无战可也。

根据实际战局发展情况，如果己方有必胜把握的，主君说不战，也可以
战。如果己方必败的，主君说必战，也可以不战。这还是"将在外君命有所不
受"的道理。

故进不求名，退不避罪，唯人是保，而利合于主，国之宝也。

所以，进不求战胜之名，退不避违命之罪，一切只为保护民众，真正有利
于主君，这才是国家之宝啊！

为什么这样的人是宝呢？张预注解说："进退违命，非为己也，皆所以保民
命而合主利，此忠臣，国家之宝也。"进退都不是为了自己，而是为了国家、
人民和主君的利益，这是真正的忠诚。

何氏注："进岂求名也？见利于国家、士民，则进也；退岂避罪也？见其蹙
（cù）国残民之害，虽君命使进，而不进，罪及其身不悔也。"

进不是为了求名，见利于国家、人民，则进。退不怕得罪，如果进则有祸国殃民之害，君命让进也不进，哪怕因此得罪，也不后悔。

何氏这里自己发挥了：孙子所论，并非仅为了国家人民，而是"唯人是保，利合于主"。保护人民，保护将士们的生命安全，不要他们作无谓的牺牲，而利益呢，要符合主君的利益。主君的利益，和国家人民的利益，是有区别的。

这样的人，可谓：高超、正直、善良、忠诚、骄傲。

高超，是洞察本质，知胜知败，知进知退。

正直，是一身正气，不是在这一件事上正直，而是一贯正直，一贯有原则，所以无论他作什么决定，上上下下没有人怀疑他的动机，他才能有资格、有空间独断专行。

善良，是真正爱人民、爱国家、爱部下、爱主君，那种真挚的爱，没有一点虚假，每个人都能感受到。

忠诚，是真正忠诚于国家、人民和主君的利益，而不是忠诚于某人的指示。因为主君的指示，并不一定符合主君自己的利益。主君的判断不一定对。

骄傲，是所谓战胜之名，对他来说，毫无价值。他根本不需要一场新的胜利去证明自己。当别人拿这些去衡量他的时候，他觉得非常可笑。

谁是这样的国宝呢？岳飞是不是？岳飞不是。岳飞的进退，符合国家利益、人民利益，但不符合主利，不符合皇上赵构的利益。迎还二帝，赵构做什么呢？北宋灭亡，赵构是最大的既得利益者，因为他本来没资格当皇上的，却当了皇上。如果战，不用岳飞打，金国就可能把他哥哥送回来，这会给他带来巨大的政治危机。俘虏了敌国皇上是没有什么用的，因为别人另立新君，你手里的皇上就作废了。

明朝土木堡之变，蒙古瓦剌部首领也先俘虏了明英宗。明廷马上立英宗的弟弟郕（chéng）王为新君，就是景泰帝。也先手里的皇上没用了，无奈将英宗送回。景泰帝将英宗软禁于南宫，一关就关了七年。七年后景泰帝病重，石亨等发动夺门之变，英宗复辟。

所以岳飞迎还二帝的主张，是大大地不符合宋高宗的利益。高宗和金国议和，继续扣留他的哥哥宋钦宗，而送还了他的亲生母亲显仁皇后。宋高宗成为南宋中兴之主，以八十一岁高龄善终。

所以，利合于主的是秦桧，不是岳飞。岳飞占了个"唯人是保"，秦桧占了个"利合于主"，各占一半。

有一个人，符合"唯人是保，而利合于主"的标准，唐朝的郭子仪。

郭子仪在安史之乱时任朔方节度使，在河北打败史思明。后联合回纥收复洛阳、长安两京，功居平乱之首，晋为中书令，封汾阳郡王。代宗时，叛将仆固怀恩勾引吐蕃、回纥进犯关中地区，郭子仪正确地采取了结盟回纥，打击吐蕃的策略，保卫了国家的安宁。郭子仪戎马一生，屡建奇功，以八十四岁的高龄才告别沙场，天下因他而获得安宁达二十多年。他"权倾天下而朝不忌，功盖一代而主不疑"，举国上下，享有崇高的威望和声誉。

郭子仪权倾天下，位极人臣。但是，他坦坦荡荡，从来不对皇上设防。有奸臣猜忌他，说他要谋反，要皇上召他来，看他来不来。不来，就是要谋反；来，就可以把他拿下。郭子仪从来是一分钟都不耽误，马上就去，不带任何护卫。他说我这脑袋本来就是皇上的，皇上要取，拿去便是。

公主嫁给他儿子郭暧，两口子吵架，公主说我爹是皇上，你还敢对我无礼！郭暧说，皇上算个屁！那是我爹不想做罢了。我爹要想做，轮得到你爹么？把公主骂回去了。

公主回去向皇上哭诉。这事在任何朝代都是死罪。郭子仪听说这荒唐事，慌忙进宫谢罪。皇上说，小孩子家吵架乱说，咱们管他干什么。最后郭子仪自己把儿子打了一顿，这事就过去了。

郭子仪七子八婿，都是朝廷高官。他六十岁生日的时候，儿子女婿们都来贺寿。从朝堂上下来，都带着笏（hù）板（又称手板、玉板或朝板。是古代臣下上殿面君时的工具，用以记录君命或旨意）。子婿们把笏板放在床上，放了满满一床，这就是"满床笏"的典故。

你如果去乡下古村里看，看到古宅门上的砖雕，郭子仪的故事是最多的。因为郭子仪代表了中国人民几千年中国梦的终极梦想：荣华富贵、健康长寿、子孙满堂，全齐了。

爱兵如子，真爱不易！将不容易，兵，更不容易！

原文

视卒如婴儿，故可与之赴深溪；视卒如爱子，故可与之俱死。

华杉详解

对待士兵就像对待自己抚养的婴儿一样，就可以叫他们一起去跳深溪（冒险）；对待士兵像对自己的孩子一样，就可以和他们一起去赴死。

战国时，吴起为将。与下属最贱者同衣食，卧不设席，行不乘马，自己背着自己的干粮，和士卒同劳苦。有一个士兵腿上长了疮，吴起亲自用嘴给他吮吸。那士兵的母亲听说后悲伤地哭了。邻居问，将军对你儿子那么好，你哭什么呢？那母亲回答说，往年他爹腿上长疮，吴将军就替他吮吸，他很快就战死了。如今吴将军又为我儿子吮疮，我儿子也要为他而死了。

梅尧臣注："抚而育之，则亲而不离；爱而助之，则信而不疑；故虽死与死，虽危与危。"你抚育他，他就和你亲，不离不弃；你爱他帮助他，他就对你信任，可以和你同生共死，赴汤蹈火。

所以对士兵要有抚育的真心。你别认为吴起那是"手腕"，若认为是手腕，你就自己去吮吸别人腿上的脓疮试试！没有真诚的爱，和带兵如带子的心，做不了杰出的将领。

何氏注解说，后汉破羌将军段颎（jiǒng），也是行军仁爱，士卒受伤的，他都亲自去探视，亲自替他们包扎。在边疆十几年，"未尝一日褥寝"，没有一天是在正经床上睡的，都是与将士同苦。所以人人乐意为他死战。

所谓身先士卒，兵法云："勤劳之师，将必先己。暑不张盖，寒不重衣，险必下步，军井成而后饮，军食熟而后饭，军垒成而后舍。"这不是一次两次，一天两天，而是几十年如一日都这样，这是装不出来的，能装几十年，那也不是装，是做到了。

能做到吗？极少人能做到！

何氏还讲了西晋巴郡太守王濬（ruì）的故事。西晋灭了蜀汉，王濬做巴郡太守，因为靠近吴国边境，要准备战事，兵士百姓苦于劳役，"生男多不举"，不举，就是不养育，生了儿子就杀掉，或遗弃，扔掉。

生男不举的事，中国历代都有，因为很多人头税是按男丁征收的，劳役是按男丁分派的，你家有几个男孩，就交多少税，分担多少劳役。汉武帝的时候，穷兵黩武，没有钱了，《汉书》记载："武帝征伐四夷，重赋于民，民产子三岁则出口钱，故民重困，至于生子则杀，甚可悲痛！"如果你生了儿子，到他三岁就要交人头税。人民交不起税，就不敢养儿子，生下来看是儿子就杀掉。我们知道因为计划生育有杀女婴弃女婴的，可能不知道历代都有因为兵役税负杀男婴的。杜甫诗中说："信知生男恶，反是生女好。生女犹得嫁比邻，生男埋没随百草。"实际情况比这更惨！

知道了这种情况，王濬怎么办呢？他一是严惩弃婴杀婴，二是只要有生孩子的，都给产假、免劳役、减赋税，就这样，救了几千男婴！这样过了十几二十年，到了他奉命兴师伐吴的时候，这些男丁正好都到参军年龄。父母们都对孩子说："你们不是爹妈生的，都是王府君生的，一定为府君效力，不要爱惜自己的生命！"结果王濬以七十多岁高龄，完成了灭吴大业，三国归晋。

上级要比敌人更可怕

原文

> 厚而不能使，爱而不能令，乱而不能治，譬若骄子，不可用也。

华杉详解

如果只知厚待而不能指使，一味溺爱而不能命令，违法乱纪也不能治理，那士兵就成了骄子，没法使用了。

杜牧注解说，黄石公说："士卒可下，而不可骄。"你可以平易近人，礼贤下士，但不可骄纵下属。恩以养士，谦和待人，这叫"可下"；制之以法，这叫"不可骄"。

《阴符》说："害生于恩。"我们往往对一个人太好，结果却害人害己，把他害了，把自己也害了。为什么呢？因为一味只有恩，只有爱，却没有规矩，没有法，他习惯了、骄纵了、堕落了。你这时候想把关系调整过来，也不可逆，调不了了。你就只好放弃他了。你放弃他，他机会没了。你呢，也白培养人了。

一旦已经习惯了的恩情没了，就成了仇人。其实有什么仇呢？并没有任何伤害，只是停止了恩情而已。但对你来说，是停止了给予；对他来说，却是被夺走了既得利益。

所以恩怨、恩仇，没有恩，就没有怨，没有恩，就没有仇。曾经有多大恩，就有多大怨，就有多大仇。

吴起说："鼓鼙金铎，所以威耳，旌旗麾章，所以威目，禁令刑罚，所以威心。耳威以声，不得不清；目威以容，不得不明；心威以刑，不得不严。三者不立，必败于敌。故曰，将之所麾，莫不从移；将之所指，莫不前死。"

吴起提出威耳、威目、威心。要经常训练，要有操练，要有仪式，强化指挥系统的权威，养成令行禁止的习惯，这样才能做到不怕牺牲，指哪打哪。旌旗一指，战鼓一敲，马上就冲，因为不冲的后果很严重！

李靖说："畏我者不畏敌，畏敌者不畏我。"怕将领的，不怕敌人；怕敌人的，不怕将领。所以将领一定要比敌人更可怕。冲锋陷阵的，不一定会死；吹了冲锋号不冲的，马上正法。

李靖后面说得更恐怖："古之为将者，必能十卒而杀其三，次者十杀其一。十杀其三，威震于敌国。十杀其一，令行于三军。"

什么意思呢，先杀自己人。差的杀十分之一，厉害的杀十分之三。杀十分之三，威震敌国；杀十分之一，三军听令。

所以古代出军前要杀人祭旗，不是杀敌国人质。杀敌国人质，比如康熙杀吴三桂的儿子，那只是表示决裂，并不能立威。杀自己内部不听令的，才是立军威、立军法，让三军听令。什么样的人是最好的斩杀对象呢，最好是跟皇上有点关系的宠臣。他以为没人敢动他，吊儿郎当，杀了他，三军将士就都明白人人可杀。先斩后奏，跟皇上汇报，皇上也觉得杀得合适。

这样的故事数不胜数，孙子跟吴王谈兵，吴王把自己的妃子们交给他，让他演练看看，说你要能把这群女子训练成一支铁军我就信你。妃子们嘻嘻哈哈不听号令，孙子马上把领头的两个吴王最宠的妃子斩了，娘子军即刻练成。

田穰苴斩庄贾，也是最典型的案例。

晋国、燕国都攻打齐国，齐国大败。齐景公听了晏婴推荐，启用田穰苴为大将。田穰苴打好主意，跟齐景公说："我出身卑微，您把我从平民直接提拔我大将，大家不熟悉我，也不会服我，我压不住阵。请您派一个您最亲信的重臣来做监军。"齐景公就派了庄贾。

田穰苴跟庄贾约定第二天正午出发。第二天，军队集结好了，庄贾却和送行的大臣们喝到太阳落山才来。田穰苴叫来军法官，按军法，出征迟到，斩首！即刻把他斩了。齐景公接到要斩庄贾的报告，急忙派使臣来救。田穰苴又治了使臣在军营中鞭马疾驰的死罪。念是君王使臣，免死，斩了车夫和左边一匹马。

这一斩，先是威震敌国，晋国军队听说来了这么个狠角色，没等交战，吓得立马撤军跑了。燕军也撤退，田穰苴乘胜追击，收复全部实地。

大军凯旋，齐景公率百官郊迎，哪还记得庄贾！封田穰苴为大司马，田穰苴就成了著名的司马穰苴。

司马穰苴的套路，在历史上被不断地抄袭拷贝，但每次都有不读书不晓事的，把自己的人头送上门去。

秦末，陈胜吴广起义，项梁项羽也起兵了，他们都攻占了一些郡县，玩得风生水起。天下野心勃勃的年轻人，个个都蠢蠢欲动。彭越的一些小兄弟找到他，说你带我们起兵吧，他们行，我们也一定行。彭越不同意，说现在两虎相争，形势如何发展都不清楚，我不想参与你们的事。

年轻人们不依不饶，纠集了一百多人，一定要跟彭大哥打天下。彭越被缠得没办法，说好吧，既然大家要干，就明天日出的时候开第一次军事会议。既然要成军，就要立军法，迟到的斩首！

第二天中午彭越等着，小伙子们稀稀拉拉地来了，迟到了十几个人。彭越说，军法是迟到者斩首，可是迟到的太多了，也不能把你们都斩了，就斩最后一个到的吧！大家嘻嘻哈哈地说有必要吗，下次知道了。彭越不说话，一步上前，亲自斩了最后一位。众人吓得发抖，都不敢抬眼看他。彭越就立土坛，以那人头祭奠，成为一方豪杰，后投靠刘邦，成为西汉开国功臣。

这三个案例，算是"十杀其一"，有"十杀其三"的吗？古代的不知道，近现代史可是大有特有，就是斯大林的大清洗。

据苏共第20次党代会前苏联内政部的统计数目，仅在1937年至1938年一年中，斯大林本人就签署了681692人的处决命令。但是被害人的总数至今不明。有人说斯大林把红军能打仗的将领都杀完了，以至于希特勒打进来时红军都没有能指挥的将领。这个说法不对，斯大林并没有输掉第二次世界大战，恰恰相反，他是二战的大赢家。

内部清洗，在理论上就是保持组织强大的手段，因为这能让"士畏我而不畏敌"。所以如果没有选举机制，就必然过一段时间就要清洗一回。

今天讲反腐，有所谓"不反腐要亡国，反腐要亡党"的说法，那是不想反腐的人说的。不反腐才会亡党。把贪官都抓完了，党不会没有官用的，只会更加强大和更有生命力。

张预注解说："恩不可以专用，罚不可以独行。专用恩，则卒如骄子而不能使。独行罚，则士不亲附而不可用。王者之兵，亦德刑参任而恩威并行矣。"只有恩，兵就成了骄子，没法用。只有罚，士卒不亲附你，也不可用。

《尉缭子》说："不爱悦其心者，不我用也。不严畏其心者，不我举也。"所以有爱，才乐于效命，有畏，才不敢不出死力。

将驭之道，就是爱与畏，赏与罚。

畏的本质，在于"畏我者不畏敌，畏敌者不畏我。"怕上级的，他就不怕敌人不怕死。不怕上级的，就一定怕敌人怕死。**所以畏的标准，就是上级要比敌人更可怕。**

李世民的知己知彼观：没本事知道别人，一定要知道自己

只要能知道自己，也不会失败。而人们的毛病都不在于不知道别人，而在于不知道自己。

原文

知吾卒之可以击，而不知敌之不可击，胜之半也；知敌之可击，而不知吾卒之不可以击，胜之半也；知敌之可击，知吾卒之可以击，而不知地形之不可以战，胜之半也。

故知兵者，动而不迷，举而不穷。故曰：知彼知己，胜乃不殆；知天知地，胜乃可全。

华杉详解

知吾卒之可以击，而不知敌之不可击，胜之半也。

这是知己，不知彼。知道我军能打，不知道敌军也很强大，不一定打得下来，那胜算只有一半。

知敌之可击，而不知吾卒之不可以击，胜之半也。

知道敌人有懈可击，却不知道我们自己的部队不行，不一定能拿下来，这是知彼，不知己，胜算还是只有一半。

所以知己不知彼，或知彼不知己，都不能决胜。

唐太宗说："吾尝临阵，先料敌之心与己之心孰审，然后彼可得而知焉。

察敌气与己之气孰治，然后我可得而知焉。是以知己知彼，兵家大要。今之大臣，虽未知彼，苟能知己，则安有失利者哉。"

李世民说，他每次临阵对敌，总是先分析敌人的作战企图，和我方的作战企图，到底谁更审慎周密，这样就可以知彼了。然后再查看敌军的士气，和我军的士气，谁更旺盛，这样就可以知己了。所以知己知彼是兵家大要。今天的大臣，就算不能判断敌人，但只要对自己有判断，有清醒认识，也不会轻易失败。

李世民能看透敌人，也能认清自己，而且能动态地把握、驾驭敌我军情、军心的变化，制造必胜的时机。他说如果你们没有我这个水平，不用把敌人看透，只要能认清自己，也不至于失败。

这是李世民的知己知彼观，**你没本事知道别人，但一定要知道自己**。我很认同这一点，我们学习知己知彼的时候，关注的都是怎么知道别人，自以为对自己当然很了解。实际上，人的毛病，都是不能正确认识自己，而不是不能认识别人。做企业也是，别老研究所谓的竞争对手，知道别人在干啥，没多大用。要知道顾客需要啥，知道自己能干啥。

> 知敌之可击，知吾卒之可以击，而不知地形之不可以战，胜之半也。

知道敌人可以打，也知道我军能打，但不知道地形不可以打，还是只有一半胜算。

这是说知己知彼还不够，还要知地形。

> 故知兵者，动而不迷，举而不穷。

所以懂得军事的人，行动不会迷惑，措施变化无穷。

行动之前都看透了，想透了，所以不会迷惑。知己知彼、知天时地利，所以有任何变化都了然于胸，随时应对，不会穷困而无计可施。

张预注："不妄动，故动则不误；不轻举，故举而不困。识彼我之虚实，得地形之便利，而后战也。"

故曰：知彼知己，胜乃不殆；知天知地，胜乃可全。

所以知己知彼，胜利就没有危险；懂得天时地利，胜利就有完全的保障。

附录：《地形篇》全文

孙子曰：地形有通者，有挂者，有支者，有隘者，有险者，有远者。我可以往，彼可以来，曰通；通形者，先居高阳，利粮道，以战则利。可以往，难以返，曰挂；挂形者，敌无备，出而胜之；敌若有备，出而不胜，难以返，不利。我出而不利，彼出而不利，曰支；支形者，敌虽利我，我无出也；引而去之，令敌半出而击之，利。隘形者，我先居之，必盈之以待敌；若敌先居之，盈而勿从，不盈而从之。险形者，我先居之，必居高阳以待敌；若敌先居之，引而去之，勿从也。远形者，势均，难以挑战，战而不利。凡此六者，地之道也；将之至任，不可不察也。

故兵有走者，有弛者，有陷者，有崩者，有乱者，有北者。凡此六者，非天之灾，将之过也。夫势均，以一击十，曰走；卒强吏弱，曰弛，吏强卒弱，曰陷；大吏怒而不服，遇敌怼而自战，将不知其能，曰崩；将弱不严，教道不明，吏卒无常，陈兵纵横，曰乱；将不能料敌，以少合众，以弱击强，兵无选锋，曰北。凡此六者，败之道也；将之至任，不可不察也。

夫地形者，兵之助也。料敌制胜，计险厄远近，上将之道也。知此而用战者必胜，不知此而用战者必败。

故战道必胜，主曰无战，必战可也；战道不胜，主曰必战，无战可也。故进不求名，退不避罪，唯人是保，而利合于主，国之宝也。

视卒如婴儿，故可与之赴深溪；视卒如爱子，故可与之俱死。厚而不能使，爱而不能令，乱而不能治，譬若骄子，不可用也。

知吾卒之可以击，而不知敌之不可击，胜之半也；知敌之可击，而不知吾卒之不可以击，胜之半也；知敌之可击，知吾卒之可以击，而不知地形之不可以战，胜之半也。故知兵者，动而不迷，举而不穷。故曰：知彼知己，胜乃不殆；知天知地，胜乃不穷。

第十一章
九地第十一

九种地势的作战方法（一）：治气、选锋和分战法

原文

九地篇

孙子曰：用兵之法，有散地，有轻地，有争地，有交地，有衢地，有重地，有圮地，有围地，有死地。诸侯自战其地者，为散地；入人之地不深者，为轻地；我得亦利，彼得亦利者，为争地；我可以往，彼可以来者，为交地；诸侯之地三属，先至而得天下众者，为衢地；入人之地深，背城邑多者，为重地；行山林、险阻、沮泽，凡难行之道者，为圮地；所由入者隘，所从归者迂，彼寡可以击吾之众者，为围地；疾战则存，不疾战则亡者，为死地。是故散地则无战，轻地则无止，争地则无攻，交地则无绝，衢地则合交，重地则掠，圮地则行，围地则谋，死地则战。

华杉详解

"九地"，曹操注："欲战之地有九。"

张预注："用兵之地，其势有九。此论地势，故次地形。"

上一章是地形，这一章是地势，战地的形势，主要是进入敌国的深浅、周边国家关系、敌我心理及综合支持的差异，以及在不同地势下的战略行动方针。

用兵之法，有散地，有轻地，有争地，有交地，有衢地，有重地，有圮地，有围地，有死地。

曹操注："此九地之名也。"

根据用兵的规律，在战略上有九种地区对作战有重大影响，分别是散地、轻地、争地、交地、衢地、重地、圮地、围地、死地。

1. 散地

　　诸侯自战其地者，为散地……是故散地则无战。

　　诸侯在本国境内作战的，叫散地。

　　为什么在本国境内叫"散"呢？曹操注："士卒恋土，道近易散。"就在自己家附近，管不好就溜回家了，军心容易散，士卒容易溃散。

　　李筌注："卒恃土，怀妻子，急则散，是为散地也。"

　　杜牧注："士卒近家，进无必死之心，退有归投之处。"

　　在散地的作战原则是什么呢？孙子说："散地则无战。"不要轻易作战。贾林注："不可数战。"不要打太多次，要战，一次搞定。

　　吴王问孙子："散地不可战，则必固守不出。若敌攻我小城，掠吾田野，禁吾樵采，塞吾要道，待吾空虚而来急攻，则如之何？"

　　不战，那必然就是固守大城不出。但如果敌人攻打我其他的小城池，在我的乡村烧杀抢掠，不让我们出城砍柴，阻塞了我的要道，等我空虚，再来攻打，怎么办呢？

　　孙子回答说："敌人深入，专志轻斗。吾兵安土，陈则不坚，战则不胜，当积人聚谷，保城备险，轻兵绝其粮道。彼挑战不得，转输不至，野无所掠，三军困馁。因而诱之，可以有功。若欲野战，则必因势，依险设伏；无险则隐于阴晦，出其不意，击其懈怠。"

　　敌人深入我国国境，一心一意就要求战。而我军士卒离家太近，战斗欲不强，列好阵势，一冲就容易散乱逃回家了，所以战斗不容易取胜。应该把人都撤进城里，把粮食也全搬进城里，把守城池和险要的地方，这叫坚壁清野。之后再派轻兵阻绝对方的运输线，绝其粮道。这样他挑战不得，给养又跟不上，抢掠又没东西，必然三军困馁。这时候观察他的状态，再设计诱他，可以成功。如果一定要野战，则必须依靠地势，依险设伏。没有险要地势，则依靠天气阴晦、昏雾，总之要隐蔽，出其不意，攻其无备。

　　历代北方民族打下来抢掠，若长城被攻破，基本都是这个办法。全缩进北京城，他在周边抢掠一阵，没多少收获，四处勤王军队又在向京城集结，他就退走了。若皇上觉得没面子，一定要军队出城作战，多半是灾难。

明代土木堡之变，明英宗亲征也先，二十万大军在土木堡全军覆没，英宗被俘。于谦临危受命，先令百官在通州支取俸禄，把通州的粮食搬空了，让也先抢不到粮食。也先势若破竹，攻到北京城下。于谦亲自披甲持锐，率二十二万大军守城。先后在德胜门、西直门大败也先，也先的弟弟也战死了。

也先攻不进北京城，又抢不到东西，连续失败，士气低落，加之各地勤王军队正向北京集结。也先坐不住了，拔营撤退。于谦击其惰归，以火炮追击，先后在"我爱北京天安门正南五十公里"的固安，和温泉之乡霸州，两次大败也先，生擒了他十八员大将。

2. 轻地

> 入人之地不深者，为轻地……轻地则无止。

进入别人国境不深的地区，叫轻地。

曹操注："士卒皆轻返也。"

李筌注："轻于退也。"

梅尧臣注："入敌未远，道近轻返。"

轻地和散地差不多。散地是在家门口，一没斗志就回家了。轻地是在别人家门口，离自己家也不远。往前进吧，害怕，不知道前面有啥危险；往后退呢，很容易，一退回本国就安全了。

所以在轻地，士卒的战斗意志也不强。

在轻地怎么办呢？"轻地则无止"，不要停留。

杜牧注："兵法之所谓轻地者，出军行师，始入敌境，未背险要，士卒思还，难进易退，以入为难，故曰轻地也。当必选精骑，密有所伏，敌人卒至，击之勿疑，若是不至，踰之速去。"

"轻地"，是刚刚进入敌境，又没有背靠险要。士卒的心理，都希望回家，前进很困难，后退却很容易。这种情况，要选精锐骑兵，在侧翼埋伏策应。如果与敌人遭遇，不要犹豫，即刻攻击。因为这时候敌人是在"散地"，战斗意志比我军还要差呢！如果敌人没来，则迅速通过，不要在轻地停留，让士卒们快快抛弃离家的愁绪，死了回家的心。

吴王问孙子："士卒思还，难进易退，未背险阻，三军恐惧，则如之何？"

孙子回答："军在轻地，士卒未专，以入为务，无以战为，故无近其名城，无由其通路，设疑佯惑，示若将去。乃选精骑，衔枚先入，掠其六畜，三军见得，进乃不惧。分吾良卒，密有所伏，敌人若来，击之勿疑；若其不至，舍之而去。"

军队刚刚进入敌境的时候，士卒还没进入状态，非常恐惧。这时候最好不要打硬仗，不要啃硬骨头，不攻城，也不走他防守的大路。出疑兵迷惑敌人，然后由精锐的选锋军穿插进去，拣软柿子捏，到乡下抢掠一番。其他士卒一看，我军打胜仗了！就振奋了，不害怕了。同时分奇兵埋伏，敌人如果来，马上痛击他。敌若不来，迅速通过，不要停留。

对轻地的战术安排处理，体现了我们前面学过的《孙子兵法》的三个思想：一是治气，关注士卒的心理状态，制造一次小胜利来鼓舞士卒，给大家壮胆；二是选锋，普通士卒怕，选锋军不怕，派选锋军去完成打胜仗、抢东西、鼓士气的任务；三是分战法，以正合，以奇胜，大部队快速行军通过，先锋先插进去拣软柿子捏打胜仗，另外还有一支奇兵埋伏策应，以防与敌人遭遇。

九种地势的作战方法（二）：力量的关键是意志力

> 从散地、轻地、争地的战法，我们看到，始终围绕的都是心理因素，是双方精神力量的消长，是治气。
>
> 力量的关键是意志力。

原文

我得亦利，彼得亦利者，为争地……争地则无攻。

3. 争地

"争地"，就是大家最熟悉的那句话：兵家必争之地。

"我得亦利，彼得亦利者，为争地"。谁先占了，就对谁有利。为什么呢，曹操注："可以少胜众，弱击强。"只要占了这地势，少可以胜众，弱可以击强。所以对方占了争地，你不要去硬攻。

李筌注："此阨喉守险地，先居者胜，是为争地也。"

杜牧讲了一个战例。淝水之战前，苻坚遣大将吕光征伐西域，吕光平定了西域，载了大批财货东归。这时苻坚却在淝水大败。苻坚一倒台，前秦手握兵权的各方大将都各自有了想法。吕光军抵宜禾（今新疆安西南），前秦凉州刺史梁熙欲关闭境内通道，拒绝吕光入境。

时高昌太守杨翰对梁熙说："吕光新破西域，兵强气锐，闻中原丧乱，必有异图。河西地方万里，带甲十万，足以自保。若光出流沙，其势难敌。高梧谷口险阻之要，宜先守之而夺其水；彼既穷渴，可以坐制。如以为远，伊吾关亦可拒也。地有所必争，此其机也。度此二阨，虽有子房之策，无所施矣。"但却遭到梁熙的拒绝。

这就是争地的本质，高梧口、伊吾关，是两个可以挡住吕光的争地。吕光听到谍报杨翰的计策，非常担心。部下杜进对吕光说："梁熙文雅有余，机变不足，他不会听的。咱们利在速进，不必迟疑。如果梁熙能听从杨翰的计策，我把头砍给您。"

梁熙果然嫌二关太远，派五万人在酒泉阻截。吕光长驱大进，杨翰第一个举郡投降，敦煌太守、晋昌太守也相继降了。吕光最后擒斩梁熙，建立了后凉帝国。

所以不管哪个阵营，都不缺明白人，只是主公听不懂，就没办法。韩信井陉之战，广武君李左车给陈余献计说把住井陉口，陈余不听。韩信攻破赵军，斩了陈余，俘虏了李左车，给李左车行礼说，如果用先生您的计策，我可到不了这里。李左车就投到汉军营中为韩信效力。杨翰也一样，一见主公言不听、计不从，知道大势已去，吕光大军一来，他第一个降了。

吴王问孙子："敌若先至，据要保利，简兵练卒，或出或守，以备我奇，则如之何？"

如果争地被敌人先占了怎么办？

孙子回答说："争地之法，先据为利，敌得其所处，慎勿攻之，引而佯走，建旗鸣鼓，趣其所爱，曳柴扬尘，惑其耳目，分吾良卒，密有所伏；敌必出救，人欲我与，人弃我取。此争先之道也。若我先至，而敌用此术，则选吾锐卒，固守其所，轻兵追之，分伏险阻；敌人还斗，伏兵旁起。此全胜之道。"

孙子把正反两种情况都讲解得很清楚了。

如果敌人先占了争地，我们不要攻打他。引兵而去，大张旗鼓，车马后面拖上树枝，扬起高高的尘土，假装大军撤退。然后分兵"趣其所爱"，他哪儿心疼咱们去打哪，攻其必救，把他引出来。他必然离开争地来救。我们事先埋伏，他一出来，我们就把那地方占了。这就是争先之道。

反过来，如果是我们先占了争地，敌人用上面说的办法来对付我们呢？我们首先选精锐固守争地。然后派轻兵追击他，一路追击，一路设下埋伏。他若回师来战，我正好伏兵等着他。这就是全胜之道了。

李世民破窦建德的虎牢关之战，就演绎了孙子的争地理论。

隋末之乱，群雄逐鹿，王世充在洛阳称帝，国号郑。窦建德在河北称帝，国号夏。李世民率三万多唐军包围王世充的洛阳城，双方鏖战八个月，王世充非常顽强，双方都筋疲力尽。这时，窦建德率十万大军来救王世充。窦建德也是能征惯战的英雄豪杰，李世民若撤兵而去，另图再举，也没什么好说的。但这一走，已经要到手的洛阳前功尽弃，郑、夏两国合兵却可打到他的家门口。另一方面，他也看到了一举消灭两大豪杰的机会，也看到了这一战的争地——虎牢关。

李世民留李元吉围洛阳城，自己只率了三千五百骑兵，昼夜兼程，直奔虎牢关，并仅仅赶在窦建德之前到达。当李世民入驻虎牢关时，窦建德已仅仅距关三十里。

入关的第二天，李世民就给窦建德的夏军打了一个小规模的伏击战，挫挫夏军锐气。他率五百骑兵出关，命秦叔宝、程咬金布下埋伏，自己和尉迟敬德仅带四个骑兵去夏营挑战，把敌人引了数千骑出来，杀了个人仰马翻，俘虏了夏军两员大将。

就像前面散地、轻地时说的，说起来是不同的地势，实际上都是心理战，是"治气"，治自己的士气，治对方的士气。窦建德十万大军，气势如虹而来，唐军三千五百人要灭掉对方，难免人人忐忑。李世民一天都不耽搁，乘对方立足未稳，马上亲自上阵，去打一个胜仗。这样自己的士气就雄起了，对方的心情就郁闷了。

李世民就这么跟窦建德耗，一夫当关，万夫莫开，在虎牢关挡了他十万大军一个多月。时不时轻兵出去斩杀一通，夏军就是攻不进虎牢关。

李世民广派斥候，抓住机会，又派骑兵一千人去劫了夏军粮道，缴获全部粮草辎重。粮草辎重一失，形势急转直下，夏军士气越来越低落。

折腾了一个多月，李世民觉得差不多了，放出烟幕弹，说唐军要牧马，马都放出去吃草了，骑兵没马用。窦建德全军出动，抓住这机会来决战。夏军清晨列阵，一直熬到中午还没开战，士卒都又饿又疲。李世民召回战马，突然发起总攻，三千五百人一举冲垮了夏军十万，直接生擒了窦建德。把窦建德押囚车里推到洛阳城下，喊王世充来看："你的救兵来了！"王世充一看崩溃了，出城投降了。

李世民问窦建德："我打王世充，关你什么事，你大老远跑来犯我兵锋？"

窦建德讨好说："我如果不自己送上门来，怕有劳您远取。"这气势一点点都没有了，哪里是一个称王称帝的英雄豪杰说的话！

所以从散地、轻地、争地的战法，我们看到，始终围绕的都是心理因素，是双方精神力量的消长，是治气。

力量的关键是意志力。

九种地势的作战方法（三）：与第三方结盟

原文

我可以往，彼可以来者，为交地；（……交地则无绝。）诸侯之地三属，先至而得天下众者，为衢地；（……衢地则合交。）入人之地深，背城邑多者，为重地；（……重地则掠。）

华杉详解

4. 交地

我可以往，彼可以来者，为交地。

曹操注："道正相交错也。"

杜牧注："川广地平，可来可往，足以交战对垒。"

杜佑注："交地，有数道往来，交通无可绝。"

何氏注："交地，平原交通也，交通四远，不可遏绝。"

交地，就是平原无险，道路四通八达。甚至没有道路也可畅行无阻，我来得，敌人也来得，谁也挡不住谁。

在交地的作战原则是什么呢？孙子说："交地则无绝。"

曹操注："相及属也。"就是你的部队要首尾相接，中间不要有空档，有空档，就容易被人截断，吃掉了你的尾巴，或分割，分别包围了，让你首尾不能相应。

杜牧注："川广地平，四面交战，须车骑步伍，首尾联属，不可使之断绝，恐敌人乘我。"

王皙注："利粮道也，交相往来之地，亦谓之通地。居高阳以待敌，宜无绝粮道。"

王晢提出了粮道的问题。交相往来之地，叫交地，也叫通地。在这样的地势，部队要集结，居高阳之地以待敌，并保障粮道的安全。

所以部队不要分割，也不是绝对的。孙子说"交地则无绝"，是不要断绝，并不是绝对的首尾相属在一起，一点也不分开。比如要保障粮道，就要分兵去保粮道。要占高阳之地，也可能分兵一部，另据地形，成掎角之势。主动的分兵，并不叫"绝"，而是要你注意行军布阵不要有空档，要能相互策应，保持联系，不能让敌人乘虚而入。

吴王问孙子："交地吾将绝敌，使不得来，必令吾边城修其守备，深绝通道，固其隘塞。若不先图之，敌人已备，彼可得而来，吾不得而往，众寡又均，则如之何？"

在交地这样的地势，我要断绝敌人，不让他来，一定是让我国边城加强守备，修筑工事，把守要道。但如果没有事先准备，被敌人抢了先，他可以来，我则去不了，兵力上又没有优势，该怎么办呢？

孙子回答说："既我不可以往，彼可以来，则分卒匿之，守而易怠，示其不能。敌人且至，设伏隐庐，出其不意。"

既然我军去不了，敌人却可以来，我就分兵埋伏，向敌军示弱，等他长驱大进，我再出伏兵击他。

5. 衢地

> 诸侯之地三属，先至而得天下众者，为衢地。

衢地好理解，诸侯之地三属，就是三国交界之地。我们说某地"鸡鸣三省"，早上公鸡叫，三个省的人都听见，这就是衢地。浙江省衢州市，比三省还多一省，闽浙赣皖四省交界，是四省边际的交通枢纽和物资集散地，这是超级衢地，所以干脆以衢为名，叫衢州了，素有"四省通衢、五路总头"之称。

那衢地为什么"先至而得天下众"呢？天下，就是诸侯。在敌我之旁，还有第三国，我们谁先到了，和第三国结交，得到第三国之助，那就形成二打一的形势，我们胜算就大了。所以"衢地则合交"，在衢地的战略方针，是搞好外交，和第三国结盟。

梅尧臣注："彼我相当，有旁国三面之会，先至则得诸侯之助也。"

吴王又问孙子了："衢地必先，若吾道远发后，虽驰车骤马，至不能先，则如之何？"

衢地必先，我懂了，但如果我隔得远，军队出发得迟了，就算快马加鞭，也没法先到，怎么办呢？

孙子说："诸侯参属，其道四通。我与敌相当，而旁有他国，所谓先者，必先重币轻使，约和旁国，交亲结恩，兵虽后至，众已属矣。我有众助，彼失其党，诸国掎角，震鼓其攻，敌人惊恐，莫之所当。"

先到，不等于军队先到，是外交使者先到，带着重币厚礼，先定盟约。军队虽然后到，盟约已成。两国合攻，敌人莫之能挡。这就是《谋攻篇》说的"上兵伐谋，其次伐交"的道理。

6、重地

原文：

入人之地深，背城邑多者，为重地……重地则掠。

华杉详解：

曹操注："难返之地也。"重地和轻地相反，深入重地，进入敌境很深，背后好多敌国城邑，很难返回本国了。

李筌注："坚志也。"回国很难，也就死了心，不想回国的事，心意专一，志气坚定了。白起攻楚，乐毅伐齐，都属于深入重地。

重地怎么办呢？重地则掠，抢东西，抢粮抢物资，因为本国的运不上来。

吴王问孙子："吾引兵深入重地，多所逾越，粮道绝塞。设欲归还，势不可过；欲食于敌，持兵不失，则如之何？"如果我带兵深入敌境，越过了很多敌人占领的城市和地盘，粮道断绝，本国粮食运不上来。想挥师回国，又不是那么容易。在这种情况下，我如何才能从敌人那里获得粮食物资，保全军队不受损失呢?

孙子说:"凡居重地,士卒轻勇,转输不通,则掠以继食,下得粟帛,皆贡于上,多者有赏,士卒无归意。若欲还出,即为戒备,深沟高垒,示敌且久。敌疑通途,私除要害之道,乃令轻车,衔枚而行。以牛马为饵,敌人若出,鸣鼓随之;阴伏吾士,与之中期,内外相应,其败可知也。"凡是到了重地,士卒都很勇敢,因为也没有其他想头了,不勇不行。如果运输线断了,就靠抢掠维持部队。所有士卒抢得东西都上缴,抢得多的有赏,士卒能发财,他也不想回国的事了。如果我们想回国,就深沟高垒戒备起来,给敌人看着,以为我们要长期驻守的样子,他就以为我们后方交通畅顺,以为我们有别的什么交通线,就把他守备的地方放松了,甚至撤除了。道路障碍一除,我们马上轻车疾进,衔枚而出,到前面埋伏。同时,放出牛马,引诱敌人。敌人如果出动,大张旗鼓跟着他。"与之中期",到了我们计划好的时间地点,埋伏的部队杀出来,内外夹击,打败敌人。

深入敌人重地,最重要的就是从敌人手里获得物资。不过敌人也都明白这一点,全都烧了,什么也不给你留。拿破仑打进莫斯科,物资充裕,营房舒适,就等着沙皇投降。但俄国人一把火把莫斯科全烧了,法军想灭火,消防工具已经事先全被破坏了。拿破仑的覆亡,莫斯科大火就是转折点。

九种地势的作战方法（四）：险恶地形迅速通过

原文

行山林、险阻、沮泽，凡难行之道者，为圮地；（……圮地则行。）

华杉详解

7. 圮地

山林、险阻、水网、湖沼等难于通行的地区，就叫圮地。

贾林注："经水所毁曰圮。"

曹操注："少固也。"

何氏注："圮地者，少固之地，不可为城垒沟隍，宜速去之。"

圮地怎么办？"圮地则行"，下面都是水，没法固定，没法筑城，没法修筑工事，没法扎营，只能快速通过，不要停留。

吴王问孙子："吾入圮地，山川险阻，难从之道，行久卒劳，敌在吾前，而伏吾后；营在吾左，而守吾右；良车骁骑，要吾隘道，则如之何？"

我军进入圮地，山川地形险恶，道路难以行走。行军时间太长，士卒疲劳。前有强敌，后有伏兵。左有敌营，右有敌阵，敌军再以轻车骁骑，在隘道口截击我们，怎么办？

孙子说："先进轻车，去军十里，与敌相候，接期险阻。或分而左，或分而右；大将四观，择空而取，皆会中道，倦而乃止。"

先派出轻车，前进到我军前面十里左右，寻找险要的地方，瞭望候敌，和他接战。后面的部队左右迂回，大将四面观察，寻找敌人空隙突破，之后与前锋在合适的地方会合。到了疲倦的时候，就停止进攻，固守修整。因为圮地行动不便，消耗太大，要注意保存体力。

九种地势的作战方法（五）：突围要靠奇谋

原文

所由入者隘，所从归者迂，彼寡可以击吾之众者，为围地；
（……围地则谋）

华杉详解

8. 围地

"围地"的"围"，不是"十则围之"的"围"，不是敌军把我们包围了，是地形把我们包围了。"所由入者隘"，进去的道路很狭窄。而"所从归者迂"，要想回来，道路则迂回、曲折、遥远。困在这样的地形里，敌人用很少的兵力就可以击败我们。这就叫围地。

李筌注："举动难也。"

杜牧注："出入艰难。"

就是说不仅进得去，出不来，而且作战也施展不开。

这怎么办呢？孙子的忠告是："围地则谋。"就是说：要想办法！

可见真是没办法！没有奇谋诡计，就出不来了。

吴王问孙子："吾入围地，前有强敌，后有险难，敌绝我粮道，利我走势，敌鼓噪不进，以观吾能，则如之何？"

我们被敌人困在围地了。前有强敌，后有险阻，敌人断绝了我军粮道，引诱我退军。他擂鼓呐喊，但是又不进攻，观察我们的反应，这时候应该怎么办呢？

孙子回答："围地之宜，必塞其阙，示吾所往，则以军为家，万人同心，三军齐力。并炊数日，无见火烟，故为毁乱寡弱之形。敌人见我，备之必轻。则告励士卒，令其愤怒，陈伏良卒，左右险阻，击鼓而出，敌人若当，急击务突。我则前斗后拓，左右掎角也。"

进了围地，首先阻塞隘口，不让敌人攻进来，也显示我们并不准备冲出去。向敌我双方都展示出坚守的意志，这样我们的士卒也能"宾至如归"，以军为家，万众一心，安心御敌。一次把几天的饭做好，敌人看不见我们的炊烟，以为我们没粮食了。

故意装出毁乱寡弱之形。比如前面《行军篇》说的"杖而立者，饥也；汲而先饮者，渴也；旌旗动者，乱也；吏怒者，倦也；谆谆翕翕，徐与人言者，失众也……"，我们可以一条一条表演给他的斥候看。

这样敌人以为我们快不行了，准备收取胜利果实了，心情放松了，戒备不严了。

这时我们召开决战动员大会，告励士卒，激起敌我仇恨，令其人人奋勇，个个愤怒。依托左右险阻地形，精锐尽出，一鼓作气，冲锋前进。敌人如果来挡，即刻强攻，务必突围出去。前锋猛斗，后军扩大战果，左右两军策应，倾巢突围，一鼓而下。

吴王又问："敌在吾围，伏而深谋，示我以利，萦我以旗，纷纭若乱，不知所之，奈何？"

反过来，敌人在围地，潜伏很深，计谋也很深。用小利来引诱我们。像上面说的一样，演戏给我们看——"旌旗动者，乱也"——旗舞得乱七八糟的，好像他们已经乱了。判断不了他们要干什么，也不知道我们该干什么，怎么办？

孙子回答："千人操旌，分塞要道，轻兵进挑，陈而勿搏，交而勿去，此败谋之法。"

孙子说，派出军队，多持旌旗，分别把守各个要道，显得到处都很多兵力的样子。然后派出轻兵挑战，主力严阵以待，不和他相互冲击交叉肉搏，接战稳住阵脚而不撤退。这样看看他要干什么，可破解他的计谋。

"置之死地而后生"，是九死一生

要学的是怎么不进入死地。进入死地之后，不能追求生，而是追求必死，但死得够本，多捞几个垫背的，这样或许有生的可能。

所有的冒险都不是用来学习的，只是逼到那份上之后，看你的命硬不硬。

原文

疾战则存，不疾战则亡者，为死地。（……死地则战。）

华杉详解

9. 死地

死地和围地的区别是，围地等得，死地等不得。死地怎么办？死地则战，必须马上作战，因为疾战则存，不疾战则亡。

这一点很重要！因为大多数情况下，都是可以等的。但是将领以为不能等，以为"疾战则存，不疾战则亡"，最后成了"不作死，就不会死"的结局。

其实死地不是疾战就一定能存。如果快快作战就能生存，那就不叫死地，叫"快活地"了。死地，就是基本都会死，生的希望已经没有了，所以不求得生，但求死得够本，捞几个垫背的一起死！这就是亡命徒，战斗力就可怕了。

各家怎么讲死地呢？

曹操注："前有高山，后有大水，进则不得，退则有碍。"

李筌注："阻山，背水，食尽，利速不利缓也。"

李靖说得比较全："或有进军行师，不因向导，陷于危败，为敌所制。左谷右山，束马悬车之径；前穷后绝，雁行鱼贯之岩；兵陈未整，而强敌忽临，进无所凭，退无所固，求战不得，自守莫安。驻则日月稽留，动则首尾受敌。野无水草，军乏资粮，马困人疲，智穷力极。一人守隘，万夫莫向，若彼要害，敌先据之，如此之利，我已失守，纵有骁兵利器，亦何以施其用乎？若此死地，疾战则存，不疾战则亡。当须上下同心，并气一力，抽肠溅血，一死于前，因败为功，转祸为福。"

李靖讲了七种死地的情况：

一、"进军行师，不因向导，陷于危败，为敌所制"

进军行师，没找向导，自己盲目前进，迷了路，陷入危险的败局，为敌人所制。

所以我们学习死地，重点不是学习到了死地怎么作战，而是学习怎么不被逼入死地，陷于绝境。李靖的第一条，就是地图一定要研究清楚，行军一定要有向导，才不会陷入死地。历代名将，都是把地图看得滚瓜烂熟，没事就看地图。刘邦入关破秦，美女金帛无所取，萧何先去国家档案馆把天下地图全收了。林彪、粟裕打仗不打仗，都是成天对着地图发呆，胸中百万雄兵在那地图上来回演习。

二、"左谷右山，束马悬车之径"

左有深谷，右有高山，马得牵着，车轮子都有一半悬空的线路。敌人来了都不用打，挤一下我们就全掉下去了。

三、"前穷后绝，雁行鱼贯之岩"

前后都没路，只能雁行鱼贯一个跟一个通过的悬崖。

四、"兵陈未整，而强敌忽临，进无所凭，退无所固"

刚抵达战场，兵形未整，既没有构筑工事，也没有来得及列阵，敌人就冲过来了。这时候要前进，没有策应，形不成冲击力；要后退，没有掩护，一退就成了溃退。

这种情况怎么办，兵法前面已经讲了，先处战地者胜，后处战地者败，以虞待不虞者胜。所以别人早准备好了，我们则乱哄哄的才到，没组织起来。所以基本就是个败局，没办法，只能一团混战，看自己平时训练，将士战斗力如何，有没有能力挽狂澜的英雄，杀出一线生机。

如果活出来，记住下回，一定要先到战场，先准备好。如果敌军已经先到了。咱就不到那儿去，隔三五十里扎营布阵，引他来。"兵陈未整，而强敌忽临，进无所凭，退无所固"的就是他了。赵奢破秦军，离敌营五十里下寨，引他来，留五十里路给他走，就是这招。

五、"求战不得，自守莫安，驻则日月稽留，动则首尾受敌"

求战，则打不着敌人；自守，又无险可守。驻扎则旷日持久，没有转机；行动则前后受敌，动弹不得。

六、"野无水草，军乏资粮，马困人疲，智穷力极"

比如进了戈壁沙漠，人无水，马无草，军无食，马困人疲，力量到了极限，穷途末路，无计可施。

七、"一人守隘，万夫莫向，若彼要害，敌先据之。如此之利，我已失守，纵有骁兵利器，亦何以施其用乎"

一夫当关万夫莫开的要害之地，被敌人先占了，卡住了我们的脖子，再有骁兵利器，也发挥不出来了。

遇到这七种死地，疾战则存，不疾战则亡。当须上下同心，并气一力，抽肠溅血，一死于前，因败为功，转祸为福。

吴王问孙子："吾师出境，军于敌人之地。敌人大至，围我数重，欲突以出，四塞不通。欲励士激众，使之投命溃围，则如之何？"

我军被包围在死地，如何激励士卒突围？

孙子回答："深沟高垒，示为守备。安静勿动，以隐吾能。告令三军，示不得已。杀牛燔（fán）车，以飨吾士。烧尽粮食，填夷井灶，割发捐冠，绝去生虑。将无余谋，士有死志。于是，砥甲砺刀，并气一力，或攻两旁，震鼓击噪，敌人亦惧，莫知所当。锐卒分行，疾攻其后。此是失道而求生。故曰，'困而不谋者穷，穷而不战者亡。'"

深沟高垒，向敌人显示我们要坚守，安静勿动，敌人不知道我们在干什么。然后开动员大会，告诉士卒们危急的形势，把牛杀了，车烧了，大家吃一顿大餐，准备做个饱死鬼。把粮食烧了，水井填了，灶平了，不准备做下一顿饭了。大家都剃光头，帽子扔了，头都不要了，留帽子有何用？

这样通过各种发狠的仪式，把大家都激励起来，以必死之心，冲出去。

"置之死地而后生"，是九死一生，存活率太低，不能学。要学的是怎么不进入死地。**进入死地之后，不能追求生，而是追求必死**，但死得够本，多捞几个垫背的，这样或许有生的可能。韩国电影《鸣梁海战》里，面对强大的日军，将士们都很害怕，纷纷问主将李舜臣怎么办。李舜臣说了一句话："你们还想活呀？明天我们都会死！"置之死地而后生，不是教你求生的办法。是教你接受死亡！

所有的冒险都不是用来学习的，只是逼到那份上之后，看你的命硬不硬。千万不要学韩信，自己把军队列水边，背水一战。韩信的背水一战，只是故事的一部分，他还有两千人在后面策应。他的置之死地而后生，根本就是假的。如果他其他什么兵都没有，就那一万人，全部在水边死地，而他居然活出来了，那才叫置之死地而后生。

人们都喜欢夸大，都喜欢添油加醋，夸大才有戏剧性，而每个人都偏好戏剧性，写正史的人，也偏好戏剧性，正史里调味料也加得不少。但事实都是冰冷的。所以我们读史，不要自己陷入戏剧性偏好的陷阱里去，以为自己可以把那戏码再演一遍，你去演的时候，就会发现现实的剧本根本不是那样的。

现实的剧本是：进入死地的都死了，所以才叫死地。

吴王问："若吾围敌，则如之何？"

如果是我们把敌人围在死地呢？

孙子答："山峻谷险，难以逾越，谓之穷寇。击之之法，伏卒隐庐，开其去道，示其走路。求生透出，必无斗意，因而击之，虽众必破。"

兵法说："若敌人在死地，士卒勇气，欲击之法，顺而勿抗，阴守其利，必开去道，以精骑分塞要路，轻兵进而诱之，陈而勿战，败谋之法也。"

那就别围死了，一定给他开一条生路，让他跑。人一旦有了生路，就不想死，战斗意志就弱了，一心想逃亡求生。这时候在他逃跑的路上埋伏精骑，跑一段吃掉一截，再跑一段再吃掉一截，一路追杀，不仅更能保障全胜，而且保证我军不受损失。

比如你围了一千人，如果围得水泄不通，务求全歼，你可能要付出八百人的代价，因为那是一千亡命徒啊。如果放一条路给他们跑，然后沿途一截一截地吃，可能跑掉二十个，但我军的伤亡可以在十人以下。

临战指挥的艺术，首要是扰乱敌人

原文

所谓古之善用兵者，能使敌人前后不相及，众寡不相恃，贵贱不相救，上下不相收，卒离而不集，兵合而不齐。合于利而动，不合于利而止。敢问：敌众整而将来，待之若何？曰：先夺其所爱，则听矣。

华杉详解

古代善于用兵的人，有如下几条指挥艺术：

能使敌人前后不能相及。

让敌军前后部队不能相互策应。
梅尧臣注："设奇冲掩。"埋伏奇兵，冲散他、掩杀他，让他首尾不能相应。

众寡不相恃。

能使敌军主力和小部队不能相互依靠。梅尧臣注："惊扰之也。"

贵贱不相救，上下不相收。

官兵之间不能相互救应，上下不能收容，散乱、仓皇，都找不到组织了。

> 卒离而不能齐，兵合而不能齐。

士卒散乱不能集合起来，集合起来也不能形成整齐的阵列。

杜牧注："多设变诈，以乱敌人，或冲前掩后，或惊东击西，或立伪形，或张奇势，我则无形以合战，敌则必备而众分。使其意慑离散，上下惊扰，不能合和，不得齐集。此善用兵也。"

军队，组织起来才是军队，如果没有组织，一百万人也是待宰的羔羊而已。所以指挥作战的艺术，就是打乱敌人的组织。历史上所有的以少胜多，都是人数多的一方组织动员能力差，或指挥系统被打乱了。

> 合于利而动，不合于利而止。

能够造成有利于我军的局面，就行动；不能造成有利于我军的局面，就停止。

曹操注："暴之使离，乱之使不齐，动兵而战。"

李筌注："挠之令见利乃动，不动则止。"

就是扰乱他，他乱了，有机可乘，就攻击。如果他没乱，就不要进攻。

> 敢问敌众整而将来，待之若何？
>
> 曰：先夺其所爱则听矣。

指挥的艺术是先扰乱敌人。但是，如果敌军不乱，而且人数众多，阵型整齐地向我进攻，怎么办呢？

答：那就先夺其所爱。

曹操注："先夺其所恃之利。若先居利地，则我所欲必得也。"

曹操说"敌军所爱"是什么呢，就是他依恃的有利条件。我们先占了地利，我们就主动了。

张预注："敌所爱者，便地与粮食耳，我先夺之，则无不从我之计。"

敌人"爱"的，一是有利地形，二是粮食。把这两样给他夺了，他就慌了、乱了，就没法雄赳赳、气昂昂地向我们冲杀了。

前面学的李世民破窦建德的战例，就是三千五百人先夺了虎牢关，把窦建德十万大军挡在关外。然后又寻机灭了窦建德的运粮部队，夺了粮食，窦建德自然就乱了。

养兵千日，用兵一时

原文

兵之情主速，乘人之不及，由不虞之道，攻其所不戒也。

凡为客之道：深入则专，主人不克；掠于饶野，三军足食；谨养而勿劳，并气积力；运兵计谋，为不可测。投之无所往，死且不北。死焉不得，士人尽力。兵士甚陷则不惧，无所往则固，深入则拘，不得已则斗。是故，其兵不修而戒，不求而得，不约而亲，不令而信。禁祥去疑，至死无所之。吾士无余财，非恶货也；无余命，非恶寿也。令发之日，士卒坐者涕沾襟，偃卧者涕交颐，投之无所往，诸、刿之勇也。

华杉详解

凡为客之道，深入则专，主人不克。

"为客"，侵入别国，客场作战。

"深入则专"，深入重地，士卒不敢逃亡，只能心志专一，拼命作战。

"主人不克"，敌军抵挡不住。因为我军在重地，敌军在散地。前面说了，散地则无战，他的战斗意志不如我们。

杜牧注："言大凡为攻伐之道，若深入敌人之境，士卒有必死之志，其心专一，主人不能胜我也。克者，胜也。"

掠于饶野，三军足食。

"重地则掠，因粮于敌"。在敌国富饶的田野上抢掠，三军人马吃饱。

谨养而勿劳，并气积力，运兵计谋，为不可测。

注意休养士卒，积蓄锐气，集中力量，用兵设谋，让敌人无法猜度。

曹操注："养士并气，运兵为不可测度之计。"

杜牧注："斯言深入敌人之境，须掠田野，使我足食，然后闭壁养之，勿使劳苦，气全力盛，一发取胜，动用变化，使敌人不能测我也。"

深入敌境，抢掠田野，丰衣足食。然后呢？然后闭壁养之，深沟坚壁，养精蓄锐，气全力盛，然后一战而定。

王翦灭楚，就是这个战法。王翦率六十万秦军灭楚，到了楚国，安营扎寨，深沟高垒，养精蓄锐，每日只是在军营里开运动会，让士兵们投石为戏。楚军挑战，王翦就是闭壁不与他战。秦军人多，楚军也不敢攻进来。这一养，就养了一年！楚人严阵以待了一年，姿势都僵了，开始活动活动，移动军队。楚军一移动，王翦即刻挥师决战掩杀，一战而定，楚国灭亡。

"谨养而勿劳，并气积力"，这句话信息量很大。人们看战争，关注的都是战斗本身。而战斗本身，只是战争的一部分，甚至可能不是最重要的部分。孙子说"先胜而后战"，等到开始战斗的时候，那是已经胜了才战的，是胜而战之，不是战而胜之。战前我们要具备什么条件，又等到敌军的什么条件出现在发动，这才是战争的秘密所在。

曾国藩带湘军，没有那么多奇谋巧计，就是扎扎实实，步步为营。在曾国藩的日记里，当士兵旷日持久驻营围敌，他关注的都是肉食够不够，蔬菜有没有，最后下令：每一营，一定要种菜养猪。这样自己有新鲜蔬菜肉食，搞好生活，又能勤劳动，以养精蓄锐。

俗话说："养兵千日，用兵一时。"一般用来告诫士卒，国家养你，你要到战场上报效祖国。不过这话原意并非讲这个，出处是《南史·陈暄传》："兵可千日而不用，不可一日而不备。"

三层意思。一是养兵千日，兵养着，谨养而勿劳，并气积力，你不用，这气力都在。一用，就用掉了。

二是用兵一时，所以一定要等到那关键的一时，敌人有不及、不虞、不戒的时候，迅雷不及掩耳一把用出去，才能制胜。就像两个人拿着刺刀决斗，你刺刀在手里拿着，没刺出去，气力都在。你一把刺出去，没刺着对方，刺刀又没收回来，这时候你就门户大开，气力全无，几乎是不设防的状态，对方一抓住这机会，你就完了。

所以刺刀的力量在于没刺出去的时候，刺出去就得有结果，如果刺出去没结果，恐怕就要被别人结果了。

第三层意思，是上一节说的，防备一刻不能松懈，一松懈，就被敌人端了。

> 投之无所往，死且不北。

把部队投到无路可走的地方，士卒宁愿战死，也不会逃跑。因为"无所往"，也没地方逃。

> 死焉不得，士人尽力。

"死焉不得"，士卒敢于拼死，焉有不得胜之理。曹操注："士死，安不得也。"

"士人尽力"，士兵到了这种境地，就不得不尽力了。曹操注："在难地，心并也"，必须齐心并力。

《尉缭子》说："一贼仗剑击于市，万人无不避之者，非一人之独勇，万人皆不肖也，必死与必生固不侔也。"

一个强盗拿着剑在街上砍，万人皆避之。不是说这一个人勇敢，万人都懦弱。是因为他有必死之心，而其他人都想活。所以他是恐怖分子，很恐怖啊。

> 兵士甚陷则不惧。

陷于危亡之地，人人持有必死之志，他就不怕敌人了。已经死了，有什么可怕的？最可怕不就是死吗？

> 无所往则固，深入则拘，不得已则斗。

曹操注："拘，缚也。"捆起来。俗话说："咱们是一根绳上的蚂蚱。"士卒深入敌境，到了无路可去的地方，就像被捆在了一起，必须齐心兵力死战。

杜牧注："不得已者，皆疑陷在死地，必不生，以死救死，尽不得已也，则人皆悉力而斗也。"

"以死救死"，这四个字很关键，不是拼死求生，一有了生念，就不容易拼死了，可能投降了，可能想办法逃跑了。而是没有生念，就是死，多捞几个垫背的。这才有生机。

> 是故其兵不修而戒，不求而得，不约而亲，不令而信。

这样的军队，不用整顿告诫，都懂得戒备；不要上级要求，都懂得出力；不要约束鼓励，都能亲密团结；不用三令五申，都会遵守纪律。

张预注解说："同舟而济，则吴越何患乎异心也。"

张预说的，是一个成语：吴越同舟。春秋时，吴越两国世代交战，两国是敌国、仇国。一天在一条渡船上，两国百姓都有，相互敌视。船到江心，天气突变，风雨大作，船眼看要颠覆，必须马上爬上把桅杆把帆降下来。这时船上的人，无论吴人越人，都争先恐后往上冲，同心协力，降下了船帆。这就叫风雨同舟，不用人做"团结就是力量"的思想工作，仇人也能变亲人，形势比人强。

> 禁祥去疑，至死无所之。

禁止迷信活动，消除部属的疑惑，战斗至死，也不逃走。

曹操注："禁妖祥之言，去疑惑之计。"

杜牧注："黄石公曰，'禁巫祝不得为吏士卜问军之吉凶，恐乱军士之心。'言既去疑惑之路,则士卒至死无有异志也。"禁止巫婆神汉为士卒卜算吉凶,以防乱了军心,则士卒专心致志,誓死作战。

当然也有反其道而行之的,将领装神弄鬼,给军队卜算一个大吉大利,让大家奋勇作战。田单守即墨,就用这办法,让一个士兵扮成神仙,向他行礼,侍奉他,每发令,都说是神仙的意思。

> 吾士无余财,非恶货也;无余命,非恶寿也。

我们的士兵没有多余的钱财,不是他们不爱财货,是要钱就不能要命;我们的士兵没有贪生怕死的人,不是他们不想长命,是不拼命就不能保命。

曹操注:"皆烧焚财物,非恶货之多也;弃财致死者,不得已也。"

杜牧注:"若有财货,恐士卒顾恋,有苟生之意,无必死之心也。"

张预注:"货与寿,人之所爱也,所以烧掷财宝、割弃性命者,非憎恶之也,不得已也。"

> 令发之日,士卒坐者涕沾襟,偃卧者涕交颐,投之无所往,诸、刿之勇也。

当作战命令下达的时候,士兵们坐着的泪湿衣襟,躺着的泪流满面。但当你把他们投到除了向前拼命以外无路可走的地方,他们个个都像专诸和曹刿一样勇敢。

专诸有多勇敢呢?他受吴公子光(就是后来的吴王阖闾)的命令去刺杀吴王僚。公子光请吴王僚来家吃饭,专诸去上菜,上一条鱼,匕首藏在鱼肚子里面。当专诸从鱼肚子里抽出匕首刺向吴王僚的时候,吴王僚卫士的长矛已刺进他的背上。但他还是拼尽最后一口气,把吴王僚刺死了。

曹刿的勇敢呢?曹刿就是鲁国大夫,前面讲过的,在长勺之战,让齐军一鼓作气、再而衰、三而竭的曹刿。曹刿曾跟随鲁庄公与齐桓公在东阿相会,用匕首挟持齐桓公,定下盟约,收复失地。

把所有人绑上战车，谁也下不来

原文

故善用兵者，譬如率然。率然者，常山之蛇也。击其首则尾至，击其尾则首至，击其中则首尾俱至。敢问：兵可使如率然乎？曰：可。夫吴人与越人相恶也，当其同舟而济而遇风，其相救也如左右手。是故方马埋轮，未足恃也；齐勇如一，政之道也；刚柔皆得，地之理也。故善用兵者，携手若使一人，不得已也。

华杉详解

善于用兵的人，就像"率然"一样，率然，是常山上的一种蛇。你打他的头，尾巴就来救应；你打他的尾，头就来救应；你打他中间，首尾一起来救应。

我们能不能让军队像率然那样呢？回答是肯定的。吴国人和越国人是世仇，但是当他们同舟共济，遇到暴风雨，他们都能像左手救右手一样协调的相互救援，军队何尝不能呢？

是故方马埋轮，未足恃也。

"方马"，拴住马；"埋轮"，把车轮埋起来。所以用把马拴起来，把车轮埋起来的办法来防止士卒逃跑，是靠不住的。

曹操注："方马，缚马也。埋轮，示不动也。此言专难不如权巧。"你强迫士卒，不如利用权变之巧，造成他不得不死战的形势。

缚马为什么叫"方"呢？杜牧注："缚马使为方阵。"不是把马缚在拴马桩上，是前马后马左马右马拴在一起，拴成方阵，不让他跑！

齐勇如一，政之道也。

杜牧注："齐正勇敢，三军如一，此皆在于为政者也。"

陈皞注："政令严明，则勇者不能独进，怯者不能独退，三军之士如一也。"

张预注："既置之危地，又使之相救，则三军之众，齐力同勇如一夫，是军政得其道也。"

刚柔皆得，地之理也。

曹操注："强弱一势也。"让强者和弱者都能发挥作用，主要在于适当利用地形，使我军处于有利态势。

张预注："得地利，则柔弱之卒亦可以克敌，况刚强之兵乎？刚柔俱获其用者，地势使之然也。"

手下的兵有强有弱，要让强者弱者，都能并获其用。比如李世民三千五百人破窦建德十万大军的战例。三千五百人怎么用呢？三千人守着虎牢关，那一夫当关万夫莫开，敌人也攻不进来。他带五百最强的出关挑战，让程咬金和秦叔宝率领，在路旁埋伏。然后他带着这五百强里最强的六个人，其中两个超级牛人，他本人和尉迟敬德，去挑战。李世民说："有我这张弓，和你那把长矛，千军万马也近不了我们身！"他两个，带四个骑兵，就直挑窦建德大营，引了几千敌军到伏击地点，打了一个大胜仗。这胜仗开局一打，守关的三千人士气大振。这就是强弱并用，刚柔皆得。

故善用兵者，携手若使一人，不得已也。

所以善于用兵的人，能使全军携手作战，团结如一人，因为他能造成那不得不服从的情势，人人势不得已，只能听他的，除此无路可走，都被他绑在了战车上。

李筌注："理众如理寡也。"这和前面《势篇》说的"治众如治寡，斗众如斗寡"是一个道理，掌握军政之道的人，指挥多少人，都和一个人一样自如，同进同退，齐心协力。

作为领导者，不是风风火火、忙忙碌碌，而应该镇静平和、不紧不慢

> 我们想成功，想得到成功，总是在动中得，通过自己的动，去把捉，去抓取。而往往东抓西抓，却空劳把捉，什么也没抓住。能不能静下来，认真思考，踏实积累，不是在动中抓，而是让成果在静中来。这是兵家的思想，也是佛家的思想，是军事思想，也是人生智慧。

原文

将军之事，静以幽，正以治，能愚士卒之耳目，使之无知；易其事，革其谋，使人无识；易其居，迂其途，使人不得虑。帅与之期，如登高而去其梯；帅与之深入诸侯之地，而发其机，焚舟破釜若驱群羊，驱而往，驱而来，莫知所之。聚三军之众，投之于险，此谓将军之事也。

华杉详解

将军之事，静以幽，正以治。

曹操注："谓清净，幽深，平正。"
杜牧注："清净简易，幽深难测，平正无偏，故能致治。"
作为领导者，不是风风火火，忙忙碌碌，咋咋呼呼，而是镇静平和，不紧不慢，有充分的时间思考，有条有理，举止适度，一切尽在掌握。
我们想成功，想得到成功，总是在动中得，通过自己的动，去把捉，去

抓取。而往往东抓西抓，却空劳一场，什么也没抓住。能不能静下来，认真思考，踏实积累，不是在动中抓，而是让成果在静中来。这是兵家的思想，也是佛家的思想，是军事思想，也是人生智慧。所以有人说，太忙的人不会成功。

我们想管住别人，对别人很多的规矩，很多的要求，却没有想正人先正己，用自己的正，带来整支军队的正。所谓正人先正己，儒家说："正心诚意修身齐家治国平天下"，兵家也有正身以齐军的道理。曾国藩的将道，突出一个"廉"字。他说士兵不懂兵法，也不知道谁本事大，但是在银钱上，个个都十分在意。若将领贪腐，他必不服你；若将领在银钱上特别清楚廉洁，他就认你。再能奖惩明白，还能让大家都得点好处，就个个都愿意跟你作战。

　　　　能愚士卒之耳目，使之无知。

这不是愚民，是保密。不能让士卒知道作战意图。每个人只知道自己的任务，不知道整体的作战意图和计划。这是军事保密的需要。

曹操注："民可与乐成，不可与虑始。"领导者的责任是让大家满怀信心地跟你干，不能让士兵跟你一起操心怎么办。孔子说："民可使由之，不可使知之。"也是这个道理，每个人只知道自己的任务，为将者掌握全局。

　　　　易其事，革其谋，使人无识；

行动经常变化，计谋不断更新，别人无法识破机关。

杜牧注："所为之事，所有之谋，不使之其造意之端，识其所源之本也。"让大家都知其然而不知其所以然，则没人能推测你下一步的行动。

张预注："前所行之事，旧所发之谋，皆变易之，使人不可知也。"总是变来变去，谁也不知道你下一步要做什么。因为军队里，不只是有你的兄弟父子兵，还有敌军间谍，还有不知道自己在不知不觉泄密的自己人。所以不能让任何人可以推测你的下一步行动，就要打乱一切让别人看起来有规律可循的东西。

另一方面，你反复无常，又怎能让大家都听你的呢？这又需要耍些手段。张预讲了唐朝名将裴行俭的一个故事，他刚让大家扎好营盘，突然下令移营到山上重新扎营。大家都非常不情愿，十分不满。到了晚上，突然下大暴雨，先

338

前扎营的地方都被淹了，水深丈余。大家都惊叹，问您怎么知道要下雨呢？裴行俭说："以后我叫你们干啥就干啥，别问我知道什么，为什么知道。"

裴行俭这一手很高，他若跟大家说可能要下雨，结果又没下，那他以后说什么大家就不信了。他啥也不说，如果晚上没下雨，也没人会和他的命令联系起来，无损他的威信；下雨了，他就成了料事如神，威信更高了。

> 易其居，迂其途，使人不得虑。

驻军经常变换地方，行军多绕弯路，谁也不知道要去哪。

要让手下人保密，最好的方法就是他不知道那秘密，那敌人派多少间谍进来，也是白搭。

> 帅与之期，如登高而去其梯。

主帅交给部属任务，就像派他登上楼，然后抽掉梯子，他只能上，不能退。

> 帅与之深入诸侯之地，而发其机，焚舟破釜，若驱群羊，驱而往，驱而来，莫知所之。

主帅率领军队深入敌境，就像拔弩机而射出箭一样，只可往而不可返；把船烧了，把饭锅砸了，就在今日决一死战。将帅指挥士兵，就像驱赶羊群一样，赶过去，赶过来，大家只知道跟着走，而不知道要去哪里。

李筌注："还师者，皆焚舟梁，坚其志，既不知其谋，又无返顾之心，是以如驱羊也。"船烧了，桥没了，死了撤退回去的心了，也不知道主帅打的啥主意，只能拼命跟着走，这就跟驱使牛羊一样。

> 聚三军之众，投之于险，此谓将军之事也。

聚三军之众，投之于险难而取胜，这就是将军的责任。

我突然想起巴顿将军的名言：

I want you to remember that no bastard ever won a war by dying for his country. He won it by making the other poor dumb bastard die for his country.

"我要你们记住，没有哪个杂种是靠'为国捐躯'来赢得一场战争的。要赢得战争，靠的是让敌国那些可怜的杂种为他们的国家捐躯。"

"聚三军之众，投之于险"，但你有责任让他们活着回来。用曾国藩的话说，你带他出来，当他战后回到家，回到父母兄弟身边，还是一个朴实的，只是更成熟的青年，而不是吃喝嫖赌抽五毒俱全，不要带他学坏。

这就是仁者、儒将了。

成功是靠日拱一卒

原文

九地之变，屈伸之力，人情之理，不可不察。

华杉详解

进入九种不同地区的机变，能屈能伸地应对形势的发展，以及对各种人员心理人情的掌握，都是为将者必须具备的能力。这是总结九地，为下文张目。

这里专门提出"人情"，就是对治气的强调，掌握心理人情，才能驾驭士气。不仅驾驭我军的士气，而且能驾驭敌军的士气。

儒家讲天理、国法、人情，兵法也讲人情。关于人情兵法，前面治气的战例里都有，就是注意士卒的心理，心理决定士气，士气决定战斗力。

曾国藩说读书，讲两条，一是每日坚持，坚持读一页一行都行，只要每日都读，精进就快，这叫不疾而速。最怕鼓起劲来就大干一场会战，过了劲又撂下不管，那就很难完成。

日拱一卒，是完成任何工作、实现任何目标理想的关键。成功都靠拱卒，不靠出车，因为没有那么多车可以出。但很多人只喜欢出车，你跟他说拱卒的事，他就是不爱听。

曾国藩说读书的第二条，是一本未读完，不动下一本。这样你就不会留下一大堆半途而废没读的书。

这算是读书兵法吧。

进入敌境后就要万众一心

原文

凡为客之道：深则专，浅则散。去国越境而师者，绝地也；四达者，衢地也；入深者，重地也；入浅者，轻地也；背固前隘者，围地也；无所往者，死地也。是故散地，吾将一其志；轻地，吾将使之属；争地，吾将趋其后；交地，吾将谨其守；衢地，吾将固其结；重地，吾将继其食；圮地，吾将进其途；围地，吾将塞其阙；死地，吾将示之以不活。

华杉详解

凡为客之道，深则专，浅则散。

侵入别国，客场作战，深入敌境则士卒专心致志；入境未深则士卒军心涣散。

梅尧臣注："深则专固，浅则散归。"这是前面说的重地、轻地、浅地的区别。

去国越境而师者，绝地也；四彻者，衢地也；入深者，重地也；入浅者，轻地也；背固前隘者，围地也；无所往者，死地也。

这里多出一个"绝地"，梅尧臣注："进不及轻，退不及散，在二地之间也。"就是刚刚越境进入敌国，已经不是散地了，但还没到轻地。

四面通达的是衢地，深入敌境的是重地，入境未深的是浅地，背负险固，前有阨塞的是围地，走投无路的是死地。

这些不同的地势，分别怎么应对呢？

是故散地，吾将一其志。

李筌注："一卒之心。"让大家万众一心，一心一意。

杜牧注："守则志一，战则易散。"在城中固守，则大家一心一意不让敌人攻进来；出城作战，有人就想借机逃跑回家。所以前文说"散地则无战"，宜守不宜战。

轻地，吾将使之属。

"属"，曹操注："使相及属。"进入轻地，让部伍营垒密近连属，一来防止敌人来攻，可以相互救助；二来也防止士卒逃跑。

只问自己学到什么，不要纠结字面原意

读古文，一个经验，只问自己学到了什么，理解他思想的原意，别纠结他字面的原意。

原文

　　争地，吾将趋其后；交地，吾将谨其守；衢地，吾将固其结；重地，吾将继其食；圮地，吾将进其涂；围地，吾将塞其阙；死地，吾将示之以不活。

华杉详解

　　争地，吾将趋其后。

　　这句有点麻烦，各家注解都不太一样。

　　曹操注："利地在前，当速进其后也。"曹操等于没解，和孙子说的一样，他明白，别人还是不明白。这"后"，是什么"后"，抄到敌人后面？

　　杜牧注："必争之地，我若已后，当疾趋而争，况其不后哉？"对于争地，如果我们已经落后，当急行军去争。

　　陈皞说杜牧注得不对。他注道："二说皆非也。若敌据地利，我后争之，不宜后据战地而趋战之劳乎？所谓争地必趋其后者，若地利在前，先分精锐而据之，若彼恃众来争，我以大众趋其后，无不克者。"

　　陈皞说，如果敌人已经据了地利，我后趋而争，那不就成了后趋战地者败了吗？不过他这样说前人不对，理由也不成立。杜牧说的是，如果敌人跑前面了，我们要追上去赶在他前面，抢先到达争地，并没有说敌人已经把争地占了。

　　陈皞的注解是，若地利在前，我们先分精锐去占了，如果敌人恃众来争，我们再大部队抄他后路。

　　这样解，似乎又想多了。争地，争到了就是争到了，孙子应该没有说争到之后再去抄敌人后路的意思。

　　杜佑注："利地在前，当进其后。争地，先据者胜，不得者负。故从其后，使相及也。"杜佑前面说得对，争地的性质，就是先据者胜，不得者败，这才叫争地嘛，所以不存在争到了之后再抄敌人后路的问题。不过他后一句"故从其后，使相及也"，又不明白了，是要后面的部队跟上，前后相及，不要掉队？

　　张预强化了杜佑的观点："争地贵速，若前驱而后不及，则未可。故当疾进其后，使首尾俱至。"所以他说这个"后"，不是敌后，是自己的"后"。不要先头部队到了，后面的还没跟上，所以后军也要疾进，首尾一起到。

我估计孙子没那么复杂的意思。

张预还提供了另一个解释："趋其后，谓后发先至也。"那么这"后"，是敌人先出发，我们后出发的"后"了。我想孙子更没有这个意思了，干吗说要后发先至呢？反正是要先至，孙子没管你是先发还是后发。

总结一下，我们不要想那么复杂，简单点，直接点，"争地吾将趋其后"，意思就是，对于争地，我们当疾进，抄到敌人后面，抢先到达。

读古书，一个经验，只问自己学到了什么，理解他思想的原意，别纠结他字面的原意。他的思想在他的上下文里，在他的整本书里，你学到了，就是学到了。如果去纠结、争论、训诂某一句话、某几个字是什么意思，实在是徒事讲说，意义不大。特别是不要有胜心，不要一心想另立一说，另创新解，来胜过前人。

> 交地，吾将谨其守。

"我可以往，彼可以来者"，为交地。在交地，就要谨守壁垒，断其通道。

杜牧注："严壁垒也。"敌人四面都可能来，我们就要修筑工事，深沟高垒，严密把守。

> 衢地，吾将固其结。

衢地合交，结交诸侯，使之牢固，不要让敌人抢先和邻国结盟，也不可让他破坏了我们的盟约。

王晢注："固以德礼威信，且示以利害之计。"

张预注："财币以利之，盟誓以要之，坚固不渝，则必为我助。"

> 重地，吾将继其食。

重地的关键是给养，是粮草，是物资。因为我们深入敌境，后勤跟不上，就要因粮于敌，就地解决给养和物资。曹操注："掠彼也。"抢掠敌国。

第二次世界大战，为什么说中国作出了巨大牺牲和贡献？就是因为中国坚持不投降，日本就无法获得中国的全部资源以投入战争，反而要消耗巨大的资源在中国战场。

圮地，吾将进其涂。

到了圮地，山林、险阻、沼泽，就要快速通过。
曹操注："疾过去也。"
李筌注："不可留也。"
总之快速通过，不可耽搁。一耽搁，被人堵里面，就麻烦了。

围地，吾将塞其阙。

进入围地，被人包围了，自己把那缺口堵上。
就一个缺口能出去，为什么还要自己堵上呢？兵法云，"围师必阙"，敌人包围我们，怕我们死战，就要留个缺口给我们，给我们一条生路，我们的士兵就没有死战的意志，就往人家给安排好的路上跑，我们一跑，他就击其惰归，围追堵截，最后把我们一截一截全吃掉了。所以咱们自己堵上缺口，告诉士卒们我们无路可逃了，只有对着敌人冲杀，这样反而可能击垮敌人。而且那缺口就是敌人留给我们跑的地方，他的伏兵全在那里。我把缺口堵死了，他就不知道我从哪个方向突围了。
北齐神武帝高欢当初在河北起兵的时候，曾经与尔朱兆、尔朱天光、尔朱度律、尔朱仲远等四将联军在邺南会战。当时尔朱兆等兵强马壮，号称二十万大军，将高欢骑兵二千，步卒三万，包围在南陵山。尔朱兆等围而不合，留一条生路给高欢跑，准备歼灭他。高欢把牛、驴集中起来，全拴在一起，把那路口堵死了，让大家看见无路可逃。于是将士死战，四面奋击，大破尔朱兆等。

死地，吾将示之以不活。

到了死地，就要向大家展示必死的决心。

曹操注："励士心也。"

杜牧注："示之必死，令其自奋，以求生也。"

张预注："焚辎重，弃粮食，塞井夷灶，示以无活，励之使死战也。"

辎重烧了，粮食也烧了，井填了，灶砸了，不活了，跟丫拼了！

王霸之道，打铁关键是自身硬

原文

故兵之情：围则御，不得已则斗，过则从。

是故不知诸侯之谋者，不能预交；不知山林、险阻、沮泽之形者，不能行军；不用乡导者，不能得地利。四五者不知一，非霸王之兵也。夫霸王之兵，伐大国，则其众不得聚；威加于敌，则其交不得合。是故不争天下之交，不养天下之权，信（shēn）己之私，威加于敌，故其城可拔，其国可隳（huī）。

华杉详解

故兵之情：围则御，不得已则斗，过则从。

所以士兵的心理，被包围就会抵抗，迫不得已就会奋勇战斗，陷于危急的境地，就会听从指挥。

这就是前面说"九地之变，屈伸之利，人情之理，不可不察"的"人情之理"。要掌握士兵的心理，因为心理决定战斗意志，战斗意志决定战斗力。

围则御。

曹操注："相持御也。"

杜牧注："严兵在围地，始乃人人有御敌持胜之心，相御持也。穷则同心守御。"

"不得已则斗"，曹操注："势有不得已也。"

"过则从"，曹操注："险之甚过，则从计也。"

孟氏注："甚陷，则无所不从。"他没办法了，只能是你说咋办就咋办。

张预讲了一个战例，就是我们前面在"上兵伐谋，其次伐交"那一段学过的：班超伐交。

班超出使西域，在鄯善。鄯善王开始很热情，后来突然冷淡了。班超打听到，是匈奴使者来了。鄯善是跟汉朝，还是跟匈奴？如果鄯善和匈奴结盟，可能就先把班超一行人斩了作见面礼。班超一共三十六人，这就是甚陷于危急之地了。

班超把三十六人全部召集起来，提出了一个惊人的计划，直接攻打匈奴使者，把匈奴使团全杀了，鄯善王交代不了，就只能跟汉朝结盟了。

在千里之外的他国首都，三十六人要干这样大的事，班超有这个胆，其他人有没有呢？班超请大家喝酒，说明了危急的情况，问大家是要被鄯善送给匈奴，骸骨为豺狼食物，还是建不世之功，求富贵功名。众人都说："今在危亡之地，死生从司马。"把自己的命运都交给他了。于是乘夜突袭，火攻匈奴使团营地，杀了使者，第二天把使者头颅提去见鄯善王。鄯善王吓破了胆，把儿子送到汉朝做人质，和汉朝交好。

> 是故不知诸侯之谋者，不能预交；不知山林、险阻、沮泽之形者，不能行军；不用乡导，不能得地利。

所以不知道其他国家的意图和计谋，就不能设计外交政策。就像班超这个例子，如果不知道鄯善所处的形势和匈奴的动作，就不可能作出那样的决断。

不知道山林、险阻、沼泽的地形，就不能行军。

不用向导，就不能得到地利。

曹操注："上已陈此三事，而复云者，力恶不能用兵，故复言之。"这三条前面已经说过了，在这里又重复强调一遍。

> 四五者不知一，非霸王之兵也。

以上这几方面，必须都掌握了解，如果有一条不知道的，就不是"霸王之兵"。

"四五者"怎么解，曹操注："谓九地之利害。或曰：上四五事也。"四加五等于九，四五就是九地。也有人说，不是九地，就是泛指上面说的几条原则。

"霸王之兵"，不是霸王的兵，是霸的兵和王的兵。"霸"，是称霸诸侯；"王"，是号令天下，地位、境界、层次不一样。"霸"是大家都怕他，服他，都听他的，是老大，是大哥；"王"是天下共奉之主，是君父，是爸爸。

> 夫霸王之兵，伐大国，则其众不得聚；威加于敌，则其交不得合。

以霸、王之兵，去征伐大国，则敌国将内部分化，无法充分动员集结。威力加之于敌国，则他国不能与他敌国结交。

梅尧臣注："伐大国，能分其众，则权力有余也；权力有余，则威加敌；威加敌，则旁国惧，旁国惧，则敌交不得合也。"兵力强盛，排山倒海，敌国惧怕兵威，无法充分动员集结；威震天下，旁国人人自保，谁也不敢得罪我，所以没有人会与敌国结交。

比如晋楚争郑，晋国战胜，则郑国附晋；楚国战胜，则郑国叛晋附楚。大国赢了，小国再依附他，则大国更强，霸道就是这样形成的。

> 是故不争天下之交，不养天下之权，信己之私，威加于敌，则其城可拔，其国可隳（huī）。

因此不必要争着同哪一国结交，也不必要培养哪一国势力，只要伸展自己的意图，兵威加之于敌国，就可以拔取他的城池，毁灭他的国都。

杜牧注："信，伸也。言不结外援，不蓄养机权之计，但逞兵威，加于敌国，贵伸己之私欲，若此者，则其城可拔，其国可隳。"

这里"信"通"伸"；隳，毁灭的意思。

贾林注："诸侯既惧，不得附众，不敢合从，我之智谋威力有余，诸侯自归，何用养交也？"各国都怕我，不能动员集结，不敢结盟与我为敌，我的智谋威力强大有余，各国自然依附于我，哪还需要我去花那么多心思结交他们呢？

陈皞注："智力既全，威权在我，但自养士卒，为不可胜之谋，天下诸侯无权可事也。仁义智谋，己之私有，用以济众，故曰：伸私，威震天下，德光四海，恩沾品物，信及豚鱼，百姓归心，无思不服。故攻城必拔，伐国必隳也。"

智力威权都在我这儿，靠我自己的实力，不可战胜的军队，天下诸侯就没有什么权谋机变好玩的了，只能乖乖地听我的。这样就能伸展我的私心，我的私心是什么？就是仁义智谋，匡济天下，不仅泽被天下人，而且及于万物猪鱼，则百姓归心，没有一个不服的，那我自然"攻城必拔，伐国必隳"了。

陈皞说的是王道了。不仅施于人民，而且施之于天下万物，施之于鸟兽豚鱼。比如商汤网开三面的故事。

商汤在郊外看见一个猎人张网捕鸟，四面张网，念念有词：

从天坠者，从地出者，从四方来者，皆入吾网。

天上掉下来的，地下冒出来的，四面八方飞来的，全部入我的网！

这是要一网打尽的节奏。

商汤上前说："嘻，尽之矣！非桀其孰为此？"有夏桀这样的暴君，才有这样的猎人啊！于是教他撤掉三面网，只留一面，教他一个新歌诀："昔蛛蝥（máo，蜘蛛）作网罟（gǔ），今之人循序。欲左者左，欲右者右，欲高者高，欲下者下；吾取其犯命者。"

翻译成现代文就是：

蜘蛛织网啊，

只织一面吧！

我也学蜘蛛，

织网捕鸟哈！

要左你就左，

要右你就右。

要高你就高，

要下你就下。

三面自由飞，

一面是我网。

非要撞上来，

是你命不好。

我取犯命者，

余鸟您走好！

这个事情传开去，其他国家人民听到了，说："汤之德及禽兽矣。"汤的德行已经及于禽兽了，何况人乎？于是四十国归附了他。

所以四面织网，未必得鸟。汤去三面而置其一面，就一网网了四十国，他网的可不是鸟啊！

又一次，商汤盖房子，工地上挖到一具死人的骸骨。众人准备当垃圾扔了。商汤说："这是我们的同胞啊！"把这具无名尸骸很有尊严地葬了。于是天下人又传说：汤的德行已经及于死人了，何况活人乎？

于是百姓归心，无思不服。无思不服的结果是什么呢？当商汤开始征伐天下的时候，他往东打，西边的人民就不愿意了：汤怎么往东打啊？怎么不打我们啊？我们希望他来统治啊！他往西打，东边的又不愿意了：我们这边还没打完呢！怎么又往西边去了？他就这么统一了天下。

所以说，王霸之道，打铁关键是自身硬，你的政治、经济、文化、军事全面领先，你就可以行王道于天下，不需要去跟这个结盟那个结交，勾这个的心，斗那个的角，那不是王霸之国干的事儿。比如美国，当初也有行王道的心，也有点百姓归心的意思。打伊拉克的时候，估计利比亚人也有不少盼着美军来的。可惜不能负责到底。

奥巴马不懂得一个最起码的规矩，什么叫领导世界？领导世界，就是要为世界牺牲自己。一点都不牺牲，哪有资格领导别人呢？今天想不流血牺牲，不靠自己力量，而是靠争天下之交，养天下之权来治天下，那就只能为天下耻笑。

不疑不惧，才能胜利

原文

施无法之赏，悬无政之令。犯三军之众，若使一人。犯之以事，勿告以言；犯之以利，勿告以害。

华杉详解

施无法之赏，悬无政之令。

"无法""无政"，是打破常规。

贾林注："欲拔城，隳国之时，故悬法外之赏罚，行政外之威令，故不守常法、常政，故曰：无法、无政。"

重赏之下必有勇夫，要攻城拔寨的时候，就要悬超越法定的奖赏。战争是非常时期，要颁布打破常规的号令。

这就是为了胜利，平时的一些规矩就不遵守了，有临时的、特殊的规矩。

犯三军之众，若使一人。

曹操注："犯，用也。言明赏罚，虽用众，若使一人也。"

"犯"，就是用的意思，赏罚明确，指挥三军，就像指挥一个人一样方便整齐。

这就是前面多次说过的治众如治寡，用众如用寡。

犯之以事，勿告以言。

梅尧臣注："但用以战，不告以谋。"

王晢注："情泄则谋乖。"

只管叫士卒去执行任务，不要说明为什么。为什么呢，知道为什么的人多了，就容易泄密，被人推测你下一步要干什么。

张预注："任用之于战斗，勿论之以权谋，人知谋则疑也。"

这是第二个问题，你告诉士卒为什么，他就要思考，要分析，一思考、分析，就难免要怀疑。他就不能坚定踏实地跟你干。

前面说过那个战例，士兵们刚扎好营，裴行俭就让他们拔营迁到高处，而且不给任何理由。士卒们十分不愿意。晚上下了大暴雨，之前扎营的地方全淹没了，大家对裴将军十分崇拜！

我们假设一下，裴行俭下命令的时候，加上说明理由："晚上可能要下大暴雨，赶紧迁到高处。"那士兵们就要议论了，有人说要下，有人说不会下。若不会下，就该休息，不该折腾，话就多了。

到了晚上，下了，裴将军英明。如果没下，裴将军下次要指挥人就难了。而不告诉大家原因，即使没下雨，大家也没法把迁不迁营和下不下雨联系起来，裴将军想什么，不是咱们能猜的，高深莫测，总有他的道理，咱们听指挥就是了。

所以为将者，要让士兵们对你深信不疑，但"深信"是原因，"不疑"才是目的。所以最好的方式，是不给他们信不信的机会，直接"不疑"就是。

孔子说："民可使由之，不可使知之。"也是说这个，你不要跟大家一起分析，越分析他主意越多，顾虑越多，扯不清了。

犯之以利，勿告以害。

曹操注："勿使知害。"

王晢注："虑疑惧也。"

张预注："人情见利则进，知害则避，故勿告以害也。"

前面"犯之以事，勿告以言"，是不要让他思考，不要让他判断，不要让他怀疑，只一心跟着干。这里"犯之以害，勿告以利"，是只告诉他们去多利，不要告诉他们有危险。因为人情都是趋利避害。要让大家见利而亡命，不能见害而疑惧不敢进。

还是要人不疑，不惧。

置之死地而后生，谁真敢干？

原文

投之亡地然后存，陷之死地然后生。夫众陷于害，然后能为胜败。

华杉详解

把军队投放在亡地上，然后才能保存；把军队投放在死地上，反而才能得生。因为使士兵陷入危险的境地，反而才能操纵胜败。

曹操注："必殊死战，在亡地无败者。孙膑曰：兵恐不投之死地也。未险难地，则士卒心不专。既陷难地，然后胜败在人为之耳。"

不到生死存亡的时候，士兵不能置生死于度外，专心致志、死心塌地地殊死作战，因为他还有别的选择。所以要把他们投放到亡地、死地、绝境，才能爆发出他们的小宇宙，打败敌人。

"置之死地而后生"的战例，当然又要说到韩信的背水一战。不过韩信是把士兵们投到死地，但他自己却另有安排，还有两千奇兵在外面。所以士兵们在死地，他心里明白外面还有一个活结。

另一位将军，是真正把自己和大家都放在了死地，就是陈庆之涡阳之战。

陈庆之，南朝梁国名将，人称战神，据说是毛泽东最推崇的古代将领，他的战绩辉煌到令人难以置信，所以现在对他的历史是真是假还有争论。

陈庆之攻涡阳城，就是今天的安徽蒙城，与北魏军队相持，自春至冬，打了数十百战，师老气衰，将士劳苦不堪。这时北魏援军来，在梁军背后筑营，诸将怕腹背受敌，都想撤退。陈庆之说："咱们来打了一年仗，钱粮靡费巨大，但大家却没有战心，都想退缩。敌人来包围我们，那太好了！我看只有置之死地而后生，等他们把我们都包围死了，大家就死战了，那才是胜利之时！"

历来打仗，都怕被敌人"包了饺子"，陈庆之却盼着敌人来包自己饺子，因为他认为只有被包了，将士们才会发狠咬出去。

果然，魏军筑了十三座营盘来包围两军。陈庆之率众衔枚夜出，端掉了他四座，涡阳戍主王纬投降。再挑选三十个俘虏放回魏营，传递魏军败讯。陈庆之同时率军尾随在降卒身后，乘势攻击，余下九营全溃，魏军全军覆没。

忠言逆耳利于行，百依百顺有奸心

原文

故为兵之事，在于顺详敌之意，并敌一向，千里杀将，此谓巧能成事者也。是故政举之日，夷关折符，无通其使，厉于廊庙之上，以诛其事。敌人开阖，必亟入之，先其所爱，微与之期，践墨随敌，以决战事。是故始如处女，敌人开户；后如脱兔，敌不及拒。

华杉详解

故为兵之事，在于顺详敌之意。

曹操注："详，愚也。或曰：彼欲进，设伏而退；彼欲去，开而击之。"

这就是"将欲取之，必先予之"的意思。指挥作战的事，在于顺着敌人的意图，让他得志，让他松懈，然后打他。

杜牧注："夫顺敌之意，盖言我欲击敌，未见其隙，则藏形闭迹，敌人之所为，顺之勿惊。假如强以陵我，我则示怯而伏，且顺其强，以骄其意，候其懈怠而攻之。假如欲退而归，则开围使去，以顺其退，遂因而击之。皆顺敌之旨也。"

我们要打敌人，又找不到他的空隙，那就把自己隐藏起来，敌人要做什么，都顺着他，别惊动他。假如他强悍，要欺负我，我就示弱示怯，显得很害怕，让他逞强，让他骄傲，等他懈怠，然后设埋伏打他。假如他想撤退回国，我就开围一面，让他退出，然后击其惰归。

害人的道理都一样，就是顺着他，让他自己变坏。所以忠言逆耳，而奸臣对你都是百依百顺。

> 并敌一向，千里杀将，此谓巧能成事者也。

"并敌一向"，是并兵向敌，朝着一个方向，就是集中兵力攻其一点。

曹操注："并兵向敌，虽千里而能擒其将也，是谓成事巧者也。"

指挥作战的事，在于假装顺从敌人的意图，让他得志松懈，然后悄悄集中兵力，朝着一个方向，一举击之，则长驱千里，擒敌杀将，这就是巧妙能成事。

战例就是前面学过的，匈奴冒顿灭东胡的故事。冒顿杀了他父亲头曼单于继位。东胡见他初立，欺负他，派使者来说："头曼的千里马不错，能不能送给我们？"朝臣们都说东胡无礼。冒顿说："就一匹马，怎么不能给友邦呢？"给了。

东胡又来使者，说冒顿单于后宫美女那么多，分一个给我吧。朝臣们激愤，认为这是奇耻大辱，要发兵攻打东胡。冒顿却说："一个女人，怎么不能给兄弟呢？"给了。

这样，不仅东胡认为冒顿软弱可欺，冒顿自己的朝臣都觉得他没出息。过了一阵子，东胡又来使者，说匈奴和东胡之间有一块千里荒地，是无主之地，划界归我们东胡吧。

冒顿再召集朝臣会议。一些大臣心想你连老婆都可以送人，一块荒地算什么呀，再给呗，还问我们干啥，于是说给。

冒顿大怒，说："土地，是国家的根本，怎能给人！"杀了主张给地的大臣，即刻起兵，千里突袭东胡。东胡毫无防备，东胡王被杀，土地、人民、牛羊，全都归了冒顿。

> 是故政举之日，夷关折符，无通其使。

这是保密需要。曹操注："谋定，则闭关以绝其符信，勿通其使。"

决定战争行动之后，就要封锁关口，销毁通行符证，禁止两边百姓往来，也不许敌国使者进入。这样防止军情泄露，不让敌人知道我们的情况。

厉于廊庙之上，以诛其事。

"厉"，严厉、严格、认真的意思。

"诛"，曹操注："诛，治也。"商议决定。

在宗庙里秘密、认真地谋划军国大事。

杜牧注："言廊庙之上，诛治其事，成败先定，然后兴师。"

张预注："兵者大事，不可轻议，当惕厉于庙堂之上，密治其事，贵谋不外泄也。"

所以这里是两层意思，一是谋定而后动，先胜后战，赢了再打；二是计于庙堂之上，运筹帷幄之中，要绝对保密。

敌人开阖，必亟入之。

"开阖"，"阖"，是门扇。曹操注："敌有间隙，当急入也。"

敌人一旦露出破绽，当急速乘隙而入。

不过有时失败也在这里，敌人露出那"破绽"，可能正是诱我们亟入的假象。

先其所爱，微与之期。

"先其所爱"，先占领敌人最心疼的战略要地。比如李世民战窦建德，先抢占了虎牢关，就把窦建德挡在关外了。曹操注："据利便也。"

杜牧注："凡是敌人所爱惜依恃之所为军者，则先夺之也。"战略要地也好，粮草辎重也好，凡是他爱惜的，倚仗的，就夺了他。

"微与之期"，这四个字怎么解又费劲了。

曹操注："后人发，先人至。"后发先至，他没说"微与之期"四个字啥

356

意思。

杜牧注："微者，潜也，言以敌人所爱利便之处为期，将欲谋夺之，故潜往赴期，不令敌人知也。"

杜牧解释了"微"，是潜，不让人知道。这个说得通，所谓微行，微服私访，就是潜行的意思。

杜牧解释的"期"，是期待的地方，期待的目标。

所以"微与之期"，是秘密潜往我们期待的目标。但这"期"的主语就是我，不是"之"，不是敌人，所以还是不完全通。

陈皞、梅尧臣、王晳、张预四人的注意思一样，都是受曹操"后人发，先人至"六个字的影响。"微与之期"，与后发先至有什么关系呢。他们说，"微"，是把消息微微泄露给敌人。因为我们先占了那里，如果敌人不知道，所以他不来，怎么办呢？所以要微微把消息泄露给他，让他跟来，我们才能打他。

我觉得这四位发挥太多了。这四位，加曹操、杜牧，六个人的解释我都不满意。找了中国人民解放军军事科学院副院长郭化若将军的《<孙子兵法>译注》。他的注解很简单，"微与之期"，就是不要和敌人约期会战。

再查，"微与"，就是"不应该这样"的意思。《礼记·檀弓下》，那个大家都熟悉的嗟来之食的典故：

> 齐大饥，黔敖为食于路，以待饿者而食之。有饿者，蒙袂辑屦，贸贸然来。黔敖左奉食，右执饮，曰："嗟！来食！"扬其目而视之，曰："予唯不食嗟来之食，以至于斯也！"从而谢焉，终不食而死。曾子闻之，曰："微与！其嗟也，可去，其谢也，可食。"

喊他"嗟！来食！"他说，我就是不吃嗟来之食，才饿成这样的。

曾子听闻后说："微与，其嗟也可去，其谢也可食。"郑玄注："微，犹无也。无与，止其狂狷之辞。"孔颖达疏："微与者，微，无也；与，语助。言饿者无得如是与！"

所以"微与"，就是不要。

"微"就是"无、非"，范仲淹在《岳阳楼记》中说："微斯人，吾谁与归"，意思就是："不是这个人，我跟谁去呢？"

"微与之期"，战争不是决斗，不要跟敌人约好时间地点按时打，而是随时出其不意，攻其无备，这才符合上下文的意思。

> 践墨随敌，以决战事。

"践墨随敌"，问题又来了。"墨"，是规矩。木工锯木板打家具，先划上墨线，然后照那个线锯。问题在"践"，这"践"，是守规矩，还是不守规矩？

按理应该是守规矩，践行嘛！但是古文"践"同"剪"，灭除的意思，所以说是不守规矩，也对。

杜牧说是守规矩："墨，规矩也，言我常须践履规矩，深守法制，随敌人之形，若有可乘之势，则出而决战也。"

贾林说是不守规矩："践，除也；墨，绳墨也。随敌计以决战事，惟胜是利，不可守以绳墨而为焉。"

曹操注："行践规矩无常也。"他没说践是守规矩，还是不守规矩。他说守规矩的时候不守常法。

郭化若将军注："实施作战计划时，要灵活地随着敌情变化作相应修改，来决定军事行动。"

这是正解。

> 是故始如处女，敌人开户；后如脱兔，敌不及拒。

曹操注："处女示弱，脱兔往疾也。"

开始时像处女一样沉静柔弱，一旦敌人露出破绽，则动如脱兔，让敌人来不及抵抗。

附录：《九地篇》全文

孙子曰：用兵之法，有散地，有轻地，有争地，有交地，有衢地，有重地，有圮地，有围地，有死地。诸侯自战其地，为散地。入人之地不深者，为轻地。我得则利，彼得亦利者，为争地。我可以往，彼可以来者，为交地。诸侯之地三属，先至而得天下之众者，为衢地。入人之地深，背城邑多者，为重地。行山林、险阻、沮泽，凡难行之道者，为圮地。所由入者隘，所从归者迂，彼寡可以击吾之众者，为围地。疾战则存，不疾战则亡者，为死地。是故散地则无战，轻地则无止，争地则无攻，交地则无绝，衢地则合交，重地则掠，圮地则行，围地则谋，死地则战。

所谓古之善用兵者，能使敌人前后不相及，众寡不相恃，贵贱不相救，上下不相收，卒离而不集，兵合而不齐。合于利而动，不合于利而止。敢问："敌众整而将来，待之若何？"曰："先夺其所爱，则听矣。"

兵之情主速，乘人之不及，由不虞之道，攻其所不戒也。

凡为客之道：深入则专，主人不克；掠于饶野，三军足食；谨养而勿劳，并气积力，运兵计谋，为不可测。投之无所往，死且不北，死焉不得，士人尽力。兵士甚陷则不惧，无所往则固。深入则拘，不得已则斗。是故其兵不修而戒，不求而得，不约而亲，不令而信，禁祥去疑，至死无所之。吾士无余财，非恶货也；无余命，非恶寿也。令发之日，士卒坐者涕沾襟，偃卧者涕交颐。投之无所往者，诸、刿之勇也。

故善用兵者，譬如率然；率然者，常山之蛇也。击其首则尾至，击其尾则首至，击其中则首尾俱至。敢问："兵可使如率然乎？"曰："可。"夫吴人与越人相恶也，当其同舟而济，遇风，其相救也如左右手。是故方马埋轮，未足恃也；齐勇若一，政之道也；刚柔皆得，地之理也。故善用兵者，携手若使一人，不得已也。

将军之事：静以幽，正以治。能愚士卒之耳目，使之无知。易其事，革其谋，使人无识；易其居，迂其途，使人不得虑。帅与之期，如登高而去其梯；帅与之深入诸侯之地，而发其机，焚舟破釜，若驱群羊，驱而往，驱而来，莫知所之。聚三军之众，投之于险，此谓将军之事也。九地之变，屈伸之利，人情之理，不可不察。

凡为客之道：深则专，浅则散。去国越境而师者，绝地也；四达者，衢地也；入深者，重地也；入浅者，轻地也；背固前隘者，围地也；无所往者，死地也。

是故散地，吾将一其志；轻地，吾将使之属；争地，吾将趋其后；交地，吾将谨其守；衢地，吾将固其结；重地，吾将继其食；圮地，吾将进其涂；围地，"吾将塞其阙；死地，吾将示之以不活。

故兵之情，围则御，不得已则斗，过则从。是故不知诸侯之谋者，不能预交；不知山林、险阻、沮泽之形者，不能行军；不用乡导者，不能得地利。四五者，不知一，非霸王之兵也。夫霸王之兵，伐大国，则其众不得聚；威加于敌，则其交不得合四五者不知一，非霸王之兵也。是故不争天下之交，不养天下之权，信己之私，威加于敌，故其城可拔，其国可隳。施无法之赏，悬无政之令，犯三军之众，若使一人。犯之以事，勿告以言；犯之以利，勿告以害。

投之亡地然后存，陷之死地然后生。夫众陷于害，然后能为胜败。

故为兵之事，在于顺详敌之意，并敌一向，千里杀将，此谓巧能成事者也。

是故政举之日，夷关折符，无通其使；厉于廊庙之上，以诛其事。敌人开阖，必亟入之。先其所爱，微与之期。践墨随敌，以决战事。是故始如处女，敌人开户，后如脱兔，敌不及拒。

第十二章

火攻第十二

火攻的对象

原文

火攻篇

孙子曰：凡火攻有五，一曰火人，二曰火积，三曰火辎，四曰火库，五曰火队。

华杉详解

火攻的对象有五个：火人、火积、火辎、火库、火队。

"火人"，是火烧敌人营盘，烧杀兵卒。

刘备为关羽报仇，兴兵伐吴，被陆逊火烧连营，大败逃回，呕血而死，就是"火人"。

火人，也不一定烧营盘，晚唐乱局，后来的梁太祖朱温与天平军节度使朱宣、朱瑾兄弟大战，两军皆在草莽中列阵。开始时刮东南风，朱温军逆风，士兵们都有惧色。过了一阵子，突然转了风向，西北风骤起。朱温马上下令纵火，烟焰漫天，向天平军卷去。朱温乘势掩杀，天平军大败，朱宣被杀。

"火积"，是火烧敌人积聚的器材、粮草等。

楚汉争霸，刘邦和项羽在成皋对峙。汉军占了粮仓，不愁吃不愁喝。刘邦再派刘贾带了两万步卒，数百骑兵，渡白马津，进入楚地搞破坏，到处烧项羽的粮仓积聚，楚军就更没吃的了。

隋朝初年，高颎向隋文帝献破南朝陈国之策，也是火积。他说，南方人都是茅草房，北方仓库多是地窖，南方土湿，地窖存不了东西，仓库也是木头竹子架起来，最怕火。就派特种部队去烧他。他重新建好，再烧，不停地骚扰，搞得陈国民穷财弊。

《孙子兵法》说："军无委积则亡。"火积，就是要让敌人没有委积。

"火辎"，是烧敌人的辎重；"火库"，是烧敌人的仓库。辎重和仓库，东西是一样的。在运输途中叫辎重，运到了入仓，就是仓库。

杜牧注："器械、财货及军士衣装，在车中上道未止曰辎，在城营垒已有止舍曰库，其所藏二者皆同。"

官渡之战，曹操就是烧了袁绍的仓库，袁绍就败了。

辎重、仓库，重要的不仅是军火粮草，财货也很重要。曹操说："军无财，士不来。"发不出赏钱，也是很难打仗的。

"火队"，又有不同解法。

李筌注："焚其队仗兵器。"

梅尧臣注："焚其队仗，以夺兵具。"

张预注："焚其队仗，使并无战具。故曰，器械不利，则难以应敌也。"

把他的旗帜烧了，他没法指挥了；把他的兵器烧了，他没法作战了。就像我们电影里，看摸进敌人营房，乘他睡觉，把枪都偷走了。再一个人端枪进去，就一个连都投降了。

贾林和何氏注得不一样，说"队"同"隧"，是道路的意思，"火队"，是烧绝他的粮道，破坏他的运输线。

也有人说火队是烧运输队，烧运输设施。

到底孙子的原意，火队是烧什么呢？我倾向于烧队仗兵器，不过郭化若将军认为是烧粮道。孙子也没法起来给我们标准答案了，上面各家建议烧的，我认为只要烧得着，都可以烧。烧了，就对了。烧不到，知道标准答案也没用。

火攻，就是给敌人做艾灸

原文

行火必有因，烟火必素具。发火有时，起火有日。时者，天之燥也，日者，月在箕、壁、翼、轸也。凡此四宿（xiù）者，风起之日也。

华杉详解

行火必有因。

要火攻必须等有条件。

曹操注："因奸人。"说这个因，是要有内应。

李筌也认为是内应："因奸人而内应也。"

陈皞注："须得其便，不独奸人。"关键是要具备条件，不一定只是指内应。

张预注："凡火攻，皆因天时燥旱，营舍毛竹，积刍聚粮，居近草莽，因风而焚之。"

要具备什么条件呢？天气要干燥，敌方营房都是竹子茅草等易燃材料，积聚的粮食草料比较集中，或附近多有草丛灌木，那就顺风烧他。

前面战例里讲陆逊火烧连营破刘备，就是陆逊发现了蜀军"营舍毛竹，积刍聚粮，居近草莽"的火攻条件。朱温和朱宣、朱瑾兄弟作战，双方都在草莽中列阵，风向一转，吹向朱宣兄弟军队，朱温马上纵火。

这两个战例，都不需要奸人内应。所以行火必有因，主要是指要具备条件，不一定是内应。需要内应的情况，通常是攻城。内应在城中放火，引起混乱，然后乘乱打开城门，放兵马进去。

所以守城如果遇上火灾，先别着忙救火，守住城门是第一，因为那火，就是敌军奸细放来引开我军注意力的。

烟火必素具。

火攻器材必须平时就时刻预备着。

杜牧注："艾蒿、荻苇、薪刍、膏油之属，先需修事以备用。兵法有火箭、火镰、火杏、火兵、火兽、火禽、火盗、火弩，凡此者皆可用也。"

火箭，是包一小瓢油在箭头上，射上敌军城楼或战船，箭一撞上去，瓢撞破了，油溅出来，之后再射火箭上去点燃它；之后再射油箭上去给他"加油"，这就都给他烧光了。

火镰，是一种取火器物，由于打造时把形状做成酷似弯弯的镰刀与火石撞击能产生火星而得名。

火杏，也是古代火攻的一种战具。攻城时将艾草点燃置于杏核内，系在鸟足上，放飞，等鸟到了屋檐下，杏核烧破了，房子也点着了，敌城火焰四起。火杏里面的艾草，就是咱们艾灸用的艾草，点燃了就缓慢地燃烧，烧尽前一直不会熄灭。军队要搞火攻，艾草是必备之物，火攻，就是给敌人做艾灸。

火禽和火杏是配套使用的，火禽就是利用禽鸟携带火种（火杏）进行火攻的一种方法。

火兽跟火禽一样，还是用艾草做火种，抓了野猪麋鹿什么的，点着了挂它脖子上撵到敌营去。

春秋时也有火牛阵的战例，燕国攻齐，拔了七十余城。田单守即墨，集中千余头牛，角缚利刃，尾扎浸油芦苇，披五彩龙纹外衣，点燃牛尾芦苇，牛负痛狂奔燕营，五千精壮勇士紧随于后，一举冲破燕军，尽复失地七十余城。这算不算火兽呢？或可以说是火兽的一种用法，但不是原意，是创新。

火盗，就是派进去放火的奸细。

火兵是执行放火任务的骑兵部队，带着易燃之物和火种，直抵敌营放火。

官渡之战，曹操亲自率领步骑五千，冒用袁军旗号，人衔枚马缚口，各带柴草一束，利用夜暗走小路偷袭乌巢，到达后立即围攻放火。这就是典型的火兵。

火弩，就是火矢，张弩远射，箭头点火，数百箭半夜齐射敌营，焚烧他的粮草积聚，待他军乱，乘乱便攻。

发火有时，起火有日。

梅尧臣注："不妄发也。"
张预注："不可偶然，当伺时日。"
放火要看天时，起火要看日子，不是想放就放，一定要条件完备，才可
火攻。

时者，天之燥也，日者，月在箕、壁、翼、轸也。

天时，就是干燥的时候。张预注："天时旱燥，则火易燃。"要天干物燥，
才正好放火。

挑日子，就是挑月亮在箕、壁、翼、轸四个方位的时候。箕、壁、翼、轸
都是星宿名。中国古代测天以二十八宿为方位的标准。这二十八颗星都在赤道
附近，所以天文学家用作天空的标志。二十八宿的名称，自西向东排列为：东
方苍龙七宿（角、亢、氐、房、心、尾、箕）；北方玄武七宿（斗、牛、女、
虚、危、室、壁）；西方白虎七宿（奎、娄、胃、昴、毕、觜、参）；南方朱
雀七宿（井、鬼、柳、星、张、翼、轸）。古人认为当月亮行经箕、壁、翼、轸
四宿时多风。所以叫四星好风。西方也有类似传说，如巴比伦称轸星为风星。

凡此四宿者，风起之日也。

月亮经过箕、壁、翼、轸四宿，就是风起的时候，放火的好日子。

366

火攻的五种变化

原文

凡火攻，必因五火之变而应之。火发于内，则早应之于外。火发兵静者，待而勿攻，极其火力，可从而从之，不可从而止。火可发于外，无待于内，以时发之。火发上风，无攻下风。昼风久，夜风止。凡军必知有五火之变，以数守之。

故以火佐攻者明，以水佐攻者强。水可以绝，不可以夺。

华杉详解

凡火攻，必因五火之变而应之。

梅尧臣注："因火为变，以兵应之。"

凡用火攻，要根据五种火攻的变化使用，以兵势配合火势变化使用。

"五火"，就是前面说的火人、火积、火辐、火库、火队五种火攻方式。

兵势和火势怎么配合呢？下面讲了五条，所以把"五火之变"解成这五种变化也说得通：

1. "火发于内，则早应之于外"

在敌人内部放火，就要及时从外面派兵策应。

杜牧注："凡火，乃使敌人惊乱，因而击之，非谓空以火败敌人也。闻火初作即攻之，若火阑众定而攻之，当无益，故曰早也。"

放火，不是一定指望光靠那火烧死敌军，而是要引起他的惊慌混乱，然后乘乱攻之。所以火一起，一听到乱军之声，马上从外面攻进去。如果等火被人扑灭了，敌军也安定了，再发动进攻，就失去放火的意义了。所以要"早"应于外。

2. "火发兵静者，待而勿攻，极其火力，可从而从之，不可从而止"

如果敌营起火后，敌军非常镇静，没有喧哗，没有慌乱，那就表明敌将治军严谨，敌军训练有素，而且早有准备。这时候就不要进攻，等待一下，加强火势。能有机会就攻，没有机会就算了。

所以任何时候，都不是非打不可，不要觉得自己"白来一趟"。白来一趟，比大败而归强，如果大败而不能归，就更惨了。可以打就打，不可以打就不打，一定要知止。不甘心"白准备了"，不知止，非要干一场，正是败将的性格。

3. "火可发于外，无待于内，以时发之"

如果从外面放火，则不需要内应，只需要适时放火就行。

李筌注："魏武破袁绍于官渡，用许攸计，烧辎重万余，则其义也。"官渡之战，曹操烧袁绍辎重，就是从外面放火。

杜牧注："上文云五火之变须发于内，若敌居荒泽草秽，或营栅可焚之地，即须及时发火，不必更待内发作然后应之，恐敌人自烧野草，我起火无益。"

如果敌人在草丛中，或军营栅栏有可烧之机，就不必等待内应，要及时纵火。否则，他自己把营地周围的草丛先烧掉了，我们的火就烧不过去了。

汉朝李陵征讨匈奴，匈奴于上风纵火。李陵就赶紧自己放火先把周围的草烧掉，这样敌人放的火就烧不过来了。这也是碰到草原火灾的自救方法。

东汉末年，皇甫嵩与黄巾军波才部作战。皇甫嵩守长社（今河南省长葛县东北）。波才率大兵包围城。城中兵少，众寡悬殊，军中震恐。皇甫嵩说："用兵有奇变，而不在兵多兵少。现在贼人依草结营，容易因风起火。如果乘黑夜放火焚烧，他们一定惊恐散乱，我出兵攻击，田单火牛阵的功劳就可以实现。"天遂人愿，当晚大风骤起。皇甫嵩命令将士扎好火把登上城墙，先派精锐潜出围外，纵火大呼，然后城上点燃火把，与之呼应。皇甫嵩借此声势，鸣鼓冲出。黄巾军惊乱败走。

4. "火发上风，无攻下风"

在上风放火，不可从下风进攻。

曹操注："不便也。"

杜牧注："若是东，则焚敌之东，我亦随之以攻其东；若火发东面，攻其西，则与敌同受也。"

如果刮东风，就从东边放火，我军也随着从东边进攻。如果从东边放火，从西边进攻，那我们和敌人一样被火烧了。所以曹操说不方便。

其实比不方便更严重。张预注："烧之必退，退而逆击之，必死战。"他若后面有火，我们在前面挡他，他一定殊死作战，我们非败不可！你想想八十层高楼上着火，人都会跳楼，他还不敢跟拦住他的人拼命吗？

所以，在上风放火，不能从下风进攻。可以顺风进攻，也可以从左右击之。王晳注："或击其左右可也。"

隋末天下大乱，刘元进是众多起兵的英雄之一，也自称天子，兵势强盛。隋炀帝派王世充讨伐他。王世充也打他不过。刘元进善用火攻，他的军队，人人拿着茅草，"火可发于外，无待于内，以时发之"，随时就风放火。延陵一战，王世充被他烧得心惊胆战，将要弃营逃跑，风向突然转了，朝刘元进军烧过去，把刘元进军营全烧了，王世充乘机掩杀，大破刘元进军。之后刘元进一蹶不振，屡战屡败，最终被王世充斩杀。

火攻要注意，风向会变。

5. "昼风久，夜风止"

白天风吹的时间长了，晚上风就会停。这是经验之谈。曹操注："数当然也。"

老子《道德经》："飘风不终朝，骤雨不终日。"飘风，就是暴风，暴风刮不完一个早上就会停止，暴雨不会下一整天，意思是来势凶猛的，不会长久，"数当然也"。

上天的风雨，军队的士气，人的警惕性，都有数，都不是无限的。兵法，就是研究、把握、调配、运用敌我双方这些"数"的消长。

> 凡军必知有五火之变，以数守之。

所以军队必须掌握五火之变，心中有数，灵活运用。

故以火佐攻者明，以水佐攻者强。水可以绝，不可以夺。

这是说水攻不如火攻。

"以火佐攻者明"，用火辅助进攻，很明显容易取胜。

梅尧臣注："明白易胜。"

"以水佐攻者强"，用水辅助进攻，攻势可以加强。

所以火攻可以明白易胜，直接取胜，而水攻只能加强攻势。为什么呢——

水可以绝，不可以夺。水可以断绝敌军，不可以夺取积蓄。

这个"夺"，是夺什么？十一家注都说是夺积蓄。

曹操注："水佐者，可以绝粮道，分敌军，不可以夺敌积蓄。"水可以淹没敌人的粮道，可以分割敌人，但不能把敌人的粮草辎重都烧光。

我想这"夺"，也包括夺命。火的杀伤力，是大大地大于水。很多人都会游水，没听说有人能"游火"的。日本侵华，蒋介石炸花园口黄河大堤，让人民付出那么大代价，也不过稍微耽误一下日军而已。

很多水攻的故事，都很可疑，比如韩信水淹龙且，说韩信让士兵拿一万多个沙袋，在上游先把水憋起来。等龙且军渡河走到河道中间，再把沙袋扒开，放水淹他。曾国藩专门研究了这个事，他说这办不到。如果能办到，他也想如法炮制了。筑一个水坝，蓄上能淹死千军万马的水，还说放就一下子能扒开把水放下来，怎么可能？我们现在修水电站，要大坝合龙的时候，那都是好大工程，哪里是一人拿一袋沙可以办到的。即便办到了，水坝筑起来，那又没法一下子把它全扒垮，古代没炸药啊。

总之火来得快，水来得慢。若是围城，把河道引过来，淹他城池，倒是可以办到。春秋时晋国智伯裹挟韩、魏两家包围赵家，就是引汾水淹了晋城。不过他最后也没得手。赵家策反了韩、魏两家，三家联手，灭了智伯。最后才有三家分晋，晋国变成韩、魏、赵三国，在战国七雄中居其三。

打得赢，关键还要赢得起

> 赢得起，和输得起一样重要。如果打赢了仗，却"赢不起"，那就是巨大的灾难。
>
> 所以常胜将军，反而要灭亡。一战而定，关键在定。

原文

夫战胜攻取，而不修其功者，凶，命曰"费留"。故曰：明主虑之，良将修之，非利不动，非得不用，非危不战。主不可以怒而兴师，将不可以愠而致战；合于利则动，不合于利则止。怒可以复喜，愠可以复悦，亡国不可以复存，死者不可以复生。故明君慎之，良将警之，此安国全军之道也。

华杉详解

夫战胜攻取，而不修其功者，凶，命曰"费留"。

对"不修其功"，对"费留"的解释，十一家跟约好了似的，都解释为战胜之后，赏罚不及时，造成士卒不知道该干吗，于是财竭师老而不得归。可能因为曹操第一个这么说了，影响了后面各家的认识。

曹操注："若水之留，不复还也。或曰：赏不以时，但费留也，赏善不踰（yú）日也。"他说了两个意思，一说"费留"是指像覆水难收一样，回不来了。或者说是奖赏不及时，造成"费留"，这不对，对功劳的奖赏要当天兑现。

李筌、贾林、杜牧、张预的解释与曹操大同小异。后学者多有对这解释不满意的，我也不满意。"战胜攻取，而不修其功"，这里要修的功，不是指奖赏有功之士，那只是修功的一小部分。这里的修功，一是巩固战果，二是修明政治。

战胜攻取，却不能巩固胜利、修明政治的，那是凶兆，要遭殃，这叫"费留"。

军事胜利之后，必须有政治胜利，否则，军事胜利反而会成为灾难，你看现在战争的泥潭、战后的黑洞，费财疲兵，留在那儿给拖死，这是巨大的灾难。

费留的战例，典型的是春秋时吴伐楚之战，而这一战，孙子本人也参与其中。

吴王阖闾杀吴王僚即位，锐意改革，军事强盛，就开始伐楚争霸。吴王阖闾三年，与伍子胥、伯嚭、孙子攻楚，获得大胜，当时阖闾就想直取楚国国都郢都。孙子说，民众疲劳，不能攻打郢都，要等待时机。阖闾才作罢。

吴王阖闾四年、六年，吴国又两次大败楚国，中间第五年还击败越国一次。到了第九年，阖闾憋不住了，问伍子胥和孙子，说当初你们都反对我打郢都，今天如何？这回二人都同意，说联合唐、蔡两国就行。于是吴军再举攻楚，一举拿下了郢都，楚王逃亡，创造了春秋战史上攻下大国都城的第一例。

连续九年都在打胜仗，怎么样呢？费留了。因为只有军事，没有政治，不仅占领楚国后政治没怎么弄没有能"修功"，自己本国政治也没弄明白。阖闾在郢都"费留"，越国就乘虚而入攻打吴国。楚国向秦国求救，秦国也来攻打吴军。吴军和秦、越两国作战，都败了，阖闾的弟弟夫概见他哥哥在郢都滞留不归，他自己先逃回国去自立为王。

国内乱了，阖闾匆忙回师讨伐夫概，楚国收复郢都，夫概逃亡投降楚国。阖闾这一仗，最后什么也没捞着。不过第二年，他又伐楚，打了一个大胜仗。

阖闾的吴军一直很强大，威震华夏。不过，没有六十年的江湖，吴王阖闾十九年，阖闾在和越国的战争中伤重而亡。他的儿子夫差即位。阖闾临死告诉夫差，别忘了是勾践杀了你爹！夫差和勾践的故事大家都知道了，夫差的吴国后来为勾践所灭，成为春秋时期比较早灭亡的大国。

"夫战胜攻取，而不修其功者凶"，吴国，就是孙子时期的吴国，正是最典型案例。中国古代有"数胜必亡"的道理，百战百胜，就要灭亡，这怪不怪？这典故就是评价吴国的。

魏文侯问于李克曰："吴之所以亡者何也？"对曰："数战数胜。"文侯曰："数战数胜，国之福也。其所以亡何也？"李克曰："数战则民疲；数胜则主骄。以骄主治疲民，此其所以亡也。"

魏文侯问李克："吴国为什么会灭亡呢？"

李克说："因为数战数胜。"

百战百胜，不是国家之福吗？怎么反而会灭亡呢？

百战，打仗太多，则百姓很疲于奔命；百胜，胜利太多，则国君骄傲自大。以骄傲自大的国君，去统治疲惫不堪的人民，那能不灭亡吗？

吴起也有类似思想：

> 然战胜易，守胜难。故曰，天下战国，五胜者祸，四胜者弊，三胜者霸，二胜者王，一胜者帝。是以数胜得天下者稀，以亡者众。

战胜容易，守胜就难。所以说天下战国，五战五胜，那是国家的灾祸；四战四胜，那会出问题；三战三胜，那是霸主；两战两胜，可以称王。一战而定，那才是天下之主。百战百胜而得天下的很少，灭亡的多。

项羽百战百胜，刘邦只赢了垓下一仗。

战胜易，守胜难。今天的美国就是这样。打伊拉克，是摧枯拉朽，容易！但要守胜，在伊拉克守不住，在利比亚守不住，在哪儿都守不住。美国在伊拉克，就"费留"了。奥巴马不愿意费留，就会输掉更多。找个女朋友也不是想甩就甩，何况攻下一国？始乱终弃，没那么容易！

> 故曰：明主虑之，良将修之。非利不动，非得不用，非危不战。主不可以怒而兴师，将不可以愠而致战；合于利则动，不合于利则止。怒可以复喜，愠可以复悦，亡国不可以复存，死者不可以复生。故明君慎之，良将警之，此安国全军之道也。

所以啊，英明的国君要慎重地考虑这些事，优秀的将领要认真地研究这些事。不是有利就不要行动，不能取胜就不要用兵，不到危迫不要作战。国君不可以因为愤怒而兴师，将领不可因为愤怒而作战。对国家有利才行动，对国家不利就停止。愤怒可以恢复到喜悦，气愤可以恢复到高兴，但亡国不可复存，人死不能复生。明君要慎重，良将要警惕，这才是安国全军之道啊！

附录：《火攻篇》全文

孙子曰：凡火攻有五，一曰火人，二曰火积，三曰火辎，四曰火库，五曰火队。行火必有因，烟火必素具。发火有时，起火有日。时者，天之燥也；日者，月在箕、壁、翼、轸也。凡此四宿者，风起之日也。

凡火攻，必因五火之变而应之。火发于内，则早应之于外。火发兵静者，待而勿攻，极其火力，可从而从之，不可从而止。火可发于外，无待于内，以时发之。火发上风，无攻下风。昼风久，夜风止。凡军必知有五火之变，以数守之。

故以火佐攻者明，以水佐攻者强。水可以绝，不可以夺。夫战胜攻取，而不修其功者凶，命日费留。故曰：明主虑之，良将修之。非利不动，非得不用，非危不战。主不可以怒而兴师，将不可以愠而致战；合于利而动，不合于利而止。怒可以复喜，愠可以复悦；亡国不可以复存，死者不可以复生。故明君慎之，良将警之，此安国全军之道也。

第十三章

用间第十三

给别人钱，不是给对方定价，是给自己定价

原文

用间篇

孙子曰：凡兴师十万，出征千里，百姓之费，公家之奉，日费千金；内外骚动，怠于道路，不得操事者七十万家。相守数年，以争一日之胜，而爱爵禄百金，不知敌之情者，不仁之至也，非人之将也，非主之佐也，非胜之主也。故明君贤将，所以动而胜人，成功出于众者，先知也。先知者，不可取于鬼神，不可象于事，不可验于度，必取于人，知敌之情者也。

华杉详解

"用间"，曹操注："战者必用间谍，以知敌情之实也。"

凡兴师十万，出征千里，百姓之费，公家之奉，日费千金。内外骚动，怠于道路，不得操事者，七十万家。

曹操注："古者，八家为邻，一家从军，七家奉之。言十万之师举，不事耕稼者七十万家。"

为什么是八家为邻呢？杜牧注："古者，一夫田一顷。夫九顷之地，中心一顷，挖井树庐，八家居之，是为井田。怠，疲也，言七十万家，转输疲于道路也。"

杜牧说的"井田"，和我们中学历史学的井田制说法不太一样。历史课本对井田制的解释，是九宫格，每格一百亩，周边八个格是私田，一格是一家人的；中间一格是公田。大家一起先干完公田的活，才能干私田的。私田的收成归自己，公田的收成归公家。这个"公家"，不是我们现在理解的天下为公的

"公家"，而是公爵家，比如秦穆公家、宋襄公家。

杜牧说的有什么不同呢？杜牧说的中间那一格，不是公田，而是住家的村子，八家人的房子、水井、公共设施，在中间那一格。

周朝的井田制，到底是不是周围私田，中间公田那么安排的，本身并不可考。我也比较怀疑，比如大家一起干公田的活，有点跟人民公社一样，谁出工谁出力，出了工，有没有出力，都不好管理。另外，为何要中间的收成归公家？如果私田收成都很好，公田收成不好，怎么算？远远不如每家交税来得简单。

所以我比较倾向于井田制的井，不单是把土地画格子画成井字形，而是杜牧描述的那样，周围是田，中间是井，是住家。

八家一个井田，一家当兵，七家负责后勤运输供奉，所以十万之师，要七十万家供养，这耗费太大了。

这个战争的耗费，孙子在第二篇《作战篇》里就详细反复地强调过，这里再一次强调，我们可以看到孙子的价值观，就是对战争的耗费、胜利的代价，非常的谨慎。不像我们现在有的人，随口就喊"不惜一切代价"，那就像电视剧里邓小平说的："空话太多了。"任何事情都有代价，做事最重要的计算，就是计算代价，有利则行，无利则止。

> 相守数年，以争一日之胜，而爱爵禄百金，不知敌之情者，
> 不仁之至也，非人之将也，非主之佐也，非胜之主也。

战争的耗费这么大！相持数年，就争那胜利的一天！在每天这么大的耗费下，如果居然舍不得在间谍工作上花钱，因为不肯花钱而不知敌情，那这将领真是最不仁慈的人、最不负责的将领，不是国君的好辅佐，不是能胜利的好主帅。

"不仁之至也"，孙子对这种行为的批评，把"不仁"放在第一位，因为这是不体恤国家、不体恤人民的行为。**整部《孙子兵法》的价值观，就是"用仁义，使权变"，在学习的时候一定要注意，仁义是本，权变是末。往往人们容易以为权变、诡道是兵法的核心，那就学不懂兵法了。**

楚汉相争，刘邦就是最舍得花钱的，项羽就是最不舍得花钱的。楚汉战争到了最激烈的时刻。刘邦被项羽围困在荥阳城内达一年之久，并被断绝了外援和粮草通道。陈平献计，让刘邦从仓库中拨出四万斤黄金，买通楚军的一些将

领，施离间计，让项羽疏远了钟离眛，撵走了范增。最终刘邦得以突围而去。

白登之围，刘邦被匈奴冒顿包围，还是陈平用计，重金去贿赂冒顿单于的阏氏，让冒顿放刘邦回去。

项羽在花钱的价值观上和刘邦相反。他是在面对人民的时候，能做到爱民如子；面对人民币的时候，更加爱人民币如命。韩信说他说得很形象："项王见人恭敬慈爱，言语呕呕，人有疾病，涕泣分食饮，至使人有功当封爵者，印刓（wán）敝，忍不能予，此所谓妇人之仁也。"

项王待人恭敬慈爱、言语温和，有生病的人，心疼得流泪，将自己的饮食分给他，等到有的人立下战功，该加封进爵时，刻好了大印，放在手里磨叽，玩磨得失去了棱角，还舍不得给人，这就是所说的妇人的仁慈啊。

凡事能花钱解决，都是代价最低的。在间谍上花钱最多，又是最节省的。张预注："相持且久，七十万家财力一困，不知恤此，而反靳惜爵赏之细，不以啖间求索知敌情者，不仁之甚也。"

每一天都有七十万家在花钱，这钱他不心疼，反而心疼给间谍的爵禄赏赐，不花钱去了解敌情，离间敌人，这真是不仁到了极致了。

这个道理，书上看来，似乎很简单。但实际工作中，就非常难了。实际上，这是最难的一部分。难在哪儿呢？这是人性之难，难在四个心态。

心态一：大钱花习惯了不知不觉，小钱是预算外的，刺眼得不得了，心疼得不行。

每天七十万家在花钱，一家一块钱也是七十万，但这每天都像水一样在流，他感觉不到。如果额外要花五万块赏钱，他就受不了。

心态二：算别人的账，不算自己的账。

他在处理这问题的时候，心里不是算自己的账，算自己一天这七十万家要花多少钱。而是算别人的账："就算这样，你凭什么要拿我这么多钱？你值吗？你配吗？"然后心里就不服气了，不平衡了，不愿意了，宁愿自己吃亏，也不让对方占便宜了。项羽就是典型的这种心态，他觉得你们都是跟我混饭吃的，我打天下你们跟着混，还要我赏赐吗？

对于这种心病，给一剂药：**你给别人钱，不是给对方定价，是给自己定价。**需要给他很多钱，不是因为他身价高，是因为你身价高。不是因为他值钱，是因为你的事值钱。

这就像大公司花10亿美金收购一些初创公司。那穷小子才搞了一年半载，甚至可能还没收入的公司，他能值10亿美元吗？他要拿了10亿美元，比我这个CEO还有钱了。但是，如果你今天不收购他，明天他可能成为你的竞争对手，颠覆你的市场，所以10亿美元很便宜了！

心态三：我怎么知道给他钱是对的呢？可能给了却没价值，甚至给错了！

比如要买通敌将，钱给了，人却没买通，他吃里扒外。比如要施离间计，却反而中了别人的反间计。那不是花钱买倒霉吗？

这种心态也很普遍，听上去似乎也有道理，其实都是没出息的道理。花了钱，却上了当，这本来就是你应该考虑到的。如果花钱就百分之百解决，那世界岂不是太简单太容易？

而且有时候，**花钱只是创造或排除一些可能性，从来就不是百分之百**。还拿上面的收购案为例，你不收购他，他说不定也干不起来，也威胁不到你；或者你收了他，明天又冒出个别的。这都没办法，是因为你自己太值钱。

心态四：要把钱花在刀刃上。

对这种心态，有一剂特效药：**多花冤枉钱，是把钱花在刀刃上的唯一方法。**

只有你花钱的面足够宽，你才能提高钱花到刀刃上的概率。而一旦有一分钱花在刀刃上了，就百倍千倍万倍地赚回来了，这跟做投资是一个道理。间谍工作，就包含长期大量的天使投资工作。

如果你想"把每一分钱都花在刀刃上"，那是一厢情愿，是最没出息的想法。

故明君贤将，所以动而胜人，成功出于众者，先知也。

所以明君贤将，其动辄战胜敌人，成功超出众人者，就在于事先了解情况。

梅尧臣注："主不妄动，动必胜人；将不苟功，功必出众。所以者何也？在预知敌情也。"

北周名将韦孝宽，做骠骑大将军，镇守玉璧。他最能抚御人心，善用间谍。派人北齐工作的间谍，都能用命尽力。也有接受他金钱的北齐人为他通报消息，所以北齐有什么动静，北周朝廷都能随时掌握。北周有一个大将，叫许盆，韦孝宽把他视为心腹，派他去镇守一城，没想到许盆却举城投降了北齐。

韦孝宽大怒，派间谍去刺杀他，很快就把人头送来了。韦孝宽的谍报工作，就这么得心应手！

先知者不可取于鬼神。

要想事先了解情况，不可占卜问鬼神。

不可象于事。

不能用相似的事情推测。

杜牧注："象者，类也。言不可以他事比类而求。"这句话很重要，信息量很大！

历代中国说客，要说服人的时候，都喜欢用打比方的方法。现在商家做广告，也喜欢打比方。比如那牙膏广告，用冬天把树干刷白来打比方，告诉人刷他的牙膏能防止蛀牙。这两者之间有什么关系呢？啥关系也没有。能不能证明那牙膏就能防止蛀牙呢？完全不能证明。但是，听上去就很有道理，看上去就印象深刻。这就是类比对人思维的影响。

所以，当我们真正要作出重大决策的时候，绝对要排除类比思维对自己的影响。开会的时候，要就事论事，禁止人打比方，打比方最能偷换概念，类比思维最能自欺欺人的。

不可验于度。

这句话又有不同解法。

曹操注："不可以事数度也。"不能用事物的一般规律、经验来猜度，因为任何例外都可能发生。

这个，曹操自己就犯过错误，赤壁之战，他把战船连在一起，别人提醒他防火攻，他以事数度之，说冬天不会刮东南风，结果就刮了。

李筌注："度，数也。夫长短、阔狭、远近、大小，皆可言之于度数；人之情伪，度不能知也。"把"度"解释成数据。

其后各家注说得都差不多，但都没说最关键的——"度数"是什么？

后学者便有解释，"度"，度数，指日月星辰运行的度数（位置）。不可验于度，是指不能用证验日月星辰运行位置的办法去求知敌情。我们看《三国演义》，诸葛亮经常夜观天象来预测吉凶。《孙子兵法》就告诉我们了，这靠不住。

所以古人什么都明白，没有一个迷信的，知道要了解敌情，"必取于人，知敌之情者也"。一定要有人实地在现场看过问过，才知道。

读书，要有正确的读书价值观。从对"度"的解释，我们看到有一般规律说、数据说、星象说，哪个是对的呢？其实哪个对，已经不重要。每一个，都给了我们一个看问题的角度，而且都是非常有价值的角度，引发我们的思考，让我们学到更多。

很多人会去训诂考证这个问题，但所有考证，无非在其他古书中翻到对"度"这个词的一些用法，代入到这句话中来推演一下，不能说前人说的不对，提出一个新的"标准答案"。王阳明专门说过这个问题，**读书要问自己的收获，而不是去训诂考证所谓正确的解释。**

五种间谍的使用方法（1、2、3）：所有疑心，都是怀疑自己

原文

故用间有五：有因间，有内间，有反间，有死间，有生间。五间俱起，莫知其道，是谓神纪，人君之宝也。因间者，因其乡人而用之；内间者，因其官人而用之；反间者，因其敌间而用之；死间者，为诳事于外，令吾间知之，而传于敌间也；生间者，反报也。

故用间有五：有因间，有内间，有反间，有死间，有生间，五间俱起，莫知其道，是谓神纪，人君之宝也。

间谍有五种：因间、内间、反间、死间、生间。五种间谍一起使用，敌人不知道消息是从哪儿泄露的，这就是神妙的道理，国君的法宝。

因间者，因其乡人而用之。

因间，是诱使敌国乡人做间谍。

"乡人"，十一家注里很简单，没有特别解释，就是敌国当地人。如杜牧注为"敌乡国之人"，梅尧臣注为："因其国人，利而使之。"利用当地人，给他利益，利用他。贾林注："读'因间'为'乡间'。"他说这里"因"就读"乡"。

不过郭化若将军对"乡人"有特别解释，他说乡人是春秋时对敌方官乡大夫的略称，齐国叫"乡良人"，宋国叫"乡正"。《周礼·乡大夫》说，乡大夫的级别，是介于司徒和乡吏之间。

郭将军的解释也有价值，总要有点身份、管点事，才能提供有价值的情报。

善用乡人的例子，是大家熟悉的"闻鸡起舞"的祖逖（tì）。祖逖家本是北方大族，五胡乱华，汉人南渡，西晋变东晋，祖逖就常怀恢复中原之志。祖逖生性豁达，轻财仗义，又发奋读书，闻鸡练武，练成文武双全，智勇仁义信俱备。

祖逖为人，最能爱人下士，叫人对他死心塌地。为了自己手下人，他可什么"原则"都不管。手下宾客众多，也不乏鸡鸣狗盗之徒。扬州灾荒时，有的宾客出去劫掠富户，被官府捉拿，他利用自己势力去把人捞出来，不仅不加责备，还说："比复南塘一出不？"咱们要不要再去南塘干一票？他来这一手，大家都觉得跟祖大人干，死而无憾。

像祖逖这样"上对下恩义相结，下对上人身依附"的"中国模式"，只能做豪强，做不了天子，也做不了国家柱石大臣。如果天子、宰相也是只认兄弟伙，只要你死心塌地跟我，违法乱纪我都罩着你，用纵容属下贪腐来换取他们的忠诚，那是"以腐治国"，国家非败亡不可，梁武帝就是例子。

祖逖后来受朝廷猜忌，忧愤而死。他那样无法无天，能不被猜忌吗？

回头再说祖逖怎么利用"因间"，和他对下人一样，也是恩义相结，只要你跟我，一切我都保你。祖逖任豫州刺史，和后赵石勒接壤。时逢乱世，河南是晋赵边境地区，地方豪族皆结坞自保。那些坞主都有儿子在后赵做人质。祖逖则对他们放宽政策，任由他们两面讨好，对他们恩礼有加，让他们提供情报，又时不时假装去攻打一回，向后赵显示这些坞堡和他没有关系。如此这般，坞主们对祖逖都非常感戴，后赵有什么风吹草动，都来汇报。祖逖能收复河南大片土地，这是很重要的因素。

内间者，因其官人而用之。

内间，是利用敌方的官吏。

杜牧讲了七种人，可以发展为内间：

1. 敌之官人，有贤而失职者；

2. 有过而被刑者；

3. 有宠嬖（bì）而贪财者；

4. 有屈在下位者；

5. 有不得任使者；

6. 有欲因败丧而展己之才能者；

7. 有翻覆变诈、常持两端之心者。

杜牧说："如此之官，皆可潜通问遗，厚赆（kuàng）金帛而结之，因求其国中之情，察其谋我之事，复问其君臣，使不和同也。"

敌方的官吏，有本来贤达，但犯了错误，前程受影响的；有被刑罚，心怀怨恨的，或者父亲受刑影响子孙前途的；有宠妾情妇或有特殊爱好又贪财的（不是说就怕领导没爱好吗？有爱好，就有弱点）；有对自己地位不满的；有不得志才能得不到发挥的；有希望己方失败自己才有机会的；有反复无常，常持两端之心的；这些人都可发展成内间。

不过你要用对方内间，对方也会演戏给你看。周瑜打黄盖，就是打给曹操看。曹操认为黄盖心怀怨恨，真心来降，不加防备，结果就被黄盖火烧赤壁了。

行贿敌国有宠嬖贪财者，孙子本人就中了这一招。吴国夫差将越王勾践五千残兵败将包围在会稽山，眼看越国就要亡国了。这时候谁跟着吴王呢？三个重臣：伍子胥、孙子、伯嚭。勾践来使要投降，伍子胥劝吴王不给他机会，彻底消灭越国。这时候勾践就派文种带了金钱美女去行贿伯嚭。说越国表面是投降吴王，实际是投降伯嚭先生您。以后越国的美女金帛，都先通过您再给吴王，越国的财富，就是伯嚭先生您的财富。这伯嚭就全力帮越国了。

奸臣总是有忠臣没有的本事，伍子胥、孙子的话吴王都不听，就听伯嚭的。伯嚭后来还配合勾践害死了伍子胥——伍子胥正是他当初落难时把他引荐给吴王的恩人。勾践敢于亲自去吴国做人质麻痹夫差，很大程度上是因为有伯嚭的保护。后来说服夫差放勾践脱身回国，还是伯嚭。给夫差送上西施、郑旦，是通过伯嚭。建议夫差重建姑苏台，并给他送上越国最好的木料，帮他消耗吴国民力财力，还是通过伯嚭。

勾践把用间方法，还有前面《计篇》里"兵者，诡道也"说的，卑而骄之、佚而劳之、亲而离之等等，一部《孙子兵法》都用尽了，孙子一点招都没有，眼睁睁看着吴国灭亡。

前面学过的李世民灭窦建德之战，也有内间的作用。

李世民包围了王世充，窦建德来救。李世民抢先占了虎牢关，窦建德攻不进去，还总被他冲出来杀伤士卒。李世民有没有软肋呢？有。他最怕的，就是窦建德不在这儿跟他战，转头去攻打他的后方。兵法不是说了吗？当敌方占了争地，不要去进攻，当引兵而去，趣其所爱，攻其必救，引他出来，再在路上埋伏打他。你不是占了虎牢关吗？你自己占着吧。

这么简单的道理，窦建德帐下当然不会没人知道，谋士凌敬进言说："应当全军渡过黄河北上，攻占怀州河阳，安排主将镇守。再率领大队人马击鼓举旗，跨越太行山，开进上党县，虚张声势隐藏目的，不必麻烦作战。加速赶到壶口，逐渐惊扰蒲津，夺取河东土地，这是上策。实行这个方针定有三条好处：一是到无人防守的地方，军队万无一失；二是扩大地盘招募兵卒；三是唐军对王世充的包围自己就会解除。"

凌敬所言，既是争地的标准战法，也是围魏救赵之计，可以说也没多大奇妙，都是教科书似的战略，窦建德觉得有理，准备听从。如果这样做，李世民就麻烦了。

这时候，谁帮了李世民的忙呢，是王世充自己。王世充被李世民围得急了，怕窦建德撤兵而去，洛阳城就陷落了。王世充的使者长孙安世私下送金银珠宝利诱各个将领，让他们劝窦建德别走。各个将领全都劝谏说："凌敬不过是个书生，怎能跟他谈打仗呢？"窦建德耳朵根子软，一个书生的意见，当然顶不过那么多大将，于是他就反悔了，最终被李世民拖死在虎牢关下，被李世民生擒，送到长安斩了。

窦建德的大将们做了王世充的内间，害了自己，害了窦建德，也害了王世充。

这就是领导者的痛苦，人人都会向你进言，但有的人是忠心为国，有的人进言背后，则是为了自己的权位和利益，你怎么分辨呢？连进言的人他自己都分辨不清！窦建德的案例，凌敬是就事论事，公忠体国，大将们则是都得了王世充好处。但他们为王世充说话的时候，也是理直气壮的，并不认为自己是收了钱才这样说，为什么呢？这是古往今来只要是人都拿手的特长——自欺欺人——把自己先欺了，自己都相信自己说话是公允的了，就理直气壮，我十万大军，为何要躲避李氏小儿区区三千五百人呢？以他们的智商，根本认识不到战局有多么凶险！

内间的案例太多了，专门写一本书都写不完。内间们并不是都怀有叛国的目的，他也不知道自己进的谗言对国家有那么大的危害。他只不过是嫉妒那有能力的人，不希望他建立功勋；或者想表达一点与众不同的见解，找到一种存在感，这就被敌人拉下水了。

我们常哀叹某某主君为小人所误。那小人呢，并不都是伯嚭那样的坏人，往往就是一些没有见识的人，他自以为自己对主君忠心得很，主君也认为他是忠心的。往往这种人，最容易被发展成内间，因为他根本不知道自己在做内间，也不能识别发展他的人送他东西的目的。这种没见识的小人哪，对国家的破坏，比真正的坏人还大！因为主君对他不设防，认为他没坏心。

鸿门宴，刘邦得以逃生，关键在于买通了项羽的亲叔父项伯。项伯认为自己在害项羽吗？不认为。项伯知道自己的行为，是做了刘邦的内间吗？不知道。他不过是个"老好人"，绝对"没有坏心"，项羽绝对想不到防备他，而他确实在鸿门宴之前就跟刘邦约为婚姻，成了亲家了。

所以国家不能用所谓"有德无才"的人，国家大事，只有有足够才能的人，才能理解，才能参与讨论。**真正德高者，其才也高，因为德就是最大的见识，这世上没有"有德无才"这回事，"才"是"德"的前提。没有才的人，不可能有德。**

"有欲因败丧而展己之才能者"，这种情况也很普遍，很可怕呀！比如大家本来都是公忠体国，但是主君用了甲的计策，没有用乙的计策。乙是希望这事情最后成功呢，还是失败呢？很多人都会希望他失败，以证明自己的正确。部分人就可能因此协助敌人搞破坏！

"有翻覆变诈、常持两端之心者。"今天投降这个，明天投降那个的，各方都想争取他，但各方都不信任他，随时把他抛弃。三姓家奴吕布就是典型人物，为什么叫三姓家奴呢？他本来姓吕，这是一姓。后来认丁原为义父，二姓丁。被董卓买通杀了丁原，又拜董卓为义父，三姓董，这就是三姓。不过三姓还不是结束，后来为了貂蝉，又杀了董卓。所以最后他要投降曹操，曹操就不敢留他，把他处死了。

孟达也是。他本是蜀将，投降了魏国，后来经不起诸葛亮引诱，又要降蜀。诸葛亮故意泄露孟达和蜀国交通的信息，让司马懿知道，这样绝孟达的后路，催他下决心举事。司马懿也了解孟达首鼠两端的性格，也写信引诱他，把他稳住，然后卷甲急进，八天到孟达城下，把他斩了。司马懿没赔本，平了孟达之乱，稳住了城池，诸葛亮也有小赚，至少除了魏国一将，折腾了司马懿一场。孟达就被抛弃了。

> 反间者，因其敌间而用之。

"反间"，就是诱使敌方间谍为我所用。怎么诱他呢，杜牧说有两种方式："敌有间来窥我，我必先知之。或厚赂诱之，反为我用，或佯为不觉，示以伪情而纵之，则敌人之间反为我所用也。"要么厚厚贿赂，让他更愿意跟我干；要么假装不知道，故意演些假戏给他看，让他回去误导他的主君。

楚汉相争，项羽就中了刘邦的反间计。刘邦想除去项羽的主心骨亚父范增，先用内间，让陈平用了四万两黄金，买通项羽手下将领，散布谣言，说范增、钟离眜等对项王封赏不满，要和刘邦联合灭项王呢！项羽本来封赏方面就不太大方，这话他虽然不敢相信，但也听进去了，这就做好了铺垫。等项羽使者到汉军营中来，陈平先以太牢之具，高规格，好酒肉接待。席间话没说两句，便故作惊讶道："什么？你们是项王使者？我还以为是亚父使者呢？"马上叫人撤去酒菜，降低接待规格和标准。使者回报，项羽大怒，就把范增撵走了。

这故事听上去像哄小孩的一样可笑，但项羽居然会上当。为什么呢？一是陈平事先的谣言舆论作了很充分的铺垫；二呢，还是在于项羽自己，他对跟他干的人本身就不够慷慨，所以他自己心里就有鬼，就不踏实，就认为任何人要背叛他跟刘邦，都是完全可能的。

所有的疑心，都是怀疑自己。

项羽的疑心并没有错，他自己的亲叔父项伯，在鸿门宴上保护刘邦的那个，就是刘邦的内间，在项羽抓了刘邦父亲要杀时，也是他劝住的。刘邦得天下后，赐项伯姓刘，封射阳侯。

刘邦自己也中过反间计，中了谁的计呢，就是那个匈奴狠角色，冒顿单于。

韩王信叛乱，联合匈奴，和汉朝作战。刘邦想一举端掉匈奴，派了十几拨使臣去打探虚实。冒顿把精兵强马都藏起来，尽给汉使看到一些残兵弱马。所以使者个个回来都说匈奴可击，只有娄敬说这是匈奴反间计，故意误导我们的。刘邦一心想打，信心百倍，骂娄敬惑乱军心，把他关起来，说等我凯旋后再处置你。

结果刘邦在白登被冒顿四十万大军包围，差点挂了。靠陈平设计买通冒顿的宠妃，才议和得归。不过刘邦有个好处，马上把娄敬放出来，封关内侯，食禄两千户。而其他十几个说匈奴可击的，全部处斩。

熟读兵法，也做不到不中计，因为每一次情况都不一样，都有各种可能。

五种间谍的使用方法（4、5）：生间和死间

原文

死间者，为诳事于外，令吾间知之，而传于敌间也。生间者，反报也。

华杉详解

死间者，为诳事于外，令吾间知之，而传于敌间也。

死间是最悲惨的了，被派出去的时候，就已经被自己人出卖了。什么叫死间呢，就是传递一些假消息给自己的间谍或使者，让他带给敌人。不知道自己掌握的消息是假的，当然一不可能泄密，二更能得到敌人信任，三呢，他当然也不知道保护自己。所以当真相败露的时候，他一定会被敌人杀死，所以叫死间。

最著名的死间，就是郦食其了。刘邦派他去说降齐国。他凭三寸不烂之舌，真把齐王给说下来了，他还向齐王拍胸脯，说我要是骗你，你把我烹了。结果呢，他和齐王高高兴兴喝酒。韩信却不愿意一个书生耍嘴皮子比他打仗功劳还大，直接发兵攻打不设防的齐国。郦食其就稀里糊涂成了死间，被齐王架起锅煮了，齐国也为韩信所灭。

春秋时有一个著名的死间案例。郑武公想伐胡国，怎么办呢？先和胡国联姻，让他儿子娶胡女为妻。然后在朝会的时候，问群臣，我国要开疆拓土，往那边发展合适呢？大夫关期思说："胡可伐。"关期思的判断是对的，但可悲的是，他不知道主公问这话的目的是找一个死间，他这算是第一个举手报名了。郑武公大怒，道："胡，兄弟之国，子言伐之？何也？"把他推出去斩了。

胡国国君当然很快听说了，非常感动！不设防备，郑武公就起兵灭了胡国。

北宋和西夏作战，还有一个死间的例子。派一个假僧人，吞蜡丸入西夏，

被抓住拷问，招供肚子里有蜡丸。取出来一看，蜡丸里是给西夏谋臣的密信，西夏就把那谋臣杀了，假和尚当然也得死。

生间者，反报也。

死间是一去不复回；生间相反，是活着回来汇报的。

李筌注："往来之使也。"按李筌说法，外交使节，广义上都是生间，都是间谍。

杜牧注："往来相通报也。生间者，必取内明外愚、形劣心壮、矫捷劲勇、闲于鄙事、能忍饥寒垢耻者为之。"

南北朝时期，东魏西魏争战，西魏的宇文泰派达奚武侦察东魏的高欢军营。达奚武带领三名骑兵，穿着敌人衣服。到傍晚，离敌营数百步，下马偷听，知道他们的军中号令。于是上马经过各军营，好像夜间警戒一样，遇到有不遵守法令的士兵，就拿鞭子抽打。这样，达奚武全都了解敌军的情况，并禀告宇文泰。

陈平这样的人有什么本事呢？就是有分猪肉的本事

> 分猪肉的本事，就是平衡各方利益的本事，调动各方积极性的本事，协调各方关系的本事，这就是做宰相的本事。

原文

故三军之事，莫亲于间，赏莫厚于间，事莫密于间。非圣智不能用间，非仁义不能用间，非微妙不能得间之实。微哉微哉，无所不用间也。

故三军之事，莫亲于间。

张预注："三军之士，然皆亲抚，独于间者以腹心相委，是最为亲密也。"
三军将士都亲，但间谍最亲。
杜牧注："受辞指纵，在于卧内。"
梅尧臣注："入幄受词，最为亲近。"
都进入到内室交代任务，所以是最亲近的了。
杜佑注："若不亲抚，重以禄赏，则反为敌用，泄我情实。"
每一个派出去的间谍，都可能被对方发展为反间。如果我不是亲自领导，
重重赏赐，恩义相结，就可能反为敌所用，出卖我方军情了。

赏莫厚于间。

要肯花钱，在间谍工作上，花再大的钱，都是小钱，因为你一是在买天
下，二是在买自己的生命，结局就是得到天下，和丢掉性命二选一。比如楚汉
相争，刘邦被项羽包围，陈平申请说："愿出黄金四万金，间楚君臣。"刘邦
马上给钱，都不问计划，钱怎么花，为什么是四万？为什么不是三万也不是
五万？

事莫密于间。

没有什么比间谍更秘密的事，间谍工作，就是地下工作，秘密工作。
杜牧注："出口入耳也。"
杜佑注："间事不密，则为己害。"
就像陈平要买通项羽手下，散布谣言，如果事机不密，那就害死自己了。

非圣智不能用间。

杜牧注："先量间者之性，诚实多智，然后可用之。厚貌深情，险于山川，非圣人莫能之。"

知人知面不知心，你要知他的心，知他的智，知他的能，还要能驾驭他，这是只有圣智之人才能做到的事。

王晳注："圣智能知人。"

陈平是专给刘邦做间谍工作的，很多人都否定陈平的人品，最著名的传言就是"盗嫂受金"。"盗嫂"，是说他哥哥对他特别好，他却跟嫂嫂私通。这个没有明确证据，但传言很盛。"受金"，则是他跟刘邦当官后，收受下属贿赂，这个是刘邦责问他时，他自己承认的，他说他刚来，没钱，没钱就办不了事，所以才受贿。很多人都否定他，刘邦却信任他，把最机密重大的谍报工作交给他负责。

陈平自己是不是圣智之人呢？他做谍报，用了哪些人，怎么用，史籍没有记载，但是记载了他年轻时的一件事迹，每年社祭，乡亲们都愿意陈平做社庙里的社宰，主持祭社神，为大家分肉。因为他把肉一块块分得十分均匀。父老乡亲们纷纷赞扬他说："善！陈孺子之为宰！"小陈宰肉宰得太好了！

陈平感慨地说："嗟乎！使我能宰天下，亦如是肉也！"——假使我陈平能有机会治理天下，也能像分肉一样恰当、称职。

所以陈平这样的人有什么本事呢？就是有分猪肉的本事。分猪肉的本事，就是平衡各方利益的本事，调动各方积极性的本事，协调各方关系的本事，这就是做宰相的本事。

陈平之后不仅为刘邦六出奇计，夺取天下，而且在刘邦死后，保全自己，吕后死后，诛除诸吕，匡扶汉室，都立下安邦定国之功，成为汉朝宰相。

非仁义不能用间。

"仁义"怎么解？

陈皞注："仁者有恩及人，义者得宜而制事。主将者，既能仁结而义使，则间者尽心而觇（chān）察，乐为我用也。"

王皙注："仁结其心，义激其节。"

张预注："仁则不爱爵赏，义则果决无疑。既啖以厚利，又待以至诚，则间者竭力。"

所以仁义，是一种领导力，既能与人心心相印，又能不吝啬赏赐，决策断事还能果决无疑。你的胸怀，你的人格，你的情义，你的慷慨，你的洞察，你的决断，你的本事，都让人服气！让人除了踏踏实实、死心塌地跟你干之外，不作他想！

> 非微妙不能得间之实。

间谍工作太高深，太凶险了，我们的任何间谍，都可能被敌人策反，被敌人控制。驾驭间谍，既要推心置腹，恩义相结，又不能信任任何人。这推心置腹和不能信任之间的关系，太微妙了。

间者回来汇报，他说的是否是实情？或者他以为是实，而实际是敌人制造的假象来骗他的。这要非常微妙之间的思考，才能得到实情。刘邦这样的用间大师，也会上这样的当。比如他上冒顿的当，派出十几拨使者，都看见匈奴的残兵弱马，每个人都说匈奴可击，只有娄敬说肯定是装出来麻痹我们的，引诱我们去击他。以刘邦的智慧，竟然把娄敬关起来，相信了那十几个说可击的，结果差点回不来了。

就像所有的骗术一样，冒顿的骗术是教科书似的，任何一本《骗术大全》上都写得明明白白的，非常简单的，甚至是拙劣的，是人都能想到的，一眼就能识破的。为什么以刘邦的智慧，也会上当呢？因为这假象符合他的期望，而且他贪图击破匈奴之功利。你有所期待，有所贪心，就会上当。

人们会相信一些事情，只不过因为他们希望那是真的。

> 微哉微哉，无所不用间也。

微妙，微妙啊！太微妙了！

要重视大人物身边地位低的人，这些人最能帮你办大事

原文

间事未发而先闻者，间与所告者皆死。凡军之所欲击，城之所欲攻，人之所欲杀，必先知其守将、左右、谒者、门者、舍人之姓名，令吾间必索知之。

华杉详解

间事未发而先闻者，间与所告者皆死。

间谍工作还在进行，就事先告诉了别人，那么间谍和他告诉了消息的人都要处死。处死间谍，是惩罚他泄密；处死知道秘密的人，是为了灭口。

梅尧臣注："杀间者，恶其泄；杀告者，灭其言。"

所以做保密工作，组织纪律很严格，连家人也不能告诉一个字。搞两弹一星的工作人员，离家一走好几年，家人不知道他去哪，也不知道他什么时候回来，也不能通信。这就是保密工作，要让人保守秘密，最好的办法就是不让他知道。

司马懿一生，两次装病。装病赚曹爽，夺了魏国政权，那是第二次。之前还有一次，他在家韬光养晦，曹操让他出来工作，他觉得还没看清政治形势，不想出山，怎么办，就装病，说得了风痹。曹操不信，派人夜里去查探，他果然在那里一动不动歪着，曹操就信了。所以这装病也好，装疯也好，一定要人前人后一个样，有人没人一个样，大意不得，因为随时可能有探子在暗中察看。

有一天，司马懿在内院歪着，院子里呢，正在晒书，竹简摊开了一片在那儿晒。突然，来了暴雨。读书人哪，司马懿一看书要浇湿了，忘了自己在装病，腾身而起，就去收书。结果呢，就被自家一个婢女看见了。那婢女惊得张大了嘴

巴。同时在内院的还有司马懿的妻子张春华，张春华当机立断，竟然亲手格杀了那婢女。所以司马懿狠哪，他老婆也是狠角色。

> 凡军之所欲击，城之所欲攻，人之所欲杀，必先知其守将、左右、谒者、门者、舍人之姓名，令吾间必索知之。

凡是要攻击对方的军队，攻打对方的城池，杀掉对方的将领官员，一定要知道对方守将是谁，左右亲信、掌管传达通报的官员、守门官吏，和近侍官员的姓名，一定都要我们的间谍弄清楚。

这一段信息量很大，可以解释好多事情。

先说要知道对方守将。这一句最好理解。打仗，是和对方主将作战，主将的能力，决定了军队的战斗力。所谓兵熊熊一个，将熊熊一窝。嬴兵弱旅到韩信手里就是劲旅，因为他有"驱市人以战"的本事，就是随便在街上纠集一帮乌合之众，他都有办法让他们殊死作战。而四十万大军到了赵括手里，就得任人宰割。所以长平之战前，秦军想方设法让赵国调走廉颇，换上赵括。自己又悄悄地调白起为主帅，并严格保密，令："有泄武安君为将者，斩！"

王龁（hé）对廉颇的棋局，悄悄换成了白起对赵括，赵军就败了。

刘邦遣韩信、曹参、灌婴击魏豹，问："魏大将谁也？"对曰："柏直。"刘邦说："这小子还乳臭未干，不是韩信的对手。"

又问："骑兵将领是谁？"答："冯敬。"刘邦说："哦，那是秦将冯无择的儿子，虽然也算不错，但还是搞不过灌婴。"

再问："步卒将领是谁？"答："项它。"刘邦说："搞不过曹参。吾无忧矣！"

所以做主帅，不仅对自己手下人员要熟悉，对敌军上下各个将领的人物背景、军事能力、性格特征，甚至个人爱好，都要熟悉了解。

上面是说要了解对方将领，那为什么还要了解左右、谒者、门者、舍人呢？张预举了一个例子，还是刘邦。刘邦战败脱逃，投奔韩信军中，直接就到了韩信卧室，把韩信的印信收了，把韩信军队的指挥权抓到了手里。他若不是之前有细致的基础工作，就算他是主帅，安能不惊动韩信，就能到他床边？

还有一个冲到对方床上的例子，而且不是刘邦到韩信床上那样的自家人，而是冲到敌军主帅床上。战例是春秋时楚宋交战，楚军围了邯郸差不多一年，城内到了人相食的地步，还誓死不投降。楚军也疲惫不堪。宋国想把楚军耗走。楚军则开始建房子、耕田，显示要长期占领，就在这儿安家了，不走了。在这种情况下，宋国执政华元夜里亲身潜入楚军大营，直接就冲到楚军主帅子反的床上，把子反劫持了。两人在床上谈判，楚国退军，华元到楚国做人质，签订了和议。

如果华元事先没有周密的间谍工作，把子反的左右、谒者、门者、舍人摸得一清二楚，甚至有所默契，他怎么可能摸到子反床上？

还有一例，民国时铁血锄奸，戴笠要除掉伪上海市长傅筱庵。通过谁呢？通过他最亲信的，跟了他几十年的"两代义仆"、厨师朱升源，乘他在虹口官邸熟睡之际，用菜刀把脑袋砍了下来。朱升源跟傅筱庵有义，但还有更大的国家大义。

所以要重视大人物身边地位低的人，这些人最能帮你办大事。

五种间谍，反间是关键

原文

必索敌人之间来间我者，因而利之，导而舍之，故反间可得而用也。因是而知之，故乡间、内间可得而使也。因是而知之，故死间为诳事，可使告敌。因是而知之，故生间可使如期。五间之事，主必知之，知之必在于反间，故反间不可不厚也。

华杉详解

这里是强调五种间谍，反间最重要，是用间的关键。

必索敌人之间来间我者，因而利之，导而舍之，故反间可得而用也。

一定要把敌国派到我国的间谍找出来，重利收买他，把他留了下来，诱导他，这样反间就可以为我所用。

这里的"舍之"，曹操注："舍，居止也。"让他住下来，有点软禁的意思。软禁起来，在腐蚀他，诱导他，策反他。

张预注："索，求也。求敌间之来窥我者，因以厚利，诱导而馆舍之，使反为我间也。言舍之者，谓羁留其使也。淹延既久，论事必多，我因得察敌之情。"

扣留对方使者，拖延时日，以期能策反以为己用。汉朝与匈奴，频繁相互派使者，大都有间谍任务，相互扣押使者，也是常事。其中苏武被扣十九年不投降，留下了苏武牧羊的千古传奇。

> 因是而知之，故乡间、内间可得而使也。

由反间了解了情况，则乡间、内间就可以为我所用了。

梅尧臣注："其国人可使者，其官人之可用者，皆因反间而知之。"

张预注："因是反间，知彼乡人之贪利者，官人之有隙者，诱而使之。"

通过和反间谈话，知道敌国乡人中贪利之徒，也知道朝廷大臣谁跟谁有矛盾，就可以安排下一步利用。

所以反间，也不一定完全是策反投降我们，就是把他留下来酒肉侍候着，不停地跟他聊，让他言多必失。张预说："淹留既久，论事必多，我因得察敌之情。"

> 因是而知之，故死间为诳事，可使告敌。

通过从反间那里了解的情况，可以知道什么样的假情报可以对敌方起到颠覆性作用，就可以派出死间去传递。

> 因是而知之，故生间可使如期。

通过反间了解敌人的疏密，生间就可以按期回报敌情。

五间之事，主必知之，知之必在于反间，故反间不可不厚也。

所以五间之事，反间为本。用间要下大本钱，反间要下最大本钱！

"先胜后战"的关键是不胜不战

原文

昔殷之兴也，伊挚在夏；周之兴也，吕牙在殷。故惟明君贤将，能以上智为间者，必成大功。此兵之要，三军之所恃而动也。

华杉详解

昔殷之兴也，伊挚在夏。

殷商的兴起，是依靠夏国的伊挚。

曹操注："伊挚，伊尹也。"

"伊挚"，就是伊尹，这里孙子把他作为间谍的第一个案例。伊尹的身份比较复杂，大概是厨师、家庭教师、帝王师、间谍、军师、相国、圣人。

伊挚首先是个厨师，也是中国厨师的祖师，我们烧菜说关键是要掌握"火候"，这个火候论就是伊挚提出来的，伊挚提出五味调和说和火候论，他的厨艺是有理论的。

伊挚是夏朝有莘国国君的厨师和贵族子弟家庭教师，专研究两件事：烹小鲜和治大国。所以我都怀疑老子说的"治大国如烹小鲜"，是不是受伊挚启发。因为老子只是说，而伊挚在这两方面，都堪称中华始祖：烹饪，他被称为中华厨祖；治国，他被封为"商元圣"。

商汤为了得到伊挚，娶了有莘国君的女儿，伊挚作为陪嫁来到商，《孟子》说："汤之于伊尹，学焉而后臣之，故不劳而王。"汤尊伊挚为帝王师，教他尧舜之道。同时，商汤五次派伊挚作他的使者去晋见夏桀，包括结交夏桀的元妃妹喜，大量窃取夏国情报，为商灭夏发挥了关键作用。

　　　　周之兴也，吕牙在殷。

　　孙子举的第二个间谍案例，是姜子牙。周朝的兴起，是依靠在殷商的姜子牙。姜子牙曾经为商纣王工作，周文王得到他，就了解了很多商纣王的内情。

　　孙子举伊挚和姜子牙两人为间谍的案例，引起很多后学的不解，甚至不满。因为读兵法的，特别是注兵法的，还是读书人多、儒生多。伊挚和姜子牙都是儒家价值观里的圣人，孙子将他们说成间谍，而间谍再怎么重要，在儒生心目中也不是"正人君子"的工作，再说这二人在商和周的建国大业里发挥的核心作用，绝不是间谍的作用。

　　梅尧臣说："伊尹、吕牙，非叛于国也，夏不能任而殷任之，殷不能用而周用之，其成大功者，为民也。"这两位并非叛国间谍，而是良臣择明主而事之，为天下苍生谋福利。

　　张预也不满意以伊尹、姜子牙为间谍例子，他说："伊尹，夏臣也，后归于殷；吕望，殷臣也，后归于周。伊、吕相汤、武，以兵定天下者，顺乎天而应乎人也。非同伯州犁之奔楚，苗贲皇之适晋。"

　　伊尹是夏臣归于殷，姜子牙是殷臣归于周，二人分别辅佐汤、武平定天下，是顺天命、救人民，和伯州犁、苗贲皇之流不是一回事。

　　伯州犁和苗贲皇，就是标准的叛国者了。

　　伯州犁，是晋国贵族，其父伯宗被"三郤"所迫害，奔楚，为楚国太宰。

　　苗贲皇，是楚国贵族，芈（mǐ）姓，斗氏，若敖氏之族，楚国令尹斗椒之子，楚庄王九年，斗椒作乱失败，楚庄王灭若敖氏之族，贲皇逃到晋国。晋任之为谋主，为晋国八大良臣之一。

　　晋楚两国鄢陵之战，二人就分别站在国君旁边，指点自己过去祖国军队的内情，给国君出主意。不过苗贲皇技高一筹，晋军获胜。

　　鄢陵之战是春秋时期经典大战役，史书对二位叛臣的表现记载非常生动：

伯州犁陪同楚共王观察晋军阵营。

楚王问："晋兵正驾着兵车左右奔跑，这是在干啥？"

伯州犁回答说："在召集军官。"

楚王："那些人都到中军集合了。"

伯州犁："在开会商量。"

楚王："搭起帐幕了。"

伯州犁："在向先君卜吉凶。"

楚王："撤去帐幕了。"

伯州犁："快发布命令了。"

楚王说："非常喧闹，尘土飞扬。"

伯州犁："这是准备填井平灶，摆开阵势。"

楚王："都登上了战车，左右两边的人又拿着武器下车了。"

伯州犁："这是听取主帅发布誓师令。"

楚王问道："要开战了吗？"

伯州犁："还不知道。"

楚王："又上了战车，左右两边的人又都下来了。"

伯州犁说："这是战前向神祈祷。"

看这对话，就知道间谍多么可怕！一举一动都被对方了如指掌！

伯州犁还把晋厉公亲兵的位置告诉了楚共王。这样，楚军就知道晋君的位置了。

当然，晋厉公这边有苗贲皇，彼此彼此，他也知道了楚共王亲兵的位置。不过苗贲皇不像伯州犁那样，说得详细、生动，甚至还有点八卦，却没什么实际用处，苗贲皇直接说了最关键的。他向晋厉公提出建议说："楚国的精锐部队是中军，主要是那些楚王的亲兵。如果分出一些精兵来攻击牵制楚国的左右两军，再集中三军主力攻打中军楚王的亲兵，一定能把它们打得大败。"

晋厉公依计而行，楚军败退。

楚共王决定次日再战。晋国的苗贲皇也通告全军做好准备，次日再战，并故意放松对楚国战俘的看守，让他们逃回楚营，报告晋军备战情况。楚共王得知晋军已有准备后，立即召见子反讨论对策，子反当晚醉酒，不能应召入见。楚共王无奈，引领军队趁着夜色撤退。鄢陵之战，以晋军的胜利而结束。

所以孙子强调间谍的重要，得到什么人，都不如得到对方的人。而得到对方的人，还要得到对的人。得到的人不对，还是搞不赢别人。

故明君贤将，能以上智为间者，必成大功。此兵之要，三军之所恃而动也。

所以明君贤将，以有大智慧的人做间谍的，必成大功。这是用兵的关键，整个军队都要依靠间谍情报来决定行动。

杜牧注："不知敌情，军不可以动，知敌之情，非间不可。故曰：三军所恃而动。"

李筌注："孙子论兵，始于计而终于间者，盖不以攻为主，为将者可不慎之哉？"

整部《孙子兵法》，从《计篇》开始，以《用间篇》结束，并不以战斗、攻击为主要内容，为将者，能不引起深思，慎重行事吗？

李筌所论，正可作为本书的结语。《孙子兵法》的核心思想是什么，就是四个字：

先胜后战。

"计"，是为了先胜，有胜算而后举兵；"间"，还是为了先胜，掌握敌情，知己知彼，然后出战。

"先胜后战"的关键又是什么呢？是——

不胜不战。

没有胜算，没有胜局，就不要动。兵法主要是研究不战，不是研究战，要能不战而自保，一战而能定，才能掌握《孙子兵法》开篇所言："兵者，国之大事，死生之地，存亡之道，不可不察也。"

无论我们做什么事，都要有先胜后战的思想，谋定而后动。什么也不做，没关系，很多情况下，等待都是最佳策略。在所有对事物发展起作用的因素里面，有一个终极决定性因素，叫时间，要懂得等待，善于忍耐，并能够观察和利用时间带来的变化，并且能利用时间制造变化。时间带走了毛主席，让邓小平改变中国。如果想对抗这时间有所作为，那就什么都没有了。

不要毛皮擦痒老想马上做点啥。一些所谓"战略举措"，无非是决策者的焦虑情绪。不干点啥，就觉得自己在"不作为"。或者主将认为不能动，国君在后方觉得他"不作为"，焦虑得不得了，非要有所动作，情绪才能缓解一下，一动，就成了"不作死，就不会死"。

附录：《用间篇》全文

孙子曰：凡兴师十万，出征千里，百姓之费，公家之奉，日费千金；内外骚动，怠于道路，不得操事者，七十万家。相守数年，以争一日之胜，而爱爵禄百金，不知敌之情者，不仁之至也，非人之将也，非主之佐也，非胜之主也。故明君贤将，所以动而胜人，成功出于众者，先知也。先知者，不可取于鬼神，不可象于事，不可验于度，必取于人，知敌之情者也。

故用间有五：有因间，有内间，有反间，有死间，有生间。五间俱起，莫知其道，是谓神纪，人君之宝也。因间者，因其乡人而用之。内间者，因其官人而用之。反间者，因其敌间而用之。死间者，为诳事于外，令吾间知之，而传于敌间也。生间者，反报也。

故三军之事，莫亲于间，赏莫厚于间，事莫密于间。非圣智不能用间，非仁义不能使间，非微妙不能得间之实。微哉！微哉！无所不用间也。间事未发，而先闻者，间与所告者皆死。

凡军之所欲击，城之所欲攻，人之所欲杀，必先知其守将，左右，谒者，门者，舍人之姓名，令吾间必索知之。

必索敌人之间来间我者，因而利之，导而舍之，故反间可得而用也。因是而知之，故乡间、内间可得而使也；因是而知之，故死间为诳事，可使告敌。因是而知之，故生间可使如期。五间之事，主必知之，知之必在于反间，故反间不可不厚也。

昔殷之兴也，伊挚在夏；周之兴也，吕牙在殷。故惟明君贤将，能以上智为间者，必成大功。此兵之要，三军之所恃而动也。

（全书完）

402

后记　最后总结：《孙子兵法》的九条思想精要

一部《孙子兵法》讲完了，你会发现，它不像传说中的那么神秘，不是什么秘笈，而是简单平凡的道理，平正通达的大道。圣人之道，本来就简单。**我们不能伟大，因为我们不甘于平凡。我们总是把事情搞得很复杂，因为我们不相信简单。**

最后总结一下《孙子兵法》，思想精要是这么九条：

1、《孙子兵法》是讲以强胜弱，不是讲以弱胜强

《孙子兵法》第一篇讲"计"，不是奇谋巧计，是计算的计，是现代的SWOT分析（优劣势分析法）：优势、劣势、威胁、机会。庙算，就是在决定是否开战之前，在家里衡量计算双方政治、经济、军事实力对比，"五事七计"，从五个方面，七个科目，进行打分。分多的胜，分少的败。打完分，就能知胜，叫"多算胜，少算不胜"。

知胜，算下来能赢，而后可以兴师动众，打。

算下来自己分数没别人高，就不要战。所以孙子是不相信以弱胜强，那是小概率事件。"兵者，国之大事，死生之地，存亡之道，不可不察也"，孙子不会拿国家民族的命运，去赌小概率事件。

2、打得赢，也要算代价

行动必有代价，战争代价极大。不要光想着战胜，要算账，值不值得。李克说魏文侯"数胜必亡"，胜仗打多了，国家反而要灭亡。因为数战则民疲，数胜则主骄。以骄傲之主，率领疲惫之民，这国家就要亡了。

汉武大帝，就演绎了主骄民疲的一生，"明犯强汉者，虽远必诛。"何其霸气！汉武帝一生开疆拓土，武功赫赫，结果呢？中国从政府到民间，全部破产，国家差点都给他搞亡国了，晚年迫于巨大政治压力，下轮台罪己诏，批评自己"朕即位以来，所为狂悖，使天下愁苦，不可追悔"。

3、先胜后战，赢了再打

《孙子兵法》主要是自强之法，首先是修炼自己，而不是惦记打败别人。

孙子说："善战者，先为不可胜，以待敌之可胜。不可胜在己，可胜在敌"，"胜可知，而不可为"。又说"善战者先胜而后战"，要胜中求战，不要战中求胜。

先修炼自己的筋骨，让自己成为不可战胜的，让自己没漏洞，然后等敌人出漏洞。如果敌人不比我们弱小，或者和我们强弱差不多，而且他没失误，没漏洞，就不能打。"可胜在敌"，就在于他什么时候失误。

敌人不失误，我们就没法赢。

所以胜负可以预知，可以判断，但不能强求。胜机一现，抓住机会就打。不能反过来，冲上去就打，在打的过程中找胜机，那就危险了。

4、要能等待，能忍耐

现在人们常说"不作死，就不会死"。《孙子兵法》讲得最多就是这个。战争这东西，收益和代价极不对等。打赢了，杀敌一千，自伤八百，不一定有多大利益。打输了，则可能国破家亡，命都没了。所以关键是要能等，不能因为焦虑，就频频动作。哥舒翰守潼关，知道不能打，他能等，但唐明皇焦虑，不能等，逼他出关作战，就全军覆没了。秦国王翦伐楚，他就能等，又能安抚秦始皇，让秦始皇也不着急，他就把六十万大军开到楚国境内，扎营练兵，天天开运动会，等得楚国人焦虑了，动作了，露出破绽了，他一举就把楚国灭了。

等待在很多情况下都是最好的战略。但人们往往认为等待是不作为，是不可接受的。

要有这个认识：**一辈子"不作为"也是可以接受的。因为"作为"的结果可能是死。**

比如日本德川家康，他是最能等待，最能忍耐，也最能妥协。织田信长在，他是小兄弟；丰臣秀吉在，他是大诸侯。他有没有志在必得，一定要得天下呢？没有。他可以等，等不来，他可以妥协，丰臣家族强，他可以一直做诸侯。结果大哥们都没他命长，都先死了，没人能拦住他了，他还在丰臣秀吉死后，又等了十七年，才稳稳当当夺了天下。他的家族，就统治了日本两百多年。

5、一战而定。胜而不定，则胜利无意义

胜利是手段，不是目的，目的是平定。如果打了胜仗，但不能平定。都百战百胜了，还要接着打，那打那一百场胜仗干什么？打胜仗也要死人。就算死的是敌人的人，也不如他不要死，收服他，加入我们，才能胜敌而益强。孙子有很强的保全思想，保全自己，保全人民，保全城池，保全财产，最好也保全敌人，都收服了归我所有。这才叫平定天下。

战国时赵国李牧守边，防御匈奴，他就紧闭关门，只是练兵，数年不出战，赵王不满，换一个将领去，上任一年多，烽火连天，天天打仗，打得边境地区汉人无法耕种，匈奴无法放牧，双方死伤惨重，冤冤相报，永无宁日。赵王无奈，再派李牧去，他又挂上免战牌，隔绝接触，边境数年无事，匈奴也抢不到东西，渐渐懈怠了。李牧突然大举进兵，一战灭了匈奴十几万人，平定边关，得十几年安宁。

6、以正合，以奇胜，分战法是基本战术原则

"以正合，以奇胜"。这句《孙子兵法》最为人熟悉的话，前面书中详细用多个战例讲了，那"奇"字，念jī，不念qí，是奇数偶数的奇，又称余奇，就是多出来的部分，就是预备队，就是手里捏着还没打出去的牌，留到关键的时候，打出去，制胜。

这叫分战法，是最基本的战术原则，凡作战，一定要分兵，有一百万人，要分兵。项羽到了最后乌江边，只剩二十八骑，也要分兵，首尾相顾，不能挤成一团打。韩信背水一战，不是真的把所有部队都布阵在水边背水一战，那就真给敌人撵河里喂鱼了。他先分了奇兵出去埋伏着，关键时候杀出来，这才获胜。

人们老相信奇袭得胜，以少胜多，还是侥幸心理，老想使巧劲。孙子告诉你，兵法没有侥幸，弄巧必成拙，必须要按军事规律，按兵法套路来。

7、诡道不重要

"兵者，诡道也。"《孙子兵法》里这句话，误了好多人，以为《孙子兵法》就是三十六计，就是诡诈取胜。诡诈归诡诈，但人家不上套，你再诡诈也没用。诡诈在兵法里，不是主要部分。现在好多出版社把《孙子兵法与三十六计》合成一本书，似乎兵法就是奇谋巧计，这是误区。

8、知己知彼，关键是知己

"知己知彼，百战不殆"。人们念着这句话，就老想去知彼，以为知己不是问题。我自己，我还不知道吗？其实知己知彼，关键在于知己。因为不可胜在己，自己强大了，自己不失误，别人就无奈你何。千方百计去知彼，可能还正着了别人的诡道。

《孙子兵法》，讲来讲去，都是练基本功，抓基本面，就是管好你自己，自己强了，再等待胜机出现，等最有把握的时候动手。先胜后战，一战而定。

自己不强，那就不要逞强。

9、孙子兵法不是教你打赢，首先是教你认输。

为什么人们都喜欢听"永不服输"，因为人们不爱听坏消息，不愿意听到对自己不利的真相。"认输才会赢！"额，这句话人们还勉强可以接受，因为结果还是赢嘛。

假如结果也没有赢，还是输呢？

你能不能接受失败呢？

在你真正去学习《孙子兵法》之前，你可能以为那是一部胜战秘笈。它当然也是，胜战秘笈，全在这里，不过如此。但是，如果你在这兵法中，学会了接受失败，你才真正进入了智慧之门。

马上扫描读客二维码，并回复"论语"，免费内容立即发送到你手机，预读《华杉讲透<论语>》开头一万字！